大学国际象棋教程

谢军 著

人民邮电出版社
北京

图书在版编目（CIP）数据

大学国际象棋教程 / 谢军著. -- 北京 : 人民邮电出版社, 2024.3
ISBN 978-7-115-62211-2

Ⅰ. ①大… Ⅱ. ①谢… Ⅲ. ①国际象棋一教材 Ⅳ. ①G891.1

中国国家版本馆CIP数据核字(2023)第161247号

内 容 提 要

《大学国际象棋教程》是一本全面介绍国际象棋基础知识和战术技巧的图书。本书详细介绍了国际象棋的基本规则，包括棋盘、棋子的走法和吃法，以及棋谱记录方法和子力相对价值的概念等。在开局原理部分，本书从占中心、快出子、早易位等方面进行指导；在中局和残局方面，本书介绍了攻王和战略策略，讲解了基础战术和战术计谋，这些内容将帮助读者在实战中更好地应对局面和对手。本书内容涵盖了国际象棋的历史发展、裁判基础知识以及棋手等级称号等知识，提供了大学生国际象棋组织与赛事活动的筹备指导，部分附有课程作业，帮助读者实践所学。

本书适用于大学生及大学生国际象棋组织、社团等，可供大学课程教学及成年国际象棋爱好者使用。

◆ 著　　　谢　军
责任编辑　裴　倩
责任印制　彭志环

◆ 人民邮电出版社出版发行　　北京市丰台区成寿寺路 11 号
邮编　100164　电子邮件　315@ptpress.com.cn
网址　https://www.ptpress.com.cn
涿州市般润文化传播有限公司印刷

◆ 开本：787×1092　1/16
印张：9　　　　2024 年 3 月第 1 版
字数：182 千字　　　　2024 年 3 月河北第 1 次印刷

定价：49.80 元

读者服务热线：(010)81055296　印装质量热线：(010)81055316
反盗版热线：(010)81055315
广告经营许可证：京东市监广登字 20170147 号

中国大学生体育协会重点课题：教材规范化建设促进中国大学生棋类运动可持续高质量发展

课题组

组长： 谢　军

副组长： 董倩　李晓鹏　梁志华　朱家琪

课题组成员： 董　倩　李　超　李　齐　李晓鹏

梁志华　王　玥　夏　岩　谢　军

赵小棠　朱家琪

（以上按姓氏音序排序）

目录

第一讲

基本规则

重点难点

1. 重点：掌握国际象棋的棋子走法和吃法等基本规则。
2. 难点：掌握国际象棋规则，从历史文化角度审视国际象棋的内涵。

知识内容

国际象棋模拟古代战争，是两支军队（棋子，黑白双方）在战场（棋盘）上打仗的游戏。

一、国际象棋棋盘

棋盘是正方形，由64个（8×8）大小相同、浅（白格）深（黑格）相间的方格组成。棋盘置于对局者之间，双方的右下角必须是白格。

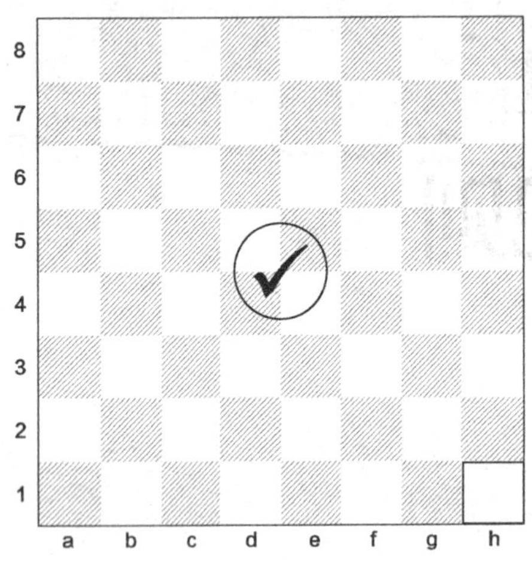

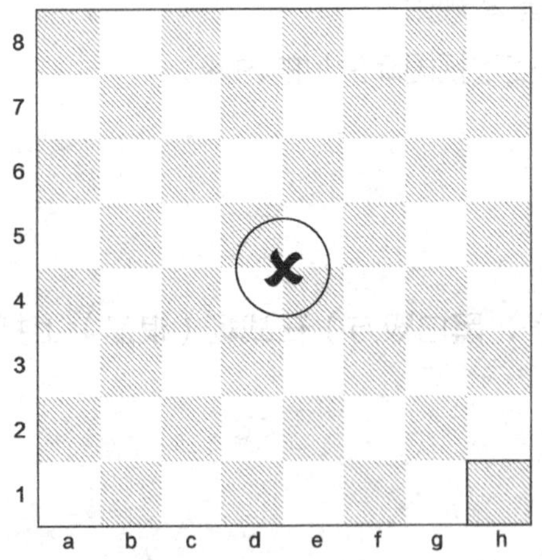

拓展知识

围棋棋盘

宋朝围棋史书《棋经十三篇》第一篇详细介绍了围棋棋盘。

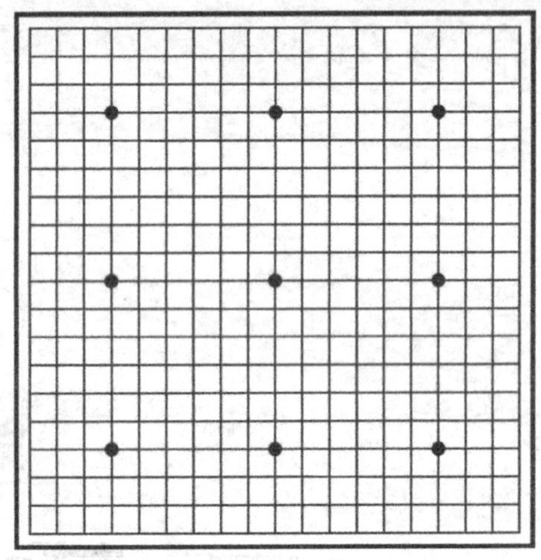

论局篇第一

夫万物之数，从一而起。局之路，三百六十有一。一者，生数之主，据其极而运四方也。三百六十，以象周天之数。分而为四，以象四时。隅各九十路，以象其日。外周七二路，以象其候。枯棋三百六十，白黑相半，以法阴阳。局之线道，谓之枰。线道之间，谓之罫。局方而静，棋圆而动。自古及今，弈者无同局。

译文

万物的数目都从一开始，围棋的路数总计有三百六十一。其中，一代表生数的主宰，把握了这个才能控制四方。三百六十象征周天的数目，再分为四，象征四个季节。每个角上有九十条路，象征每季的天数。外围有七十二条路，象征时令的变换。枯棋三百六十，白棋黑棋各占一半，象征阴阳之道。棋盘上线、路构成棋盘，线、路交错构成的方格为棋盘格。棋盘方静止，棋子圆动。自古至今，每局棋局都是独一无二的。

二、国际象棋棋子

对局开始时，白方有16个浅色棋子（白棋），黑方有16个深色棋子（黑棋）。

黑白双方有同样多的棋子，每方包括1个王、1个后、2个车、2个象、2个马和8个兵。

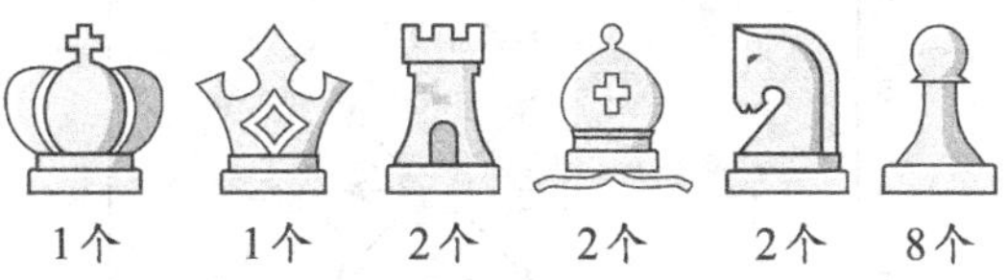

拓展知识

中国象棋为什么有5个兵或者卒？

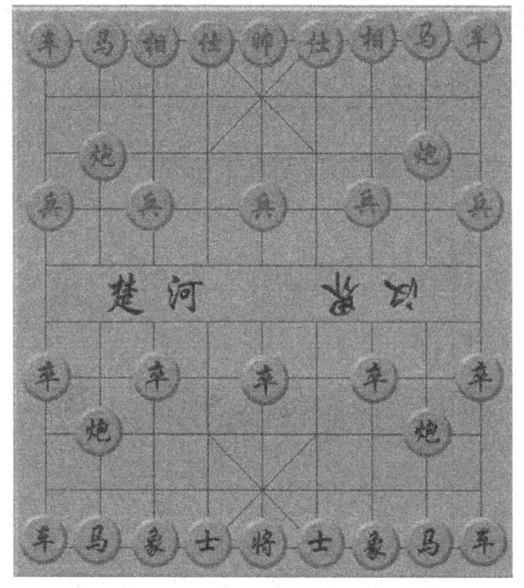

中国象棋在春秋时期便已比较成型。据记载，春秋时期步兵的最小单位是“伍”，由5人组成。

国际象棋棋子在棋盘上的初始位置如右上图所示。

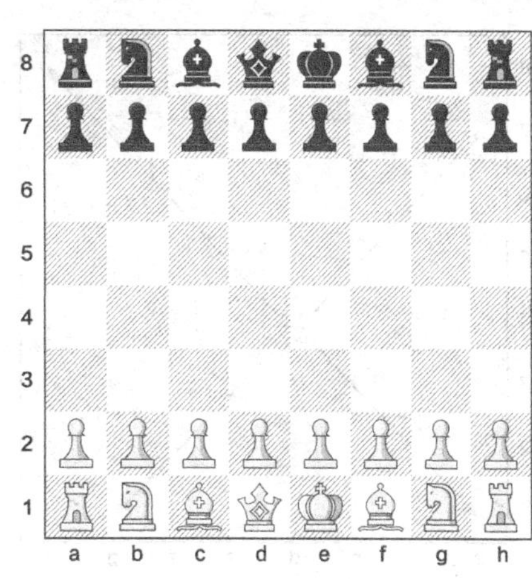

注意：白后放在白格，黑后放在黑格。

三、棋子的走法和吃法

车 Rook 简写R

车可走到它所在的直线和横线上的任何格子，也可以吃掉它所在直线和横线上对方的棋子。车的走法与吃法相同。

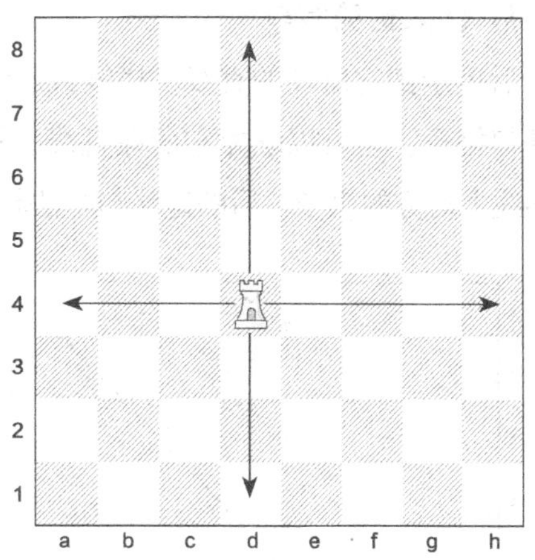

象 Bishop 简写B

象可以走到它所在斜线上的任何格子，也可以吃掉它所在斜线上对方的棋子。象的走法与吃法相同。

每方均有两个象，一个在白格里行走，另一个在黑格里行走。

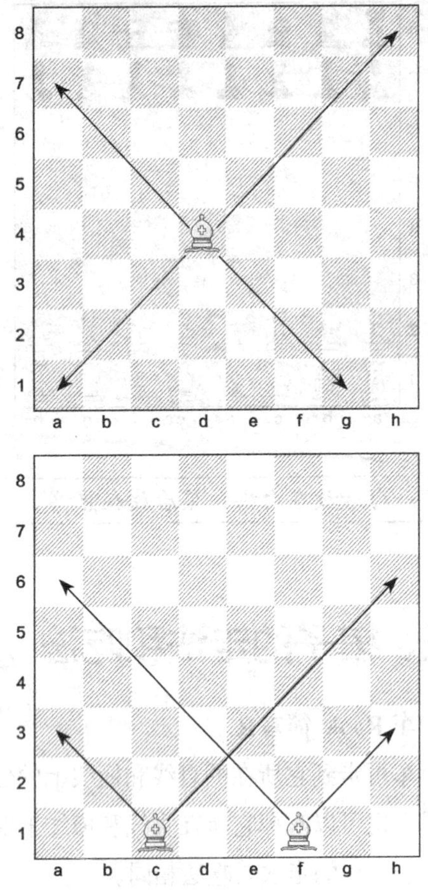

后 Queen 简写Q

后可走到它所在的直线、横线或斜线上的任何格子，也可以吃掉它所在直线、横线或斜线上对方的棋子。后的走法与吃法相同。

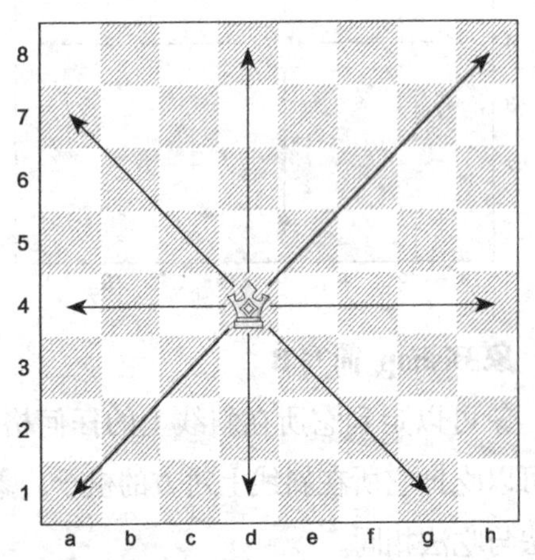

车、象和后在走棋或吃子时，不能跨越任何中间的棋子。

王 King 简写K

王可以走到未受到对方攻击的任何相邻的格子。王的走法与吃法相同。

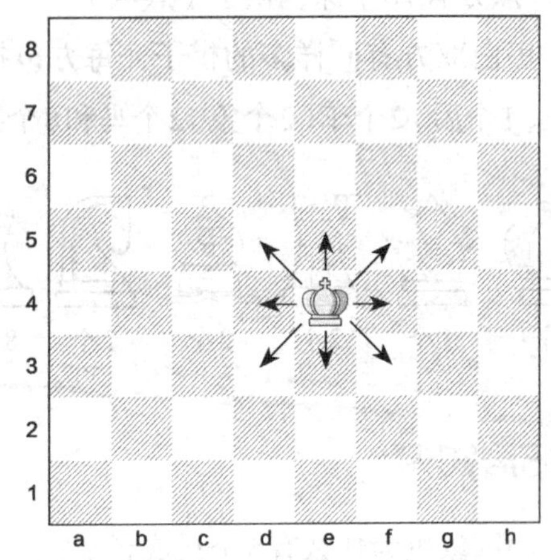

注意：王走到的位置不能被对方的棋子威胁，否则将被视为“违规移动”（illegal move）。

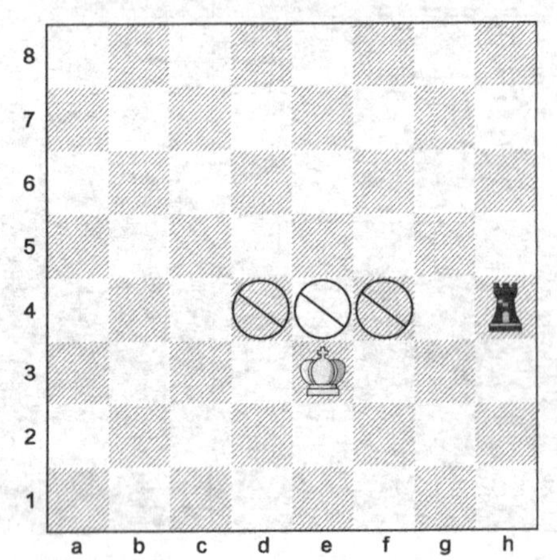

例如上图：王不允许走到有⊘标记的位置。

马 Knight 简写N

马的走法是呈L型跳跃，如下页左上图所示。走的过程中，马不能控制其经过的格，也不受周围棋子的控制。马的走法和吃法相同。

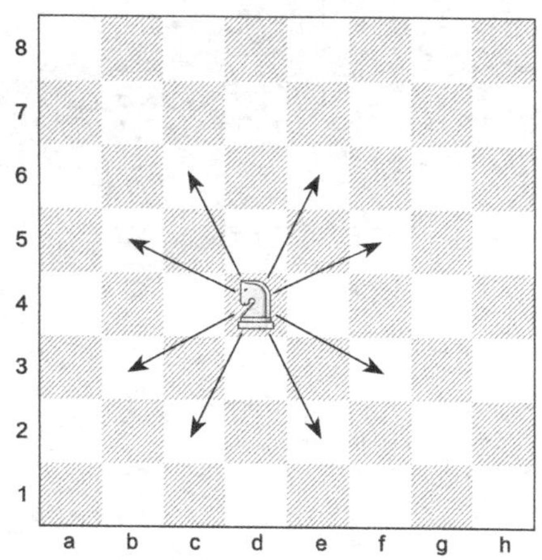

兵 Pawn　简写省略

兵可沿其所在直线向前走一格（前提是该格未被其他棋子占据）。

兵的第一步允许沿其所在直线向前走两格（前提是这两个格子未被其他棋子占据）。

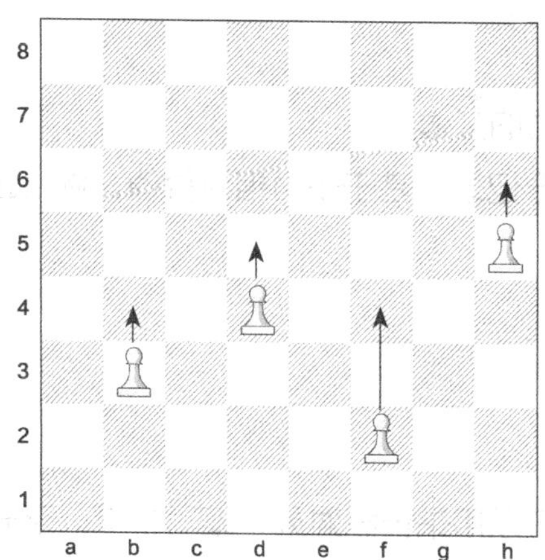

兵的吃法：兵走到其斜前方由对方棋子占据的格子，吃掉该格内的棋子。

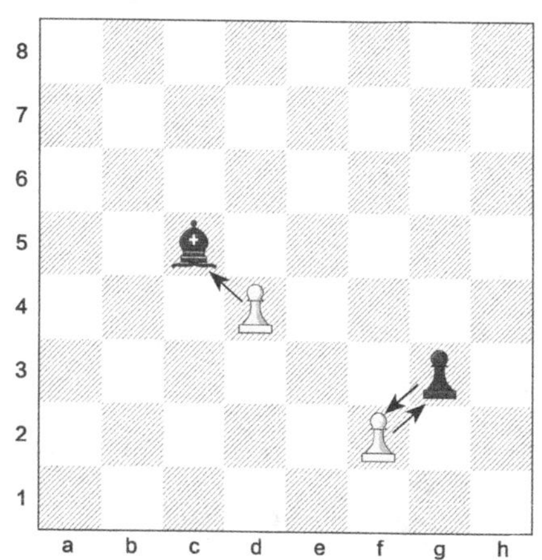

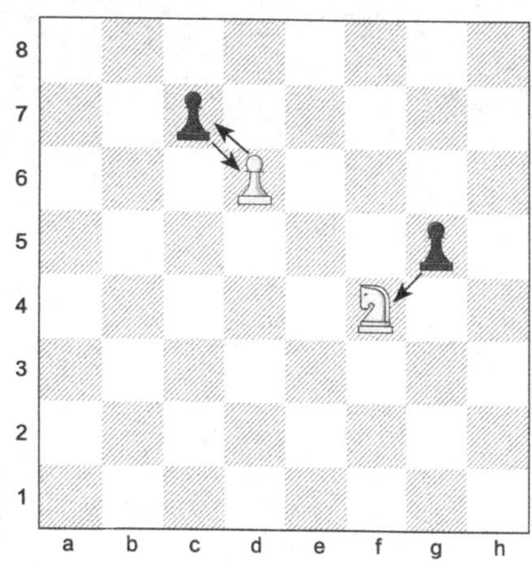

注意：6种棋子中，只有兵的走法与吃法不同。

对弈时必须白方先走，然后轮到黑方走棋。黑白双方一方走一步，一直走到棋局出现结果为止。

课程作业

1. 阅读和了解《棋经十三篇》。

2. 在棋盘上摆8个后，要求每个后都不能在同一直线或斜线上。

3. 用马不重复地走遍棋盘64个格子。

第二讲

棋谱记录、子力相对价值

重点难点

1. 重点：掌握棋谱记录的方法，了解每个子力的分值。

2. 难点：看懂棋书中的棋谱，在实战对弈中会记录。基于子力相对价值，做出正确行棋选择。

知识内容

棋谱记录通过文字或棋图记述棋局的着法，可以用来记载对局、编写棋书。正式常规赛中，按规则规定，棋手必须做棋谱记录。学习和掌握棋谱记录的方法可以帮助棋手阅读棋书，分析对弈，提高棋艺水平。

一、棋盘棋格记录方法

棋盘从左到右共有8条直线，分别用小写英文字母a、b、c、d、e、f、g、h表示。8条按水平排列的线叫横线，分别用阿拉伯数字1、2、3、4、5、6、7、8表示。斜着的叫斜线，例如a1–h8斜线、h1–a8斜线，等等。

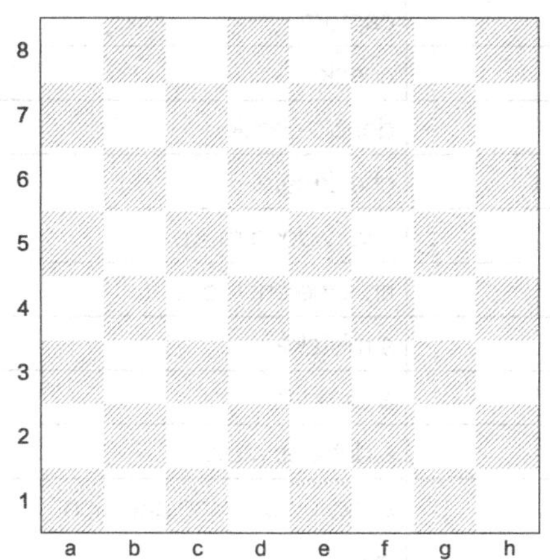

每一条横线和直线相交的格子的名字用坐标表示。例如在5线和g线相交的格子叫g5。

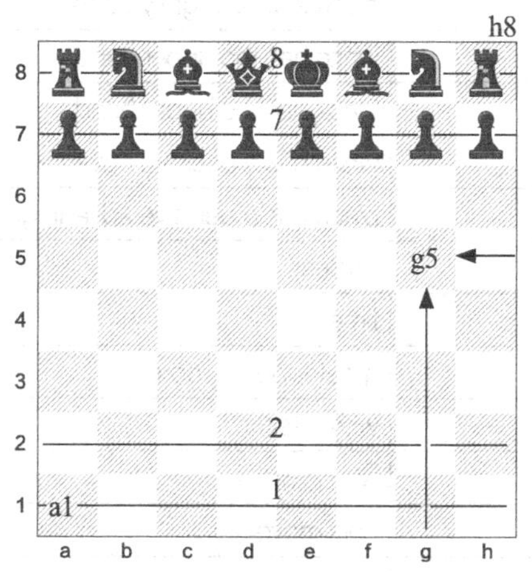

摆放棋子时，白子摆在横线1和横线2上，黑子摆在横线7和横线8上。如果一张棋盘没有标注坐标，则摆好棋后，以白方的左下角为a1格，黑方的左下角为h8格。

二、棋子记录方法

在国际通用的英文记录方法中，用英文大写字母表示每个棋子：

King=王　简写K

Queen=后　简写Q

Rook=车　简写R

Bishop=象　简写B

Knight=马　简写N

注意：马的简写为单词的第二个字母，以与王的简写进行区分。

Pawn=兵，兵的表示方法可以省略，当你走动一个兵的时候，只需要写出棋格的名称即可。

三、棋谱的记录方法

每走动一步棋的记录方法为：棋子表示方法简写（大写）+到达格的名称（小写）。

例如：王走到d2格，记录为Kd2

后走到a4格，记录为Qa4

车走到e1格，记录为Re1

象走到f4格，记录为Bf4

马走到c3格，记录为Nc3

兵走到e4格，记录为e4

• 兵吃子时要将兵原来所在直线和到达格的名称都用小写字母写出来。例如e4兵吃掉位于d5格的子，记录为ed5。

• 兵升变时，先写到达格，再写升变的棋子。例如b7兵至b8格变后，记录为b8Q；f7兵吃掉位于g8格的子变马，记录为fg8N。

• 两个同样的子到达同一个位置时，要标明棋子原所在线字母或数字以示区分。

例如：a1车和f1车，其中之一走到d1格，应写成Rad1（a1车走到d1格）或Rfd1（f1车走到d1格）。

a7车和a1车，其中之一走到a4格，应写成R1a4（a1车走到a4格）或R7a4（a7车走到a4格）。

b8马和f6马，其中之一走到d7格，写为Nbd7（b8马到d7格）或Nfd7（f6马到d7格）。

• 王车易位的记录方法：长易位0-0-0，短易位0-0。

国际象棋记录符号说明（比赛记录可以不加符号说明）

符号	中文含义	英文含义
x	吃子	capture
+	将军	check
++	双将	double check
#	将杀	checkmate
!	好棋	a very good move
!!	妙棋	an excellent move
?	坏棋	a mistake
??	败着	a blunder
?!	有疑问着法	a dubious move
!?	值得注意的着法	a move deserving attention
=	均势	even
⊥	残局	endgame
0-0	短易位	short castling
0-0-0	长易位	long castling
⩲	白稍优	white stands slightly better
⩱	黑稍优	black stands slightly better
±	白优	white has the upper hand
∓	黑优	black has the upper hand
+-	白胜势	white has a decisive advantage
-+	黑胜势	black has a decisive advantage
∞	形势不明	unclear
⊕	时间紧张	time
○	空间优势	greater board room
→	攻势	with attack
↑	主动权	with initiative
□	唯一应着	only move
♁	通路兵	passed pawn
《	后翼	queen's side
》	王翼	king's side
1-0	白胜	black resigns（White wins）
0-1	黑胜	white resigns（Black wins）

续表

符号	中文含义	英文含义
1/2-1/2	和棋	draw agreed
(ch)	锦标赛	championship
(m)	对抗赛	match

看记录摆棋谱

拿破仑于1802年执黑对局：

1.e4 Nf6 2.d3 Nc6 3.f4 e5 4.fxe5 Nxe5 5.Nc3 Nfg4? 6.d4 Qh4+ 7.g3 Qf6 8.Nh3?? Nf3+

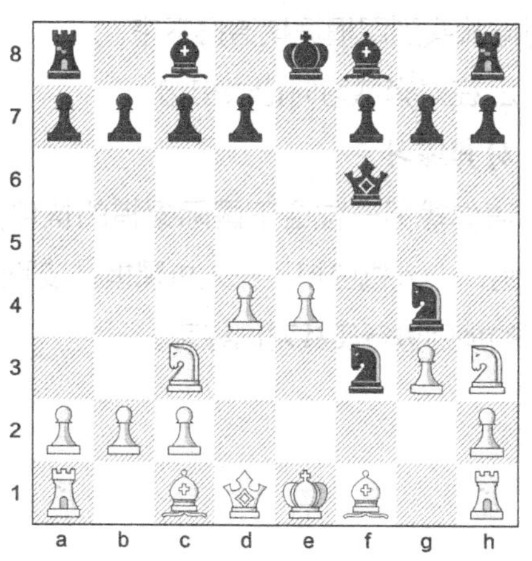

9.Ke2 Nxd4+ 10.Kd3 Ne5+ 11.Kxd4 Bc5+ 12.Kxc5 Qb6+ 13.Kd5 Qd6#

名局欣赏

拉斯克—无名氏 1896年弈于莫斯科

1.e4 e5 2.Nf3 Nc6 3.Bb5 Nf6 4.d4 Nxe4 5.Qe2 Nd6 6.Bxc6 bxc6 7.dxe5 Nb7 8.Nc3 Be7 9.b3 0–0 10.Bb2 Nc5 11.0–0–0 a5 12.Nd4 Ba6 13.Qg4 Qe8 14.Nf5 Ne6 15.Ne4 Kh8

16.Nf6 Bxf6

[16...gxf6 17.exf6 Bd8 18.Qg7+ Nxg7 19.fxg7+ Kg8 20.Nh6#]

17.exf6 g6 18.Ne7 Rg8 19.h4 Rb8 20.h5 g5 21.Ng6+

[21.Ng6+ hxg6(21...fxg6 22.f7+白方胜势) 22.hxg6#]

1-0

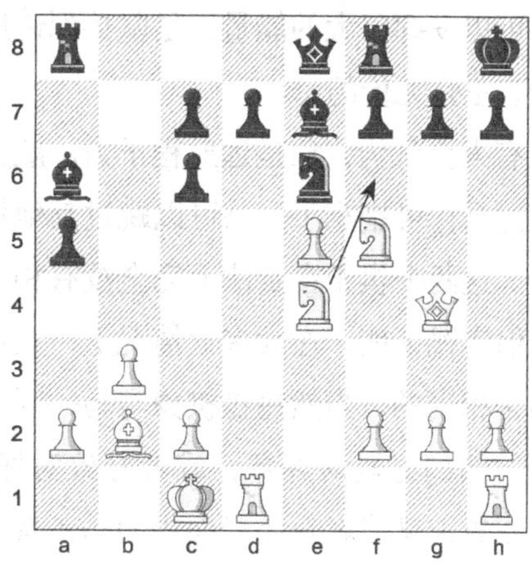

四、子力相对价值

对弈中，面对兑子、吃子，子力交换，在什么情况下合算？根据千年实战经验，人们总结了用分数来计算的方法。值得注意的是在对局的各阶段，棋子的价值往往因各种因素（棋子的位置、灵活性、协调性、时效性等）发生相应的变化。我们给出的分值只能暂时体现出棋子的相对价值，棋子的绝对价值必须具体情况具体分析。

假设兵=1分

马=象=3分

车=1.5马=1.5象=4.5分

后=2车=3马=3象=9分

其中，象和马被称为轻子（弱子），车和后被称为重子（强子）。

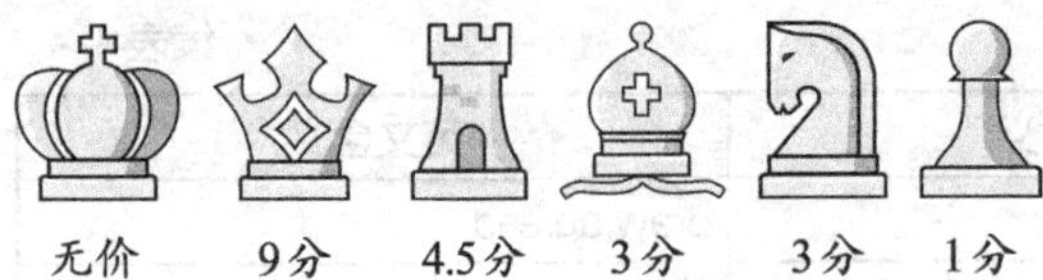

王的价值难以评定，王是不能交换的子。王在开局、中局和残局中的威力也各不一样。有特级大师说，王在开局中像个小婴儿，需要保护且没有能力；王在中局中像个小孩子，不宜过多行动；但到了残局，王是至关重要的，可以发挥巨大的能量，是坚持到最后的棋子。王是无价的。

有人会认为，象是远射程子力，威力应该大过马！可别忘了，马可以跳过其他棋子行走。这两个棋子在走法上完全没有相似之处。但实践证明，在大多数情况下，它们的威力是相当的。当然每盘棋象与马的际遇都不同，例如好马对坏象，或者好象对坏马，或者双象，又或者封闭局面中的马，其子力价值就不能用简单的分值来计算了。

兵的威力也是如此，在不同的线路上，在原始位置和即将升变的位置其威力也不相同。价值会随着小兵可能的发展而发生改变。

以上提供的仅是棋子的相对价值。随着水平的提高，你将会逐渐地对子力价值有更深的认识。

课程作业

对应题目

1. 学习看懂棋谱和棋书，把本讲中举例的对局从头到尾根据棋谱摆下来。

2. 在对弈练习时记录棋谱。

对弈练习

请你找另一位会下国际象棋的伙伴，两人一组，一人执白棋，一人执黑棋，按照国际象棋的规则进行实战对局练习。

第三讲

特殊规则和结果判定

重点难点

1. 重点：3种特殊规则、将军与应将、胜负和判定的应用条件。

2. 难点：在实战对弈中，能够按照特殊规则走法行棋。分清和棋的具体规则。

知识内容

本讲对国际象棋中兵的升变、吃过路兵和王车易位3种特殊规则进行讲解，并对胜负和3种棋局结果的判定予以详述。学习完本讲内容，便可开始真正意义上的对弈了。

一、特殊规则

国际象棋有兵的升变、吃过路兵、王车易位3种特殊规则。其中兵的升变、吃过路兵这两种特殊规则与兵的走法有关，王车易位与王和车的走法有关。学习完3种特殊规则，结合前面棋子的走法和吃法，即可全面掌握国际象棋的基本规则，进行实战对弈。

兵的升变（promotion）

当一方的兵到达对方底线，就完成了兵的升变。如下图所示，白方的小兵向前挺进一格即可到达黑方底线，就可以完成升变。

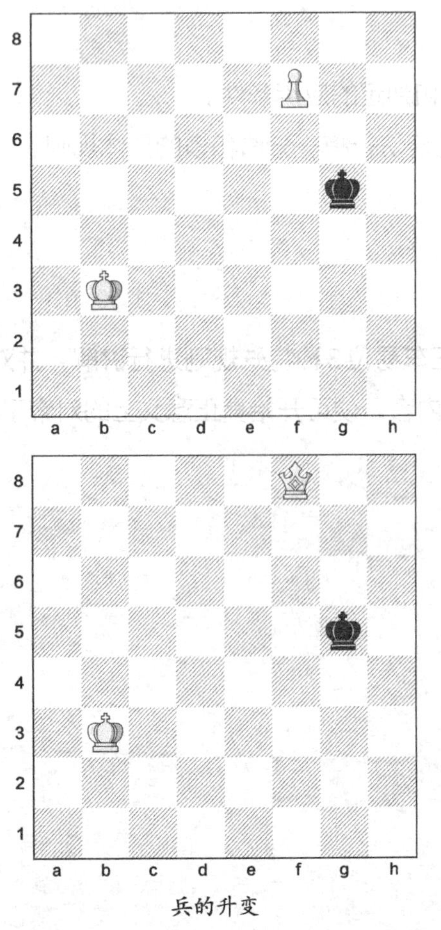

兵的升变

升变时，有3个注意点。

（1）升变方式

小兵既可以通过直接挺进的方式升变，也可以通过斜吃对方子力的方式完成升变。

下图所示白方的小兵既可以直接向前挺进进行升变，也可以斜吃黑方的马完成升变。

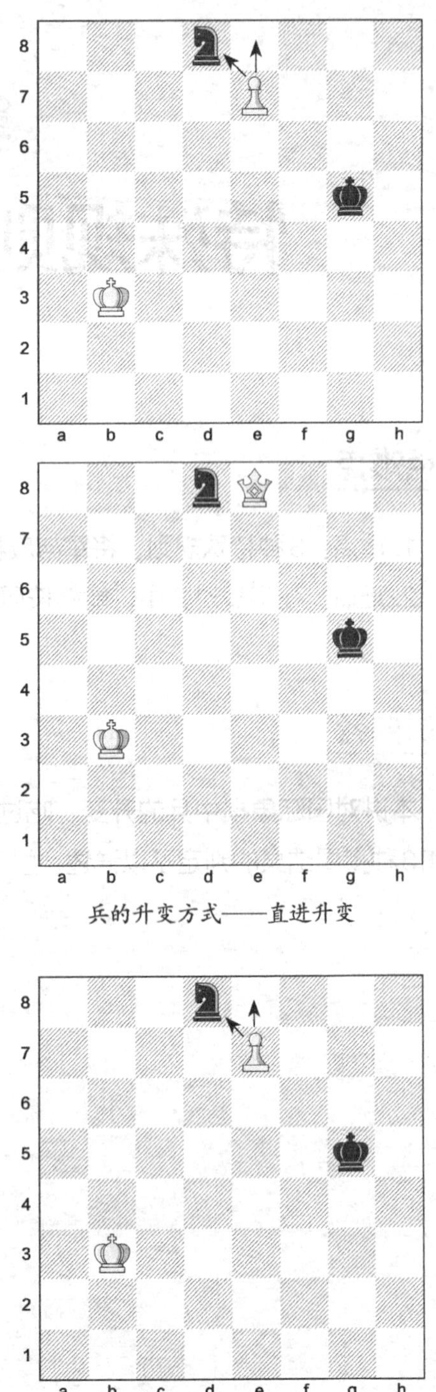

兵的升变方式——直进升变

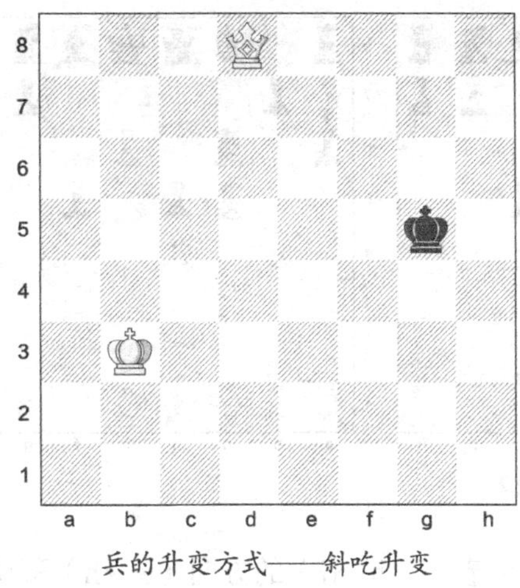
兵的升变方式——斜吃升变

（2）升变棋子

当己方小兵走到对方底线进行升变时，可以选择己方后、车、马、象中的任意一种，不能变成王或者停留在小兵。在实战对弈中，小兵选择升变为后是最为常见的情况。

（3）升变性能

小兵一经升变就立即具备新棋子的性能。

兵的升变规则不仅体现出对勇敢前进者的奖励，而且使得己方棋子战斗力得以增强，有时可以达到以弱胜强的目的。

吃过路兵（en passant）

吃过路兵是指，当一方的兵从原始位置向前一步走两格时，如果所到格的同一横线的相邻格有对方的兵，则后者可以立即吃掉相邻的前者，但是占据原来位置的斜前方那一格，而不是前者原来占据的那格。

如右上图，f7的黑兵，从初始位置向前行进两个格到f5格，它所到的格子同一横线的相邻位置有白方e5兵。按照这一特殊规则，白方可以选择吃掉黑方的这只小兵，仍然用斜前方吃兵的方式走棋（吃到f6格）。

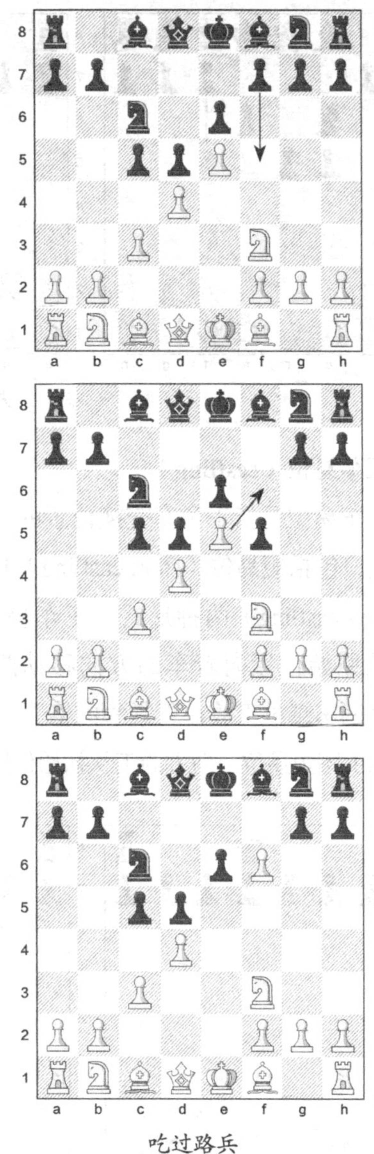
吃过路兵

吃过路兵时，需要注意："吃过路兵"的一方必须在对方走棋后的下一步马上吃，否则就永远失去"吃过路兵"的机会。

如下页上侧图，当黑方的兵到f5格后，白方没有立即吃兵，而选择把自己的象走到e2格，轮到黑方行棋，将自己的兵走到a6。此后，白方再也不能吃f5的兵。

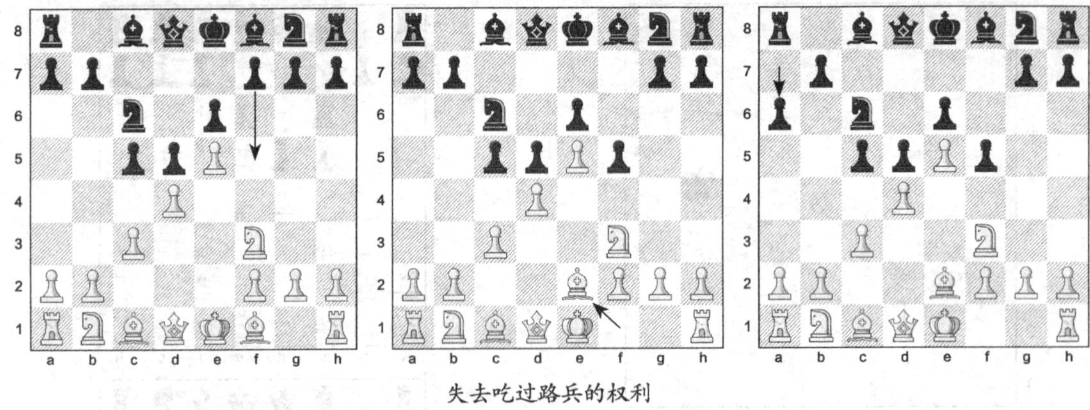
失去吃过路兵的权利

王车易位（castling）

王车易位是指王和车交换位置的一种特殊走法，包括短易位（short castling）和长易位（long castling）两种形式。王车易位时，王要从原始位置向着车的方向移动两个格子，再把车越过王放在王紧邻的格子上。

如下图短易位，白方的王从初始位置（e1格）向着车（h1格）的方向（e→h）移动两个格子，到达g1格，再把车越过王放在王紧邻的格子（f1格）。

如下图长易位，白方的王从初始位置（e1格）向着车（a1格）的方向（e→a）移动两个格子，到达c1格，再把车越过王放在王紧邻的格子（d1格）。

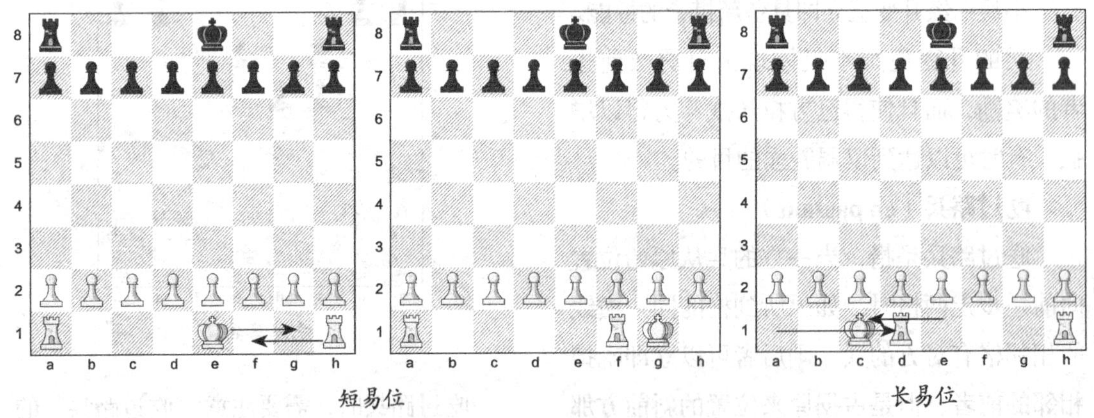
短易位　　长易位

由上图可知，短易位和长易位是依据王距离车的距离决定的。短易位中，王车之间间隔2个格子，长易位时，王车之间间隔3个格子。

王车易位时，需要满足以下4个条件。

（1）王与车之间没有任何棋子。

（2）王和车在易位前必须是未走动过的。比如，白方若要进行短易位，e1格的王和h1格的车不能移动过，与a1的车移动过与否无关。

（3）王不能被对方的棋子攻击。

（4）易位时，王经过和到达的格子不能被对方的棋子控制。

王车易位的特殊性，主要体现在王和车都没有按常规走棋这一点上。

拓展知识

易位

“易位”一词，曾出现在我国第一部叙事详备的编年体史书《左传·齐晋鞌之战》一文中。公元前589年，齐伐鲁、卫侵齐。鲁卫败，求于晋，引发了齐晋在鞌（今济南附近）之战。这场战役是《左传》中著名的战役之一。

据记载，齐师大败之际，齐侯遭到晋师追赶，此时“逢丑父与公易位”（原文）[逢丑父，齐大夫，齐侯身边的勇力之士；公，指齐侯]，丑父知道齐侯可能被擒，所以和齐侯易位（换位置）以救主。结果丑父被误作齐侯被捉，齐侯则以侍从身份借取水之际逃走。

晋师发现抓错人后要杀丑父，丑父呼曰：“自今无有代其君任患者，有一于此，将为戮乎？”杀者曰：“人不难以死免其君，我戮之不祥。赦之，以劝事君者。”乃免之。

王车易位历史

现代版本的王车易位规则是在1620年的法国和1640年的英国建立的。

约翰·阿尔盖尔（Johann Allgaier）在1811年出版的《国象论》中引入了“0-0”来表示王车易位，他用0-0r（右）和0-0l（左）来区分短易位和长易位。1837年，阿龙·亚历山大（Aaron Alexandre）最先用“0-0-0”来表示长易位。

《沙赫派手稿》（*Handbuch des Schachspiels*）第一版（1843年）采用了这个做法，很快成为标准。在英文版描述符号中，最初使用“Castles”这个单词来表示王车易位，当时加入了“K' s R”（王的右侧）和“Q' s R”（后的右侧）来消除歧义。最终，使用了0-0和0-0-0符号，这是从代数记谱系统借用来的。

二、结果判定

在国际象棋对弈中，若要进行结果判定，首先要了解什么是“将军”（Check）。将军是指当一方棋子攻击对方的王，下一步要吃对方的王的着法。例如，下图中的白象正在攻击黑方的王。

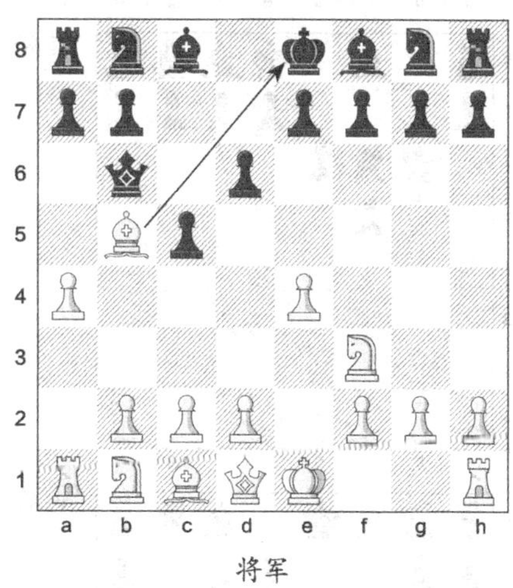

将军

被将军的一方必须要走一步棋，使己方王不被吃掉，称为“应将”。对局中一共有3种应将的方式。

（1）消将：吃掉对方将军的棋子。

例如，黑方的后吃掉白方的象，消灭白象对黑王的将军。

（2）垫将：把一个棋子走到王和对方进行将军的棋子之间做掩护。

例如，黑方把马走到白象和黑王之间做掩护，阻挡白象对黑王的攻击。

（3）避将：王离开被对方棋子攻击的格子，予以躲避，也称“逃将”。

例如，黑王向d8走一格，逃离白象攻击的斜线，予以躲避。

胜负判定

当一方的王被将军，但却没有任何一种应将方式时就是“将杀”（Checkmate）。将杀的一方获胜，被将杀的一方判负。如下图，白方的后正在将军黑方的王，而黑方不能使用消将、垫将、避将中任何一种方法来解救黑王，此时黑王被将杀，棋局结果为白胜，黑负。

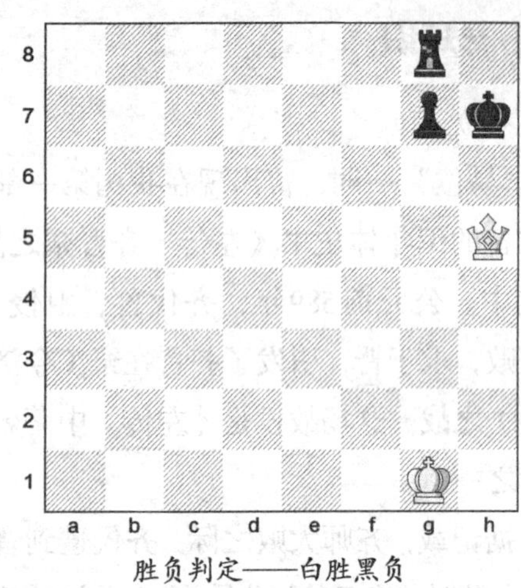
胜负判定——白胜黑负

和棋（Draws）判定

国际象棋中的和棋是指双方都没有办法将杀对方。具体包括议和、官和（理论和棋）、逼和（无子可动和棋）、三次重复局面和棋、50回合规则5种。

（1）议和：双方协商，同意和棋。

（2）官和（理论和棋）：双方所剩子力都不能将杀对方。

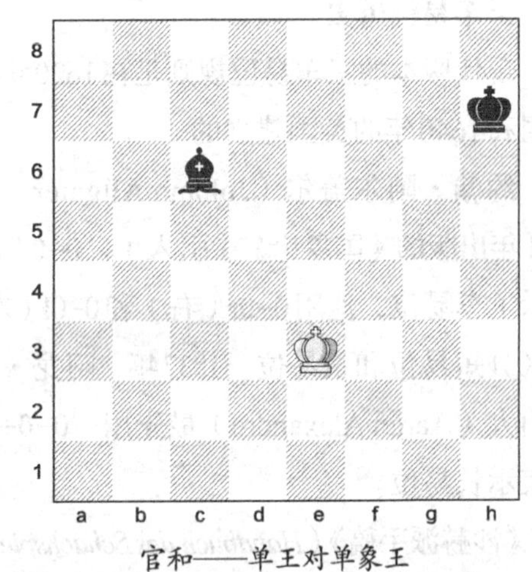
官和——单王对单象王

例如，单王对单王、单王对单马王、单王对单象王、单象王对单象王（两象同色）。

逼和、将杀的区别

逼和：一方只攻击了对方王能走到的所有格子，但没能攻击它所在格子。例如，下方左图轮到黑方行棋，白后攻击了黑王所有能走到的格子，但是没能攻击黑王所在的格子，此时形成逼和。

将杀：除了攻击对方王能走到的格子外，同时攻击了它所在格子。例如，下方右图轮到黑方行棋，白后正在吃黑方的王，即将军黑王，但是黑方没有任何可以应将的方式，此时白方获胜，黑方判负。

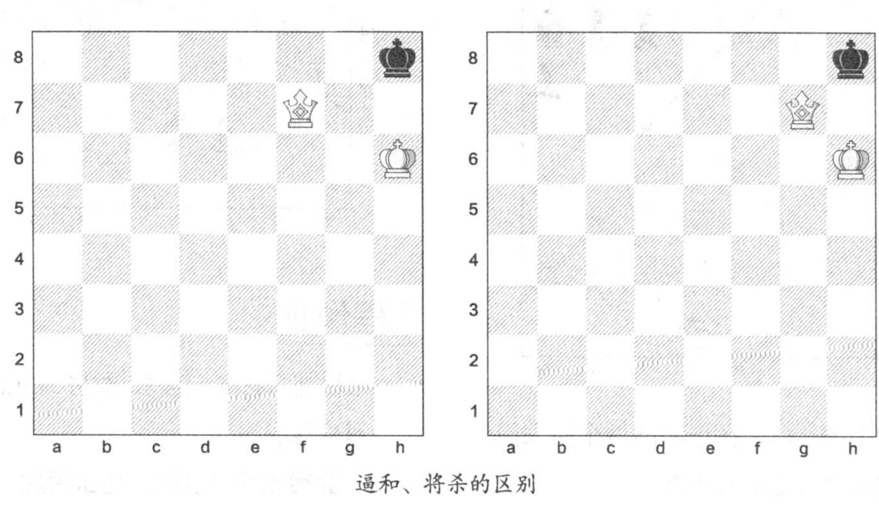

逼和、将杀的区别

（3）逼和（无子可动和棋）：当轮到一方行棋时，王没有被对方棋子将军，又无路可走。棋盘上其他棋子也都没有合乎规则的着法可走。实战中，逼和是劣势方挽救败局的方式之一。例如下图，此时轮到黑方走棋，黑王没有被将军，但一走动就会被对方的后吃掉。棋盘上的黑兵也没有符合规则的走法，此时白方虽然多一个后，但仍然是无子可动和棋。

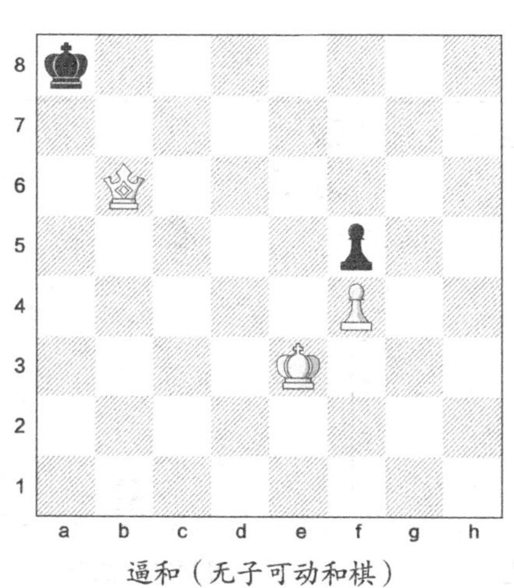

逼和（无子可动和棋）

拓展知识

逼和规则有着错综复杂的历史。尽管今天的逼和（无子可动和棋）被普遍认为是和棋，但在历史上，情况并非如此。

在现代版国际象棋的先驱恰图兰卡规则中，如果让对手陷入无子可动，是输棋。然而，在沙特兰兹规则中，让对手陷入无子可动是赢棋。这种规则在15世纪早期的西班牙国际象棋中一直存在。

大约从1600—1800年，英国的规则是让对手陷入无子可动是输棋。在1820年之前，这一规则在英国的国际象棋中消失了，取而代之的是法国和意大利的规则，即无子可动是和棋。

（4）三次重复局面和棋（three times repetition rule）：相同局面出现3次，且轮到同一方走棋，为三次重复局面和棋，包括长将、长捉等。

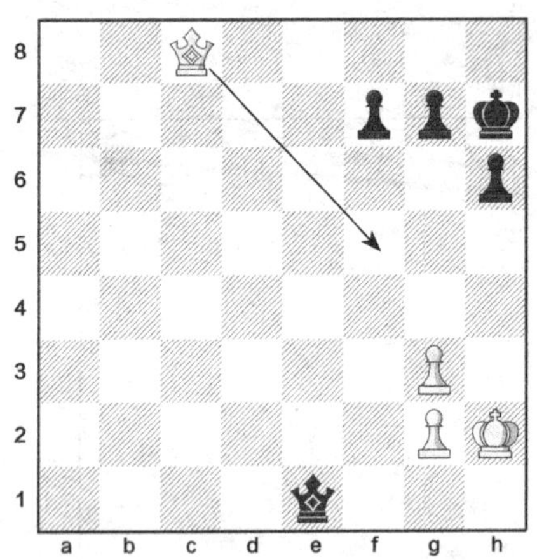

例如上图，白后在f5和c8两个格来回将军，走成三次重复局面和棋。

1.Qf5+ Kg8 2.Qc8+ Kh7 3.Qf5+

注意：棋局出现3次重复局面即可判定为和棋，出现相同局面的过程可以不一致。

（5）50回合规则（fifty-move rule）：对局中，如果棋盘上连续50回合没有出现任何子力数量变化，且兵形与50回合前相同，则判定为和棋。

如下图，如果白方走了50回合都无法将杀，且子力也没有交换，即可判定为和棋。

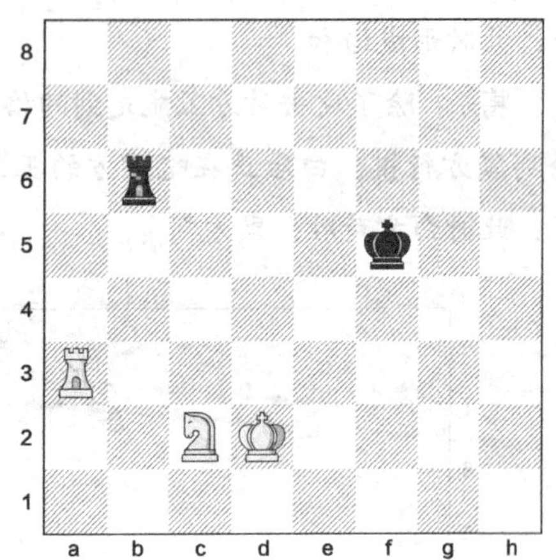

课程作业

准确判断消将、垫将、避将3种应将方法。

对应题目

下面给出6道习题，判断习题中黑白双方的王是否处于将军状态，若处于将军状态，请说出或在棋盘中摆出所有可能的应将方法。

做题提示

1. 可以根据需要选择是否借助棋具。

2. 请注意说出或摆出所有可能的应将方法及对应术语。

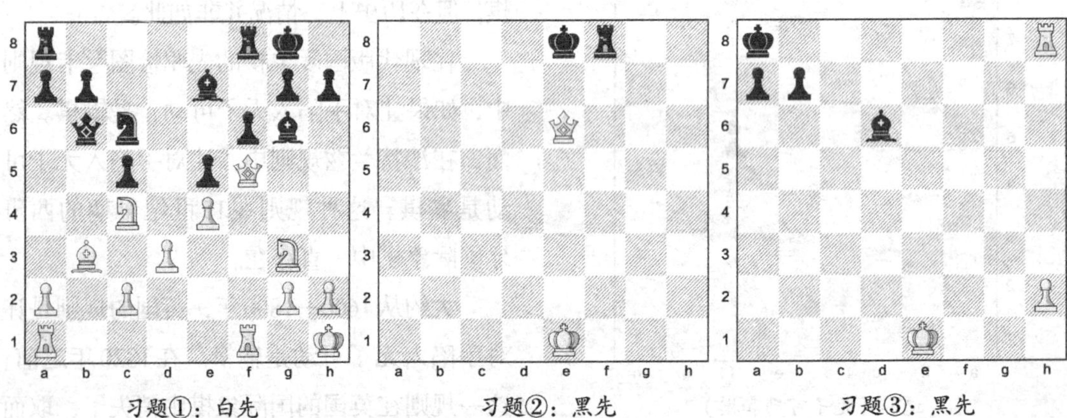

习题①：白先　　习题②：黑先　　习题③：黑先

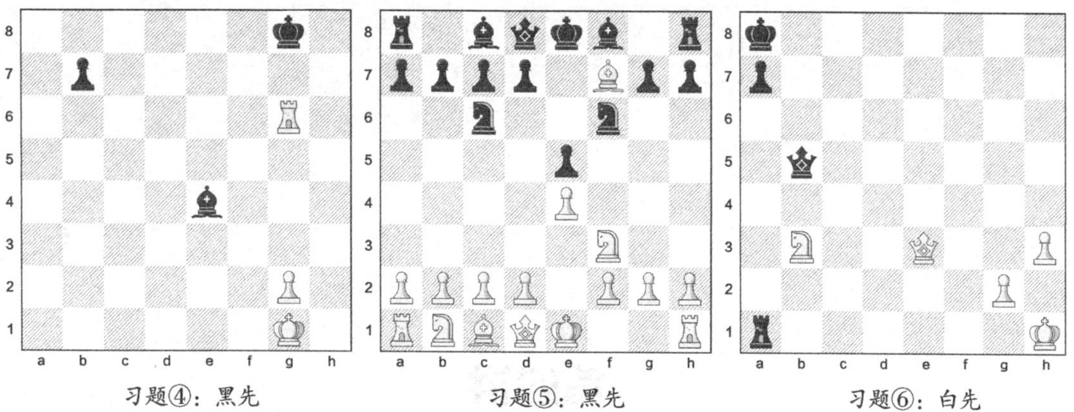

习题④：黑先　习题⑤：黑先　习题⑥：白先

对弈练习

对应题目：请你找一位会下国际象棋的伙伴，两人一组，一人执白棋，一人执黑棋，按照国际象棋的规则进行实战对局，并进行结果判定。

做题提示

1. 注意棋子的走法和吃法。

2. 注意特殊规则的使用。

3. 正确判断棋局结果。请按照国际象棋的规则与伙伴完成一盘对局。

第四讲

开局原理

重点难点

1. 重点：了解开局的原理。

2. 难点：在实战对弈中，能够按照开局基本原理做出开局选择。

知识内容

国际象棋开局种类繁多，关于“现代国际象棋”的最古老文献出版于1497年。繁杂浩瀚的开局是一代又一代棋手日积月累的成果，是棋手智慧的结晶。近几十年，随着科技的发展，借助专业软件和人工智能的帮助，开局“武器库”变得更加强大。

但无论AI技术多么强，它都需要对人类几百年积累的开局知识进行学习，并从人类的总结中获得知识。通常情况下，一个计算机程序所弈的前15至20步都来源于人类总结的开局库。当然，我们不排除AI技术将来会自己创造属于自己的开局，并淘汰人类的开局理论，但目前为止，百年间总结的开局原理在对弈中仍适用。

当我们研究开局的时候，当然希望知道每一路变化，但那将需要无穷尽的繁杂的计算，靠死记硬背是不行的，事实上普通人也做不到。我们需要知道棋理，按棋理来布局，这才是对弈的根本。

现代开局的原则为，尽快出动子力和夺取中心，以便获得较大的子力活动空间，为中局决战创造有利条件，同时还要注意己方王的安全。

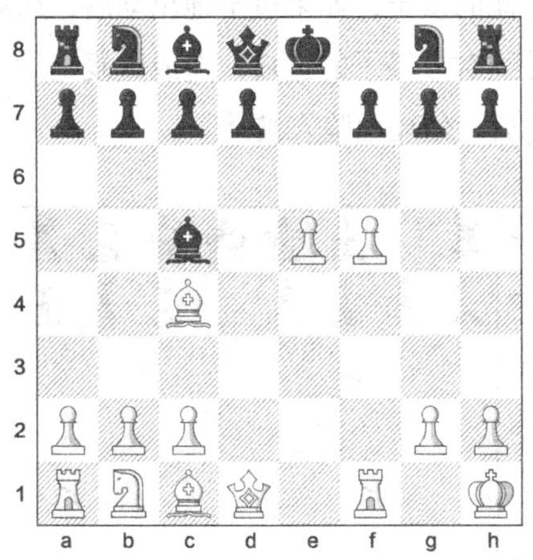

如上图所示，黑白双方子力完全一致，但就子力位置而言，黑方几乎没有出子，而白方占领并控制了中心、王已转移安全。只需要简单走Qh5即可获得决定性的优势。

一、占中心

古代战场，中心是兵家必争之地。中心好比战场上的制高点，是双方的战略要塞。在中心的棋子可以快速地调往棋盘上的任何区域，可以左右逢源。占中心等于占领了更多的空间，子力调动灵活；反之子力如果没有空间、受压制，不易出动，局面将变得被动。

中心一般指的是d4、d5、e4、e5四个格子以及周边的区域。

主流的开局一般都是中心兵e4或d4起步，Nf3和c4也是常见着法，均指向中心。

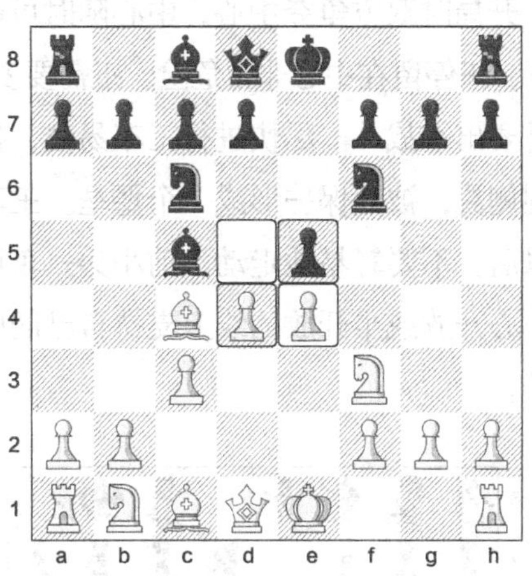

二、快出子

占据中心之后，子力必须跟上，协调行动，这样占据中心的优势才能持久并发展。所谓快出子，就是用最少的步数出动最多的棋子。局势的优劣不仅在于拥有的棋子多少，更取决于起作用的棋子有多少。

快出子强调的是出动马和象。马、象被称为轻子，车、后被称为重子。如果重子过早出动，容易成为对方轻子的攻击目标。

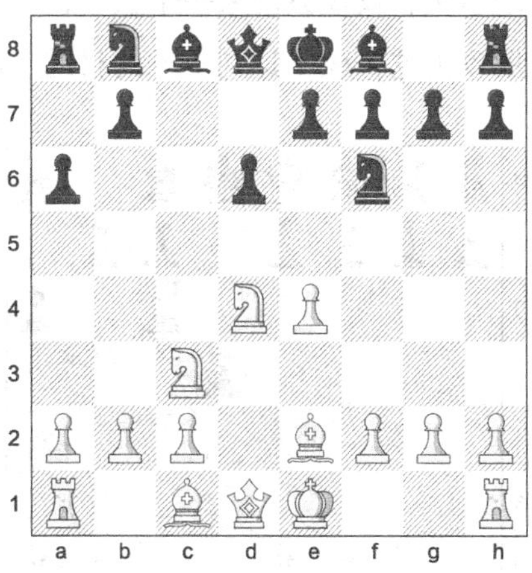

三、早易位

开局时双方争夺中心，中心随时可能被打开，王停留在中心非常危险。王需要安全，车需要出来战斗。尽快进行王车易位，把王走到侧翼，被兵保护形成一个堡垒。王车易位以后，不要轻易地走动王前小兵。车可以在中心开放或半开放的线上支持自己的中心棋子。

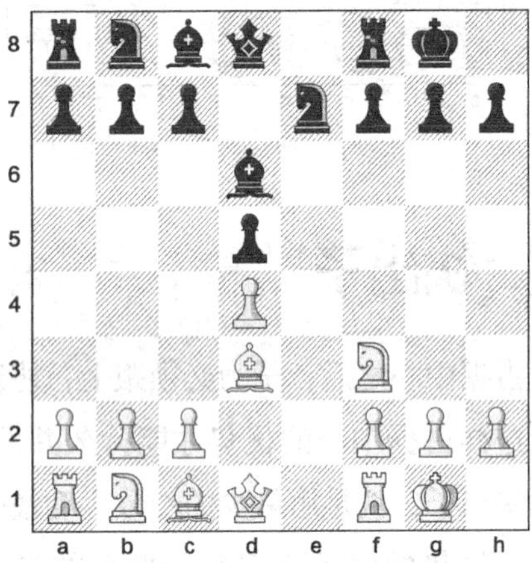

四、少重复

重复走子违背快出子的原理。同一个棋子走动多次，仅仅只出来一个棋子，对方可以借助攻击这个棋子达到出子的目的。出动不同的子，让更多的棋子发挥作用，无论攻王还是控制局面都能达到更好的效果。赢棋建立在子力出动和配合的基础上。

例如左下图中白方Ng5的行动毫无意义，浪费出子时间，遭遇攻击。

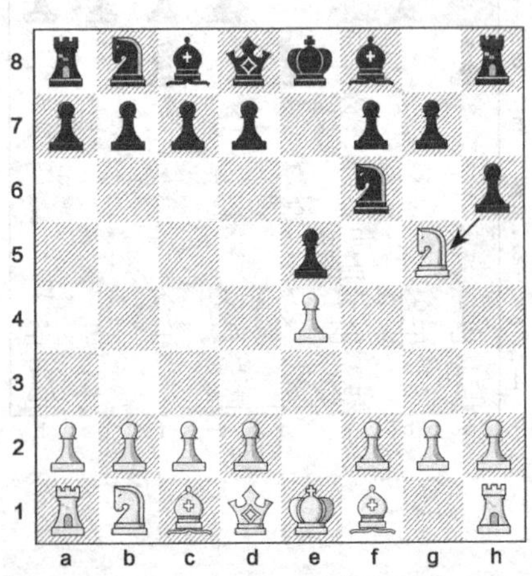

五、避免过早出后

后是威力巨大的棋子，它的价值远远超过其他的棋子，如果过早地出动后，后就容易受到对方轻子的进攻，造成重复走后，出子落后，使局面陷入被动。

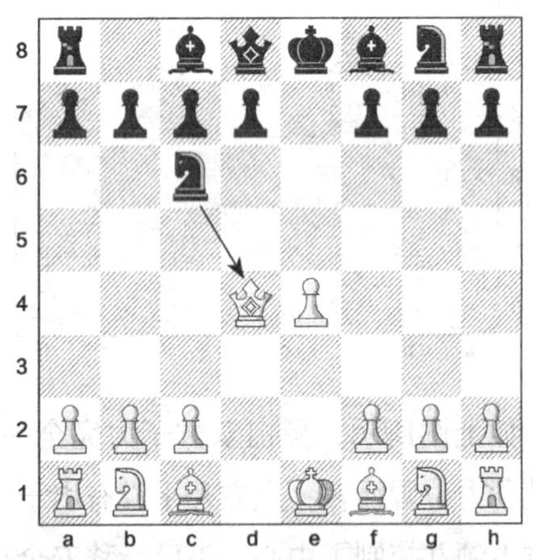

六、避免车从边线出

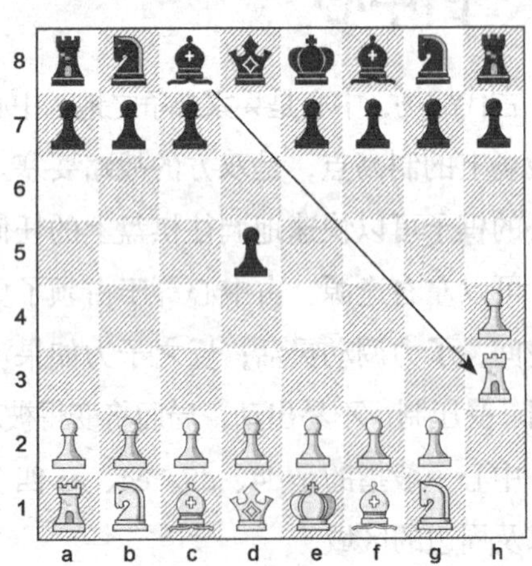

事实上，车很难从边线出来，尤其在开局中。

车是后发力的子，通常在中局之后才能投入战斗。最常见的车的调动是沿着底线出动，控制开放或半开放的线路，在后方支持其他子力。车过早地出动，容易受到对方轻子的进攻。

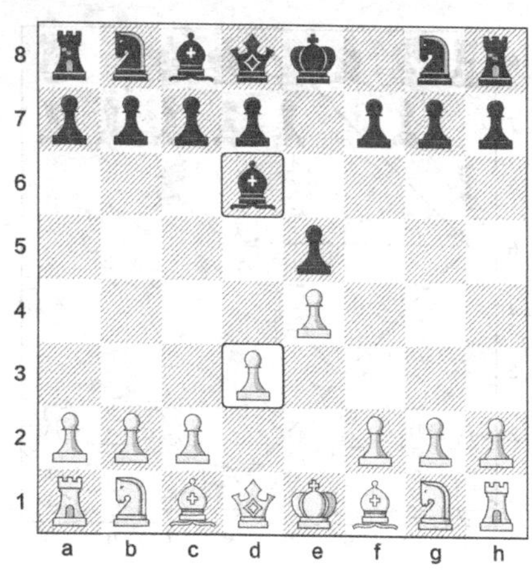

七、避免侧翼兵随意挺进

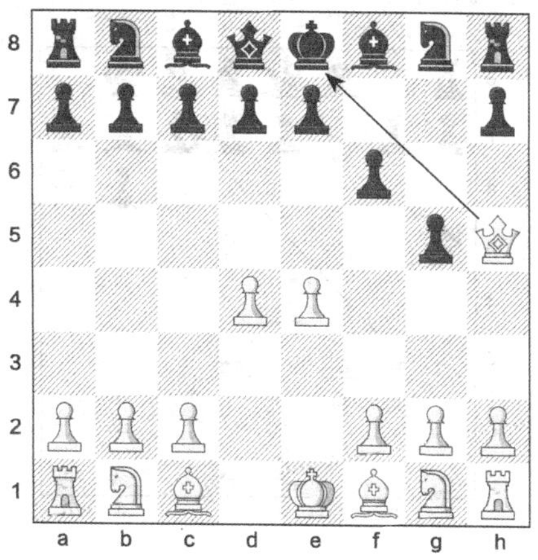

侧翼兵很难帮助子力在中心控制对方，不要毫无目的地挺进侧翼兵。如上图所示，由于黑方错误地挺起了侧翼兵，造成h5-e8斜线空虚，让白方乘虚而入。

八、避免棋子相互阻碍

能否保持每个棋子都有移动的空间、有通畅的线路，关系到棋子是否能更有效地发挥威力，子力之间更有效地协调配合。

右上图中，白方和黑方的出子都犯了同一个错误，白方的d3兵挡住了白格象的出动，黑方的象挡住了自己中心兵的挺进。

九、避免马在边线出动

马在中心，控制的格最多，有8格之多。而马在边线，控制的格少，发挥不了作用。

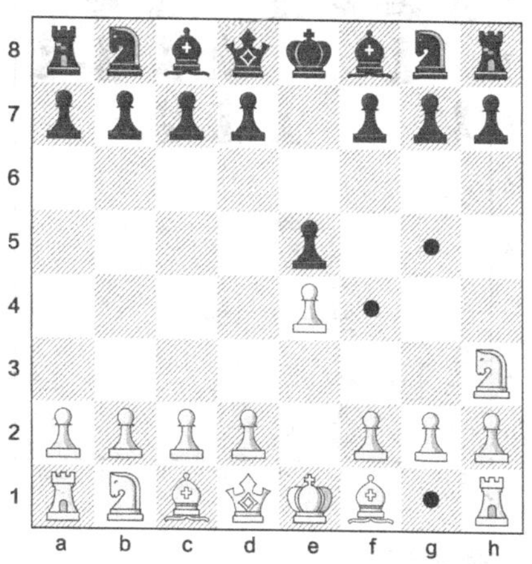

十、避免盲目挺兵

兵是只能前进不能后退的子，在挺兵的时候，一定要注意兵的安全以及挺兵的作用，若是置兵的安危不顾或是盲目重复走兵，容易造成出子落后的局面。

下页左上图中e5兵的盲目冲击，遭遇黑方Qa5+将军抽兵的威胁。

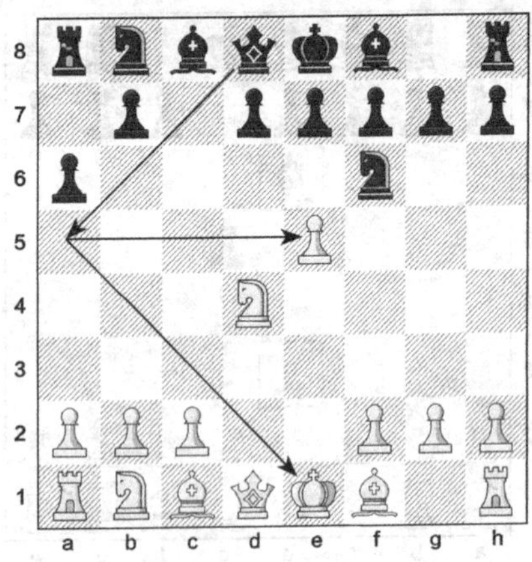

开局的完成

现代的棋弈理论认为：控制中心、王车已经易位、双方的主要棋子已经出动、局面结构已经基本定型则完成了开局。

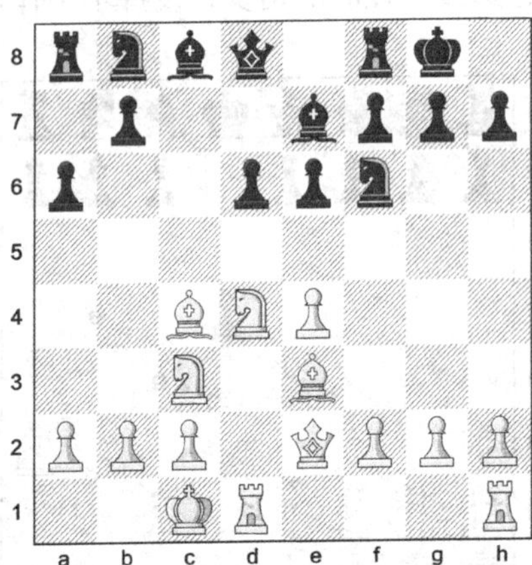

拓展知识

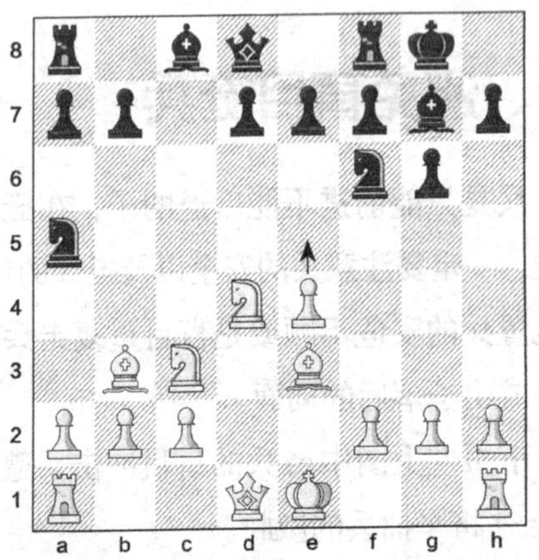

上图是1958年在纽约美国冠军赛上世界冠军鲍比·费希尔（Bobby Fischer）对塞缪尔·雷谢夫斯基（Samuel Reshevsky）的对局。

此时黑方若走8...d6，则转为正统的西西里龙式变例。但黑方没有按常理走棋，它用黑马去攻击b3象想摆脱白象对斜线的威胁，却忽略了放弃中心的危险，被白方瞬间攻入王城。

黑马从b8-c6-a5，从棋理上讲违反了少重复走子的原理。

9.e5! Ne8这是唯一的走法，也由此造成黑方子力不协调的局面。

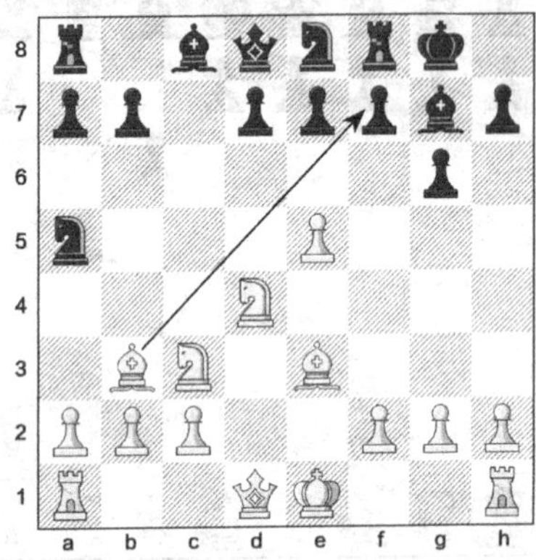

走9... Nxb3，则在10. exf6 Nxa1 11. fxg7 Nxc2+ 12. Qxc2 Kxg7之后，白方多子，胜势。

10.Bxf7+ Kxf7 11.Ne6

10...Rxf7 11.Ne6，黑后无路可走，白方多子胜。如果选择铤而走险的走法：

11...Kxe6 12.Qd5 Kf5 13.g4 Kxg4 13.Rg1 Kxh4 14.Qe4 Kh5 15.Qg4，将杀。

课程作业

对应题目：请你找另一位会下国际象棋的伙伴对弈，按照国际象棋的规则进行实战对局，并进行结果判定。

做题提示

注意棋子的走法和吃法，注意特殊规则的使用，正确判断棋局结果，并按照第三讲的知识，记录对弈棋谱。

第五讲

开局简介（一）

重点难点

1. 重点：掌握开局分类的知识及流行开局的走法。
2. 难点：在实战对弈中，能够应用所学的开局变化。

知识内容

《国际象棋开局百科》（*Encyclopaedia of Chess Openings*），简称ECO，是自1966年推出的以代码表示的国际象棋开局分类的编目索引，它把所有开局分为A、B、C、D、E五大类，每一类又下分为00~99，共100个小类，例如B类以西西里防御为主，C54是意大利开局。代码被广泛运用在各种计算机软件与棋书中。

开局通常是15步之内的着法。以下按照《国际象棋开局百科》编号的顺序介绍常见的开局。由于开局变化过于复杂，本书仅对其中的主要内容进行介绍。

一、A00

波兰开局（Poland Opening）

波兰开局是非正规开局，1.b4意从开局初始回避许多典型的下法，将棋局引入少见的局面。但由于出子效率相对不高，不符合开局原则，实战中少有人问津。

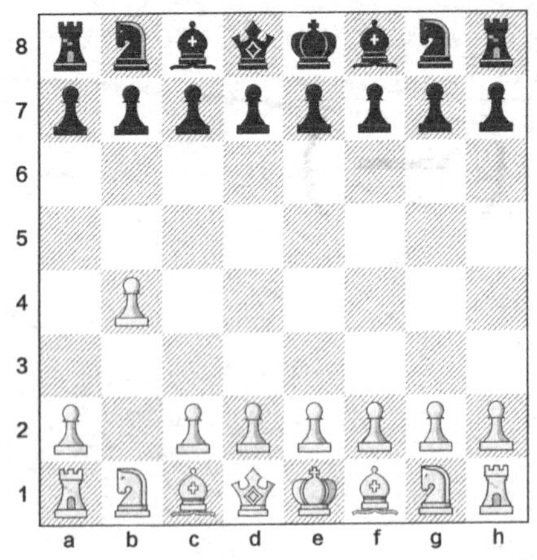

二、A10-A39

英国式开局（English Opening）

英国棋手霍华德·斯汤顿（Howard Staunton）在1843年和1851年引人瞩目的比赛中多次采用和深入研究此开局，故以此命名。走法灵活多变，黑方一般有c5和e5两大走法，可能转换为各类开局。当黑方应对1...e5时战略计划上有点类似反向“西西里进攻”。

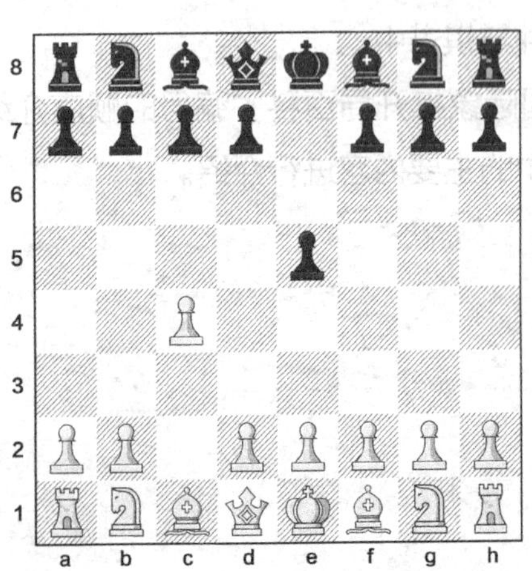

1.c4 e5 2.Nc3 Nc6 3.Nf3 Nf6 4.g3 d5 5.cxd5 Nxd5 6.Bg2 Nb6 7.0–0 Be7 8.d3 0–0 9.a3

黑方在此有9...a5、9...f5、9...Be6和9...Re8等各种应着，对应西西里防御中的舍文宁根变例和纳道尔夫变例，黑白双方在出子的方式上如出一辙，战略思想也基本类似，只是先后手反过来。

三、A51-A52

布达佩斯弃兵（Budapest Gambit）

据《国际象棋笔记》（*Chess Notes*）的一篇文章介绍，布达佩斯弃兵开局出现在1896年于布达佩斯举行的比赛中，1918年被几位当时的顶级棋手在比赛中使用，并且同一年以布达佩斯弃兵为主题的专著出版，随即备受欢迎，以至于许多白方棋手采用了调整走子顺序1.d4 Nf6 2.Nf3来回避它。

1.d4 Nf6 2.c4 e5

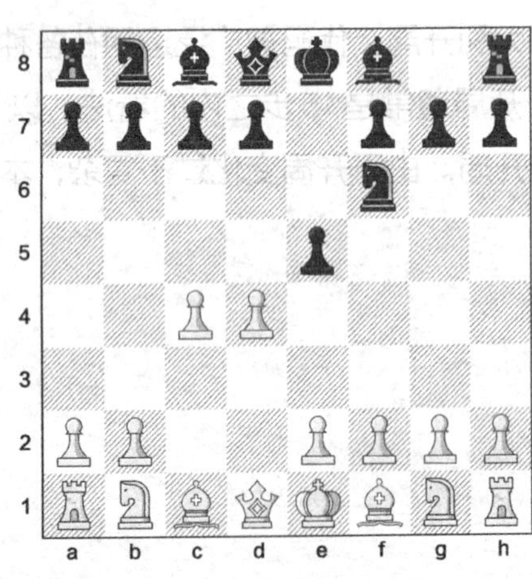

四、A60–A79

贝诺尼防御（Benoni Defense）

贝诺尼防御是黑方应对白方后兵开局的一种防御体系。

1. d4 Nf6 2. c4 c5 3. d5

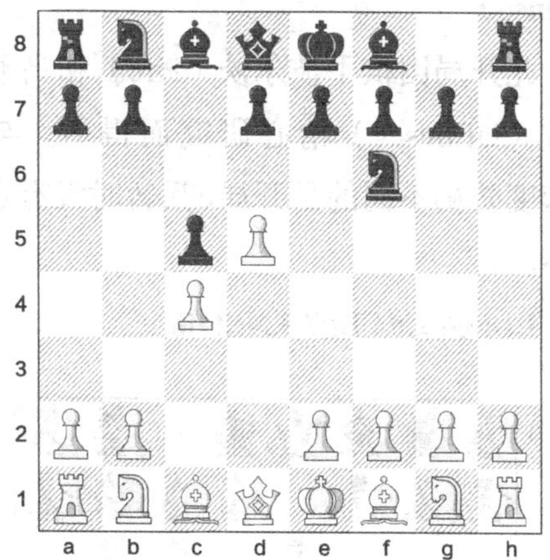

黑方这里可以3...b5，牺牲侧翼的兵来破坏白方中心兵型，这一着法叫贝诺尼弃兵。

如果黑方不选择这个走法，其主变是3...e6，用e兵直接冲击白方的中心兵，以达到兑换的目的，消除中心压力。黑格象从王翼出，挺兵到g6和Bg7。

五、A80–A99

荷兰防御（Dutch Defense）

荷兰棋手埃莉萨·施泰因（Elisa Stein）于1789年出版的书中，推荐应对1.d4的最好回应是f5。类似反西西里防御，双方没有直接在中心短兵相接，而是各攻一翼，很多变化非常激烈。这也是荷兰防御被称为冒险的开局的原因。

在**1.d4 f5 2.c4 Nf6 3.g3**之后，黑方两大主流变化为：**3...e6**和**3...g6**。

布局一：**1.d4 f5 2.c4 Nf6 3.g3 g6 4.Bg2**

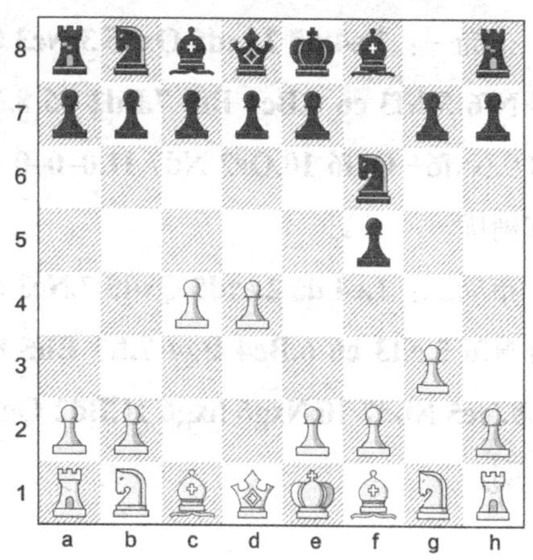

Bg7 5.Nf3 0–0 6.0–0 d6 7.Nc3 Nc6，中心是双方的主战场。

布局二：**1.d4 f5 2.c4 Nf6 3.g3 e6 4.Bg2 Be7 5.Nf3 0–0 6.0–0 d6 7.Nc3 Qe8 8.b3 Qh5**，黑方的战略思想是主攻白方王翼，控制e4格。白方则在后翼展开行动，同时注意控制中心。

六、B01

斯堪的纳维亚防御（Scandinavian Defense）

斯堪的纳维亚防御以欧洲最大的半岛命名，是有记录以来最古老的开局之一，最早的记录出现在1475年。黑方过早出动后，有悖开局理论，但由于其后布局发展的激烈性也受到一些高手喜爱。

1. e4 d5

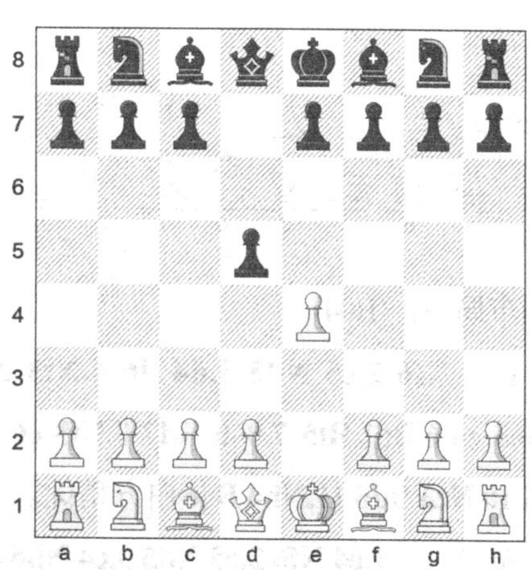

布局一：**1.e4 d5 2.exd5 Qxd5 3.Nc3 Qa5 4.d4 Nf6 5.Nf3 c6 6.Bc4 Bf5 7.Bd2 e6 8.Nd5 Qd8 9.Nxf6+ Qxf6 10.Qe2 Nd7 11.0–0–0 Bg4** 白方稍优。

布局二：**1.e4 d5 2.exd5 Qxd5 3.Nc3 Qa5 4.d4 Nf6 5.Nf3 c6 6.Bc4 Bg4 7.h3 Bh5 8.g4 Bg6 9.Ne5 Nbd7 10.Nxg6 hxg6 11.Bd2 Qc7** 复杂不明。

七、B02-B05

阿廖欣防御（Alekhine Defense）

阿廖欣防御由第四位世界冠军亚历山大·阿廖欣（Alexander Alekhine，1892—1946年，俄裔法国棋手）于1921年首次运用。

黑方不顾开局的基本原则，以连连失先为代价达到反击白方中心兵形的目的，是开局占中心原理的另一种表现形式——先放弃再争夺。

1.e4 Nf6 2.e5 Nd5

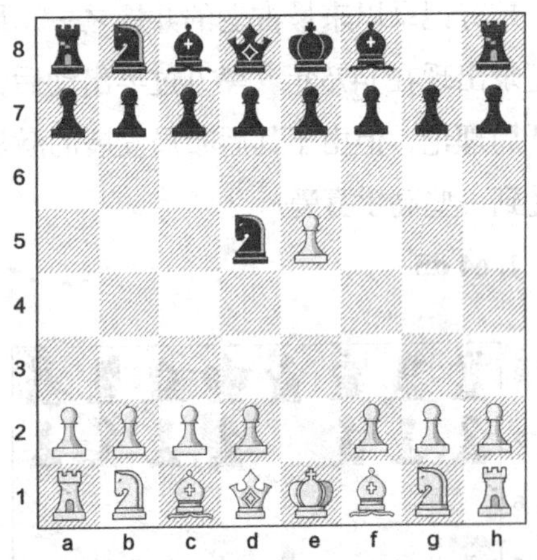

布局一：[B04]

1.e4 Nf6 2.e5 Nd5 3.d4 d6 4.Nf3 dxe5 5.Nxe5 c6 6.Be2 Bf5 7.0–0 Nd7 8.Nf3 e6 9.c4 N5f6 10.Nc3 Bd6 11.Nh4 Bg6 白方稍优。

布局二：**1.e4 Nf6 2.e5 Nd5 3.c4 Nb6 4.d4 d6 5.exd6 exd6 6.Nc3 Be7 7.Bd3 0–0 8.Nf3 Nc6 9.0–0 Bf6 10.h3 Re8 11.b3** 复杂不明。

八、B06-B09

彼尔茨·乌菲姆采夫防御（Pirc-Ufimtsev Defense）

此开局因棋手彼尔茨（Pirc）和乌菲姆采夫（Ufimtsev）精心研究而得名。与王翼印度防御不同的是开局c兵暂时没有走向中心。

1.e4 g6 2.d4 Bg7 3.Nc3 d6

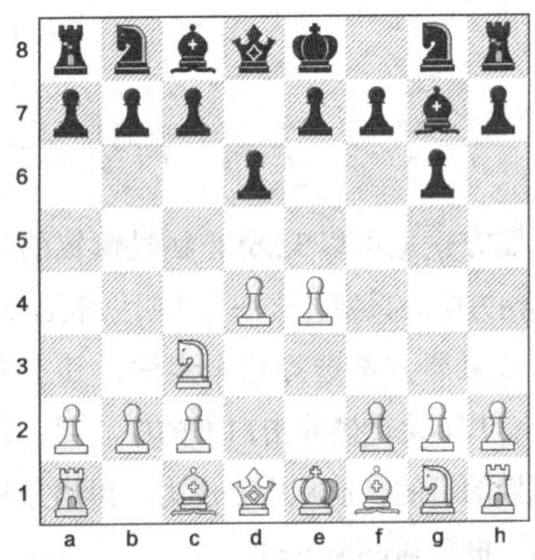

布局一：[B08]

1.e4 g6 2.d4 Bg7 3.Nc3 d6 4.Be3 a6 5.Qd2 b5 6.f3 Nd7 7.h4 h5 8.Nh3 Bb7 9.Ng5 Ngf6 10.0–0–0 e6 11.Kb1 Qe7 白方稍优。

布局二：**1.e4 g6 2.d4 Bg7 3.Nc3 d6 4.Nf3 Nf6 5.Be2 0–0 6.0–0 c6 7.a4 Nbd7 8.a5 Qc7 9.h3 e5 10.Be3 Re8** 白方稍优。

九、B10-B19

卡罗·卡恩防御（Caro-Kann Defense）

卡罗·卡恩防御创立于19世纪末，由两位棋手卡罗（Caro）和卡恩（Kann）共同创立而得名。

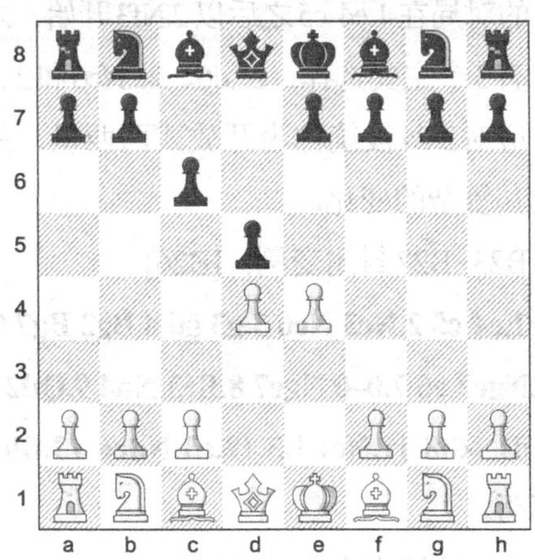

布局一：[B12]

1.e4 c6 2.d4 d5 3.e5 Bf5 4.Nf3 e6 5.Be2 Nd7 6.0–0 Ne7 7.Nbd2 h6 8.Nb3 Bh7 9.Bd2 Ng6 10.c4 dxc4 11.Bxc4 Be7 12.Rc1 0–0复杂不明。

布局二：[B19]

1.e4 c6 2.d4 d5 3.Nc3 dxe4 4.Nxe4 Bf5 5.Ng3 Bg6 6.h4 h6 7.Nf3 Nd7 8.h5 Bh7 9.Bd3 Bxd3 10.Qxd3 e6 11.Bf4 Qa5+ 12.Bd2 Bb4 13.c3 Be7 14.c4 Qc7 15.0–0–0 Ngf6 16.Kb1 0–0复杂不明。

拓展知识

1996年和1997年，IBM公司开发的计算机程序“深蓝”与世界冠军加里・卡斯帕罗夫（Garry Kasparov）举行了两次对抗赛。1996年计算机以2比4失利，1997年计算机以3.5比2.5赢得了比赛的胜利。最后一盘计算机取得决定性胜利，双方走的就是卡罗・卡恩防御。

更深的蓝—加里・卡斯帕罗夫

1997年弈于纽约人机大战第6盘

1.e4 c62.d4 d5 3.Nc3 d×e4 4.N×e4 Nd7 5.Ng5 Ngf6 6.Bd3 e6 7.N1f3

标准的布局谱着不知多少盘棋出现过了。但卡斯帕罗夫的下一步太令人惊讶了。

7...h6?

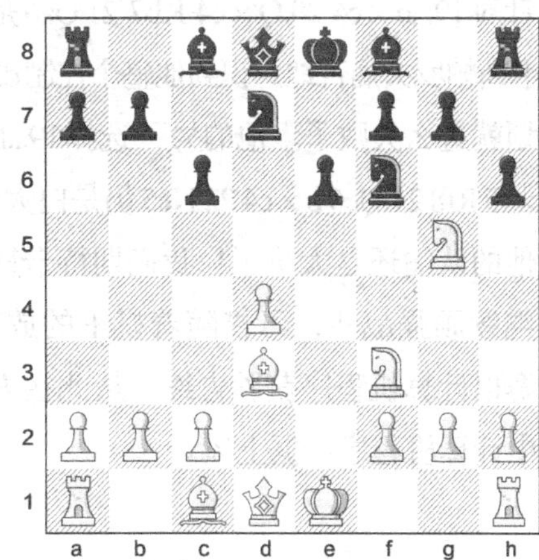

一般走法是7...Bd6（先走这步！）8.Qe2 h6 9.Ne4 N×e4 10.Q×e4 Nf6，相当复杂的棋局，已出现在不计其数的对局中。

8.N×e6弃子是白方获得优势的机会。

8...Qe7?

8...f×e6 9.Bg6+ Ke7 10.0-0 Qc7 11. Re1 Kd8 准备 ...Bf8-d6 是唯一可行的。

9.0-0 f×e6 10.Bg6+ Kd8 11.Bf4 b5?

这步棋的目的是保护d5格为黑马安全所用，使它不受c2-c4驱逐。但黑方面临困局是毋庸置疑的，黑方已经没有什么有效走法了。计算机取胜的手段和人类的大不同。本质上说，计算机把每个局面都当作双方均势来看待，之前的“思考”对它没有影响，它就是根据计算和判断来选择最佳的着法。

卡斯帕罗夫这步棋，既削弱了整个后翼结构，又让白方得以开动a1车。好的建议：11...a5! 12.Re1 a4 13.Bf5 g×f5 14.R×e7 B×e7，黑方状况尚可。而卡斯帕罗夫的实战着法告诉了计算机程序应采取的准确行动是什么，即打开后翼。计算机对于进兵控制地域和活跃子力是非常在行的。

12.a4!（白方a1车活跃了）**12...Bb7 13.Re1 Nd5 14.Bg3 Kc8 15.a×b5 c×b5 16.Qd3 Bc6?17. Bf5! e×f5 18.R×e7 B×e7 19.c4**，白胜。

针对19...b×c4 20.Q×c4 Kb7 21.Qa6是杀棋，卡斯帕罗夫痛苦地意识到他整个控制d5格的计划就这么失败了。他的另一选择19...Nb4 20.Q×f5 Rf8 21.Qe6 b×c4 22.Ne5仍是白大优。

他的认输还是太早了！我们期待卡斯帕罗夫继续顽强战斗，可惜随着棋王的放弃，对抗赛以计算机程序获胜告终，从此在人机大战中计算机程序占据上风。

十、B20-B99

西西里防御（Sicilian Defense）

西西里防御最早出现在1594年的棋谱中。1777年由理论家安德烈·达尼康·菲利多尔（André Danican Philidor）在西西里岛发表论述。1813年，英国大师雅各布·亨利·萨拉特（Jacob Henry Sarratt）有效地规范了这个开局的名称：西西里防御（Sicilian Defense）。

西西里防御是应对王前兵最广泛的开局。它的布局结构明显的特点就是非对称性，因而阵形多变、斗争尖锐，对攻的局面常常出现。

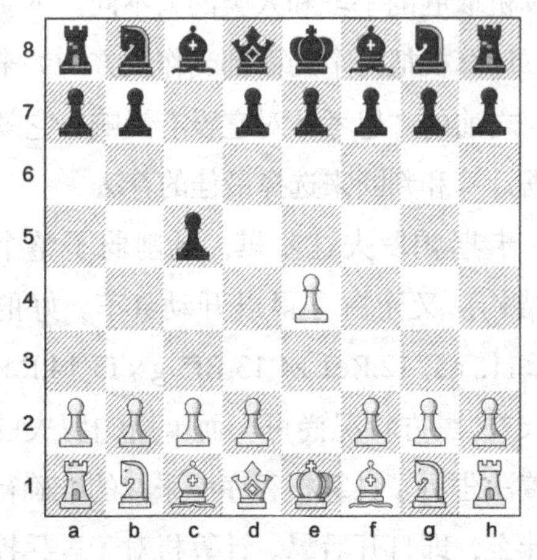

在《国际象棋开局百科》中，从B20至B99皆为西西里防御，有500页之多，超过75%的对局在1.e4 c5之后以2.Nf3开始，之后黑方有3个主要选择：2...d6、2...Nc6和2...e6。白方应对3.d4被统称为开放式西西里，并导致极其复杂的变化。

B23-B27封闭变例：[B26]

1.e4 c5 2.Nc3 Nc6 3.g3 g6 4.Bg2 Bg7 5.d3 d6 6.Nge2 e6 7.0–0 Nge7 8.Be3 Nd4 9.Qd2 0–0 10.Nd1 Rb8 11.Nc1 b5 12.c3 Ndc6 13.Bh6复杂不明。

B33拉斯克变例：[B33]

1.e4 c5 2.Nf3 Nc6 3.d4 cxd4 4.Nxd4 Nf6 5.Nc3 e5 6.Ndb5 d6 7.Bg5 a6 8.Na3 b5 9.Nd5 Be7 10.Bxf6 Bxf6 11.c3 0–0 12.Nc2 Bg5 13.a4 bxa4 14.Rxa4 a5 15.Bc4 Rb8 16.b3 Kh8复杂不明。

B44塞恩变例（5.Nb5）：[B44]

1.e4 c5 2.Nf3 e6 3.d4 cxd4 4.Nxd4 Nc6 5.Nb5 d6 6.c4 Nf6 7.N1c3 a6 8.Na3 b6 9.Be2 Bb7 10.0–0 Nb8 11.f3 Nbd7 12.Be3 Be7复杂不明。

B45-B49泰马诺夫变例：[B49]

1.e4 c5 2.Nf3 e6 3.d4 cxd4 4.Nxd4 Nc6 5.Nc3 Qc7 6.Be2 a6 7.Be3 Nf6 8.0–0 Bb4 9.Na4 Be7 10.Nxc6 bxc6 11.Nb6 Rb8 12.Nxc8 Qxc8 13.Bd4 c5 14.Be5 Rb6 15.b3 d6 16.Bb2 0–0白方稍优。

B70-B79龙式变例：[B78]

1.e4 c5 2.Nf3 d6 3.d4 cxd4 4.Nxd4 Nf6 5.Nc3 g6 6.Be3 Bg7 7.f3 0–0 8.Qd2 Nc6 9.Bc4 Bd7 10.0–0–0 Rc8 11.Bb3 Ne5 12.Kb1 Re8 13.h4 h5复杂不明。

B80-B89舍文宁根变例：[B85]

1.e4 c5 2.Nf3 d6 3.d4 cxd4 4.Nxd4 Nf6 5.Nc3 e6 6.Be2 a6 7.0–0 Be7 8.f4 Nc6 9.Be3 0–0

10.Qe1 Qc7 11.Qg3 Nxd4 12.Bxd4 b5 13.a3 Bb7 14.Kh1 Rad8复杂不明。

B89 索金攻击：[B89]

1.e4 c5 2.Nf3 d6 3.d4 cxd4 4.Nxd4 Nf6 5.Nc3 e6 6.Bc4 Nc6 7.Be3 Be7 8.Qe2 0–0 9.0–0–0 a6 10.Bb3 Qc7 11.Rhg1 b5 12.g4 Na5 13.g5 Nxb3+ 14.axb3 Nd7复杂不明。

B90–B99 纳道尔夫变例：[B97]

1.e4 c5 2.Nf3 d6 3.d4 cxd4 4.Nxd4 Nf6 5.Nc3 a6 6.Bg5 e6 7.f4 Qb6 8.Qd2 Qxb2 9.Rb1 Qa3 10.f5 Nc6 11.fxe6 fxe6 12.Nxc6 bxc6 13.e5 dxe5 14.Bxf6 gxf6 15.Ne4复杂不明。

课程作业

熟悉开局名称，尤其是以国家地区命名的开局名称。

1. 看棋谱写出开局的中英文名称。

1.e4 c5____________________

1.e4 c6 2.d4 d5____________________

1.e4 d5____________________

1.d4 Nf6 2.c4 e5____________________

1.c4 e5____________________

1.d4 f5____________________

2. 看下图写出开局的中英文名称。

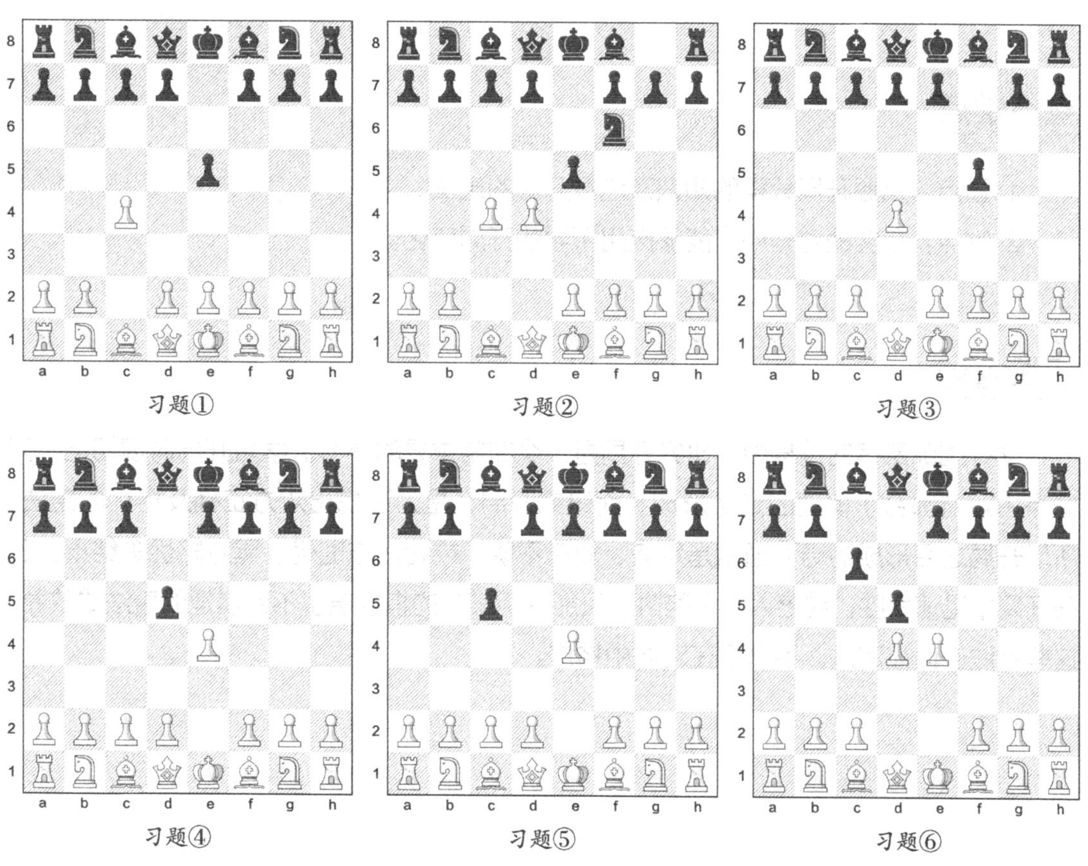

习题①　习题②　习题③

习题④　习题⑤　习题⑥

第六讲

开局简介（二）

重点难点

1. 重点：掌握开局分类的知识及流行开局的走法。
2. 难点：在实战对弈中，能够应用所学的开局变化。

知识内容

学好国际象棋的过程中，研究开局是一个非常重要的环节。学习开局时请切记，开局是由双方都合乎棋理的走法形成。而研究开局，是为了找出双方正确及更优的走法。所以开局之后形成的局面通常是均势、复杂不明，或者白方略优、黑方略优等结果。若在开局中迅速取胜，或落入某个陷阱，只能说明某方的棋手走了不合棋理的着法或败着，这些着法应该被淘汰，不适宜在对局中推广。

一、C00-C19

法兰西防御（French Defense）

法兰西防御在15世纪西班牙棋艺理论著作中被提及，16世纪末棋手波列利奥（Polerio）对其进行了详尽的研究，并因在1834年至1836年伦敦与巴黎通信赛中法国棋手运用此开局体系大胜而得名。

1.e4 e6 2.d4 d5

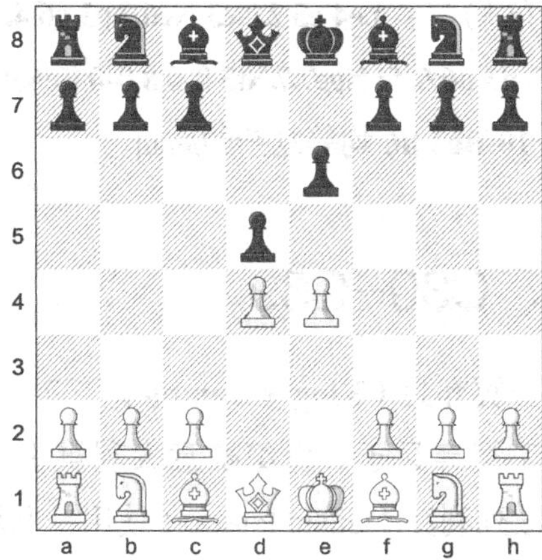

布局一：

1.e4 e6 2.d4 d5 3.exd5 exd5 4.Nf3 Bd6 [4...Nf6 5.Ne5 Bd6]

5.Bd3 Ne7 6.0–0 0–0 7.Re1 Bf5 8.Bg5 f6 9.Bh4 Nbc6 10.c3 Qd7 11.Bg3 Bxg3 12.hxg3 双方均势。

布局二：

1.e4 e6 2.d4 d5 3.Nd2 Nf6 4.e5 Nfd7 5.Bd3 c5 6.c3 Nc6 7.Ne2 cxd4 8.cxd4 f6 9.exf6 Nxf6 10.Nf3 Bd6 11.0–0 0–0

二、C21

丹麦弃兵（Danish Gambit）

丹麦弃兵创作于19世纪，是一个古老的开局。白方牺牲兵来换取开局出子优势，但通常难以补偿子力上的损失，因此丹麦弃兵已退出流行变化的行列。

1.e4 e5 2.d4 exd4 3.c3

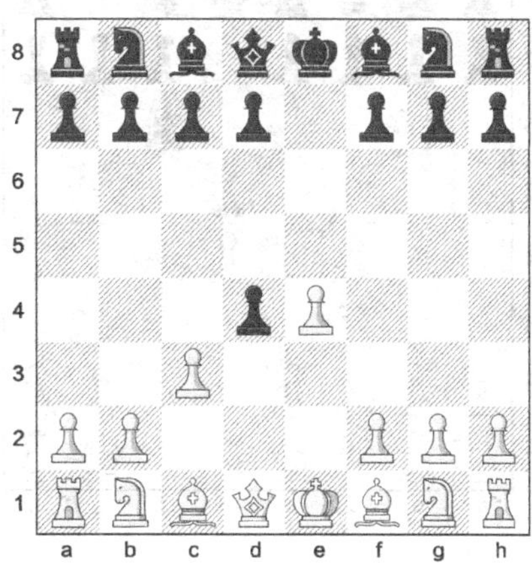

三、C22

中心开局（Center Game）

中心开局是一个古老的开局，后在开局过早出动，使黑方Nc6获得先手，有悖开局原理。

1.e4 e5 2.d4 exd4 3.Qxd4 Nc6 4.Qe3

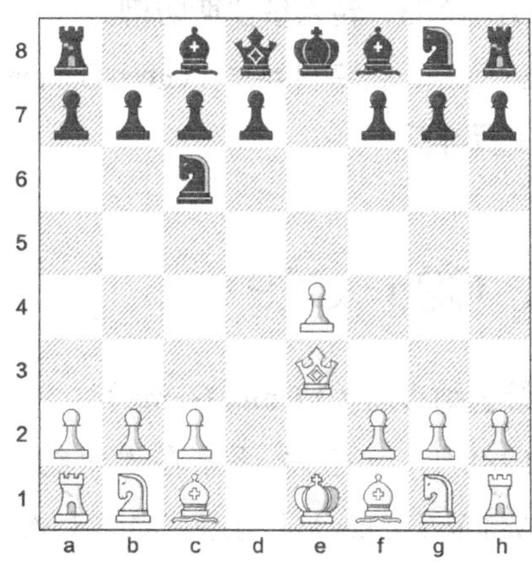

四、C23-C24

飞象开局（Bishops Opening）

飞象开局最早出现在路易斯·拉米雷斯·卢塞纳（Luis Ramirez Lucena）写于1497年的手稿，可与很多开局互相转换或借鉴，至今依然流行。

1.e4 e5 2.Bc4 Nf6

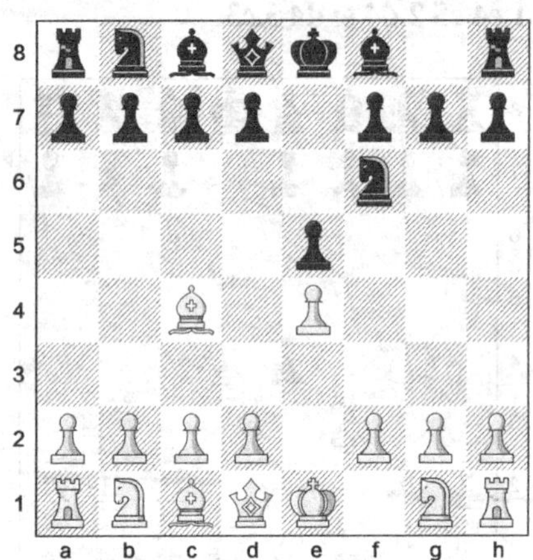

Nf6柏林防御是黑方最受欢迎的下法，迫使白方决定如何防御e4兵，同时可起到控制中心的作用。

在此白方有5种方案。

A：3.Nc3，转入维也纳开局

B：3.d3，稳健的主要变化

C：3.d4，蓬齐亚尼弃兵（Ponziani' s Gambit）

D：3.Nf3，转入俄罗斯防御

E：3.f4，格雷科弃兵（Greco Gambit）或转入王翼弃兵

五、C25-C29

维也纳布局（Vienna Game）

1888年，一位书评家在《纽约时报》（*The New York Times*）上写道："墨菲（Morphy，当年世界最优秀的棋手）推出了一个新的开局：维也纳。"维也纳布局于19世纪中期由维也纳大师们设计，旨在进行王翼弃兵f2-f4计划时遏制黑方d7-d5的反击计划。

1.e4 e5 2.Nc3

布局一：**1.e4 e5 2.Nc3 Nf6 3.f4 d5 4.fxe5 Ne4 5.d3 Nxc3 6.bxc3 d4 7.Nf3 Nc6 8.Be2 Be7 9.0-0 0-0 10.Bb2 Bc5 11.Kh1 Re8** 大致均等的局面。

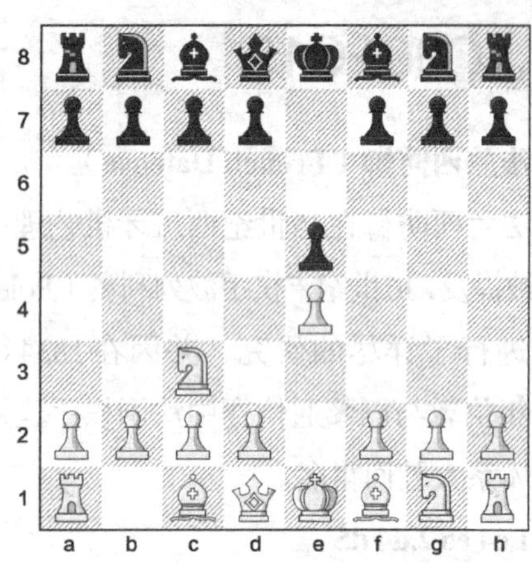

布局二：**1.e4 e5 2.Nc3 Nc6 3.g3 g6 4. Bg2 Bg7 5. d3 d6 6. f4 Nge7 7.Nf3 0-0 8.0-0 Be6 9.fxe5 dxe5 10.Be3 h6** 均等复杂的局面。

六、C30-C39

王翼弃兵（King' s Gambit）

王翼弃兵于17世纪被意大利棋手朱利奥·波列利奥（Giulio Polerio）使用，也曾被路易斯·拉米雷斯·卢塞纳（Luis Ramirez de Lucena）的著作提到，它在19世纪风靡一时，这一大胆弃兵抢先的弈棋风格被认作棋手勇气和胆量的象征，与浪漫主义时期的骑士风格相似。许多著名人士（拿破仑、托尔斯泰、屠格涅夫、马克思、列宁等）都走过这个开局。但由于现代开局理论的发展和防御能力的提高，纯靠精彩绝伦的战术组合取得决定

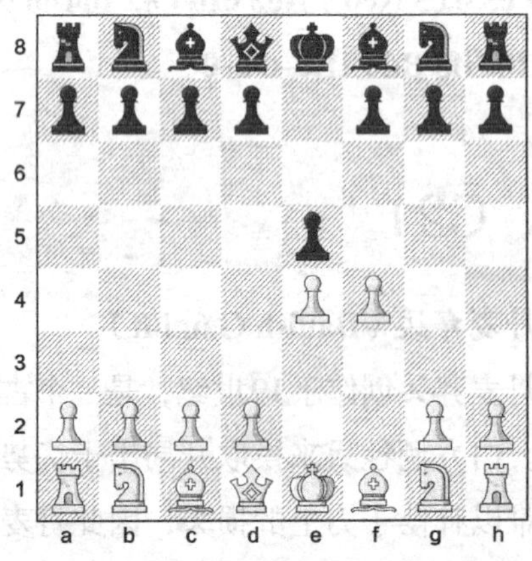

性优势的“制胜秘诀”并非现代棋理宗旨所在，也并非获胜法宝。现在已鲜有人下。

1.e4 e5 2.f4

根据黑方第2步的着法，分为接受王翼弃兵 2...exf4和拒绝王翼弃兵——阿尔平反弃兵 2...d5。

布局一：

1.e4 e5 2.f4 exf4 3.Nf3 g5 4.h4 g4 5.Ne5 d6 6.Nxg4 Nf6 7.Nxf6+ Qxf6 8.Nc3 Nc6 9.Nd5 Qg6 10.d3 Qg3+ 11.Kd2 Ne7 12.Qe1 Nxd5 13.exd5+ Be7 14.Qxg3 fxg3 15.Be2 Rg8 双方均势。

布局二：[C36]

1.e4 e5 2.f4 d5 3.exd5 exf4 4.Nf3 Nf6 5.c4 c6 6.d4 cxd5 7.c5 Nc6 8.Bxf4 Be7 9.Bb5 0–0 10.0–0 Bg4 11.Qd3 Bxf3 12.Rxf3 Ne4 局势复杂。

七、C41

菲利道尔防御（Philidor Defense）

菲利道尔防御以18世纪著名棋手弗朗西斯–安德烈·达尼康·菲利道尔（François-André Danican Philidor）的名字命名。

1.e4 e5 2.Nf3 d6 3.d4 Nd7 4.Bc4 c6 5.0–0 Be7 6.dxe5 dxe5 7.Ng5 Bxg5 8.Qh5 Qe7 9.Qxg5 Qxg5 10.Bxg5 Ngf6 11.f3

八、C42-C43

俄罗斯防御/彼得罗夫防御（Russian Defense/Petrov’s Defense）

亚历山大·彼得罗夫（Alexander Petrov）是早期俄罗斯学派的奠基人之一，他和卡尔·耶尼施（Carl Jaenisch）一起分析并奠定了“彼得罗夫防御”，并在1824年圣彼得堡出版的一本棋书中首先分析了这一方案，遂以其命名。后改名为“俄罗斯防御”。

1.e4 e5 2.Nf3 Nf6

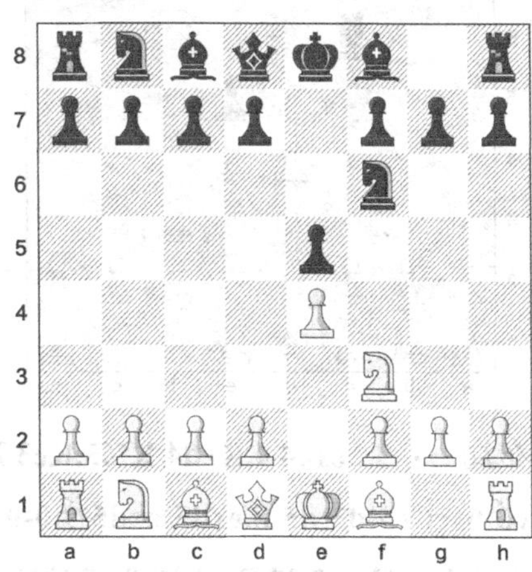

两大变化：一是选择直接吃e5兵（此时黑方注意不可直接吃回e4兵，在白方Qe2之后，黑方失子）；二是走d4挑起中心的争夺。

布局一：**3.Nxe5 d6 4.Nf3 Nxe4 5.d4 d5 6.Bd3 Bd6 7.0–0 0–0 8.c4 c6 9.cxd5 cxd5 10.Nc3 Nxc3 11.bxc3 Bg4 12.Rb1 b6 13.Rb5 Bc7 14.h3 a6**（退象则遇到白方快速的打击：14...Be6 15.Ng5 h6 16.Qh5 Qd6 17.g3 Nd7 18.Bf4 白方大优）**15.hxg4 axb5 16.Qc2 g6 17.Bxb5** 白方弃子有补偿，具有双象优势前景良好。

布局二：**3.d4 Nxe4 4.Bd3 d5 5.Nxe5 Bd6 6.0–0 0–0 7.c4 Bxe5 8.dxe5 Nc6 9.cxd5 Qxd5 10.Qc2 Nb4 11.Bxe4 Nxc2 12.Bxd5 Bf5 13.g4 Bxg4 14.Be4 Nxa1** 互有机会。

九、C44-C45

苏格兰开局（Scotch opening）

在1750年的论文《国际象棋，一位匿名的摩德纳作家的实践观察》中，作者第一次提到苏格兰开局。后来名称取自1824年爱丁堡和伦敦之间的一场通信比赛。

1.e4 e5 2.Nf3 Nc6 3.d4

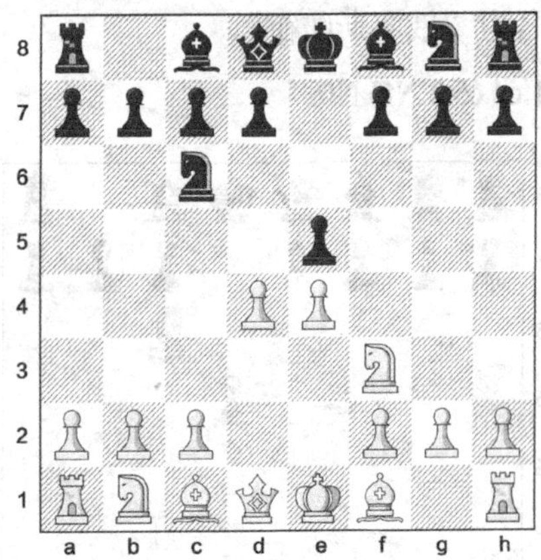

布局一：**3...exd4 4.Kxd4 Kf65.Kc3 Bb4 6.Kxc6 bxc67.Bd3 d5 8.exd5 cxd5 9.0-0 0-0 10.Bg5 c6 11.Qf3 Be7 12.Rae1 Rb8 13.Kd1 Re8** 大致均势。

布局二：**3...exd4 4.Kxd4 Bc5 5.Be3 Qf6 6.c3 Kge7 7.Bb5 0-0 8.0-0 d6 9.Kxc6 bxc6 10.Bxc5 bxc5 11.Bd3 Qg6** 双方均势。

十、C47-C49

四马开局（Four Knights Game）

四马开局看似简单平衡的局面受到初学者喜爱，早期非常流行，在高级别的大赛中也屡见不鲜。20世纪随着新的开局理论的发展，这一开局逐渐淡出专业棋手的视野，但初级爱好者中直到今天还有不少喜欢下这个经典开局的追随者。

1.e4 e5 2.Nf3 Nc6 3.Nc3 Nf6

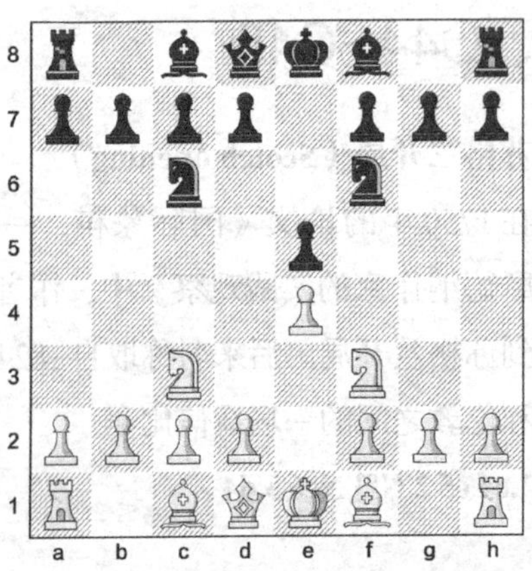

十一、C50

匈牙利防御（Hungarian Defense）

匈牙利防御开局名称来源于1842—1845年巴黎对布达佩斯的通信赛，匈牙利棋手采用这一开局取得辉煌战绩。形成匈牙利防御的典型局面，可以避开白棋极其尖锐的伊文斯弃兵3.Bc5 4.b4。

1.e4 e5 2.Nf3 Nc6 3.Bc4 Be7

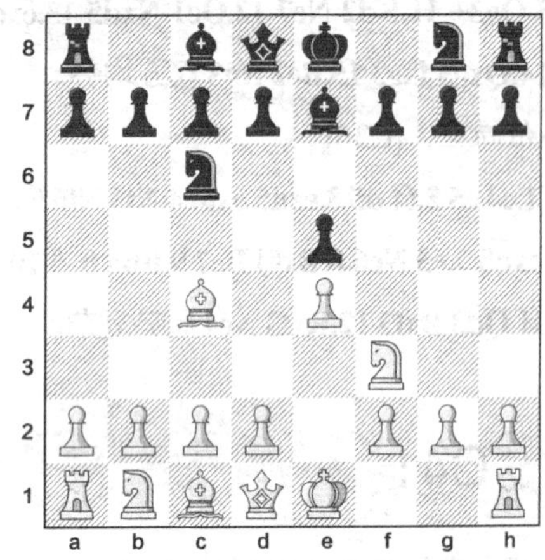

十二、C51-C52

伊文斯弃兵（Evans Gambit）

伊文斯弃兵于1824年由英国棋手伊文斯（Evans）首次在实战中使用，后经过各国棋艺理论家共同研究和棋手实战检验，于19世纪开始被进攻型棋手在实战中广泛运用。

相对于古老的意大利开局白方第4步走4.c3或者4.d3，伊文斯弃兵开局第4步走激烈的4.b4，意在弃兵争先，加强对中心的控制，以快速出子，集结一切子力对黑方尚未易位的中心王发起攻击。黑方只能很小心地防御，稍有差池就会遭到白方毁灭性的打击。如果渡过这个难关，后续黑方的物质优势逐渐会体现出来。

1.e4 e5 2.Nf3 Nc6 3.Bc4 Bc5 4.b4

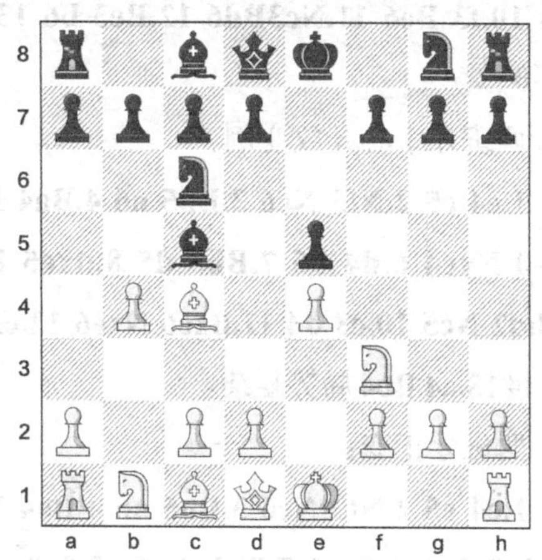

十三、C53-C54

意大利开局（Italian Opening）

葡萄牙人在16世纪初就演绎了意大利开局，后被意大利人采用，被称为意大利开局而被人们所熟知。意大利开局一直是初学者喜爱和常用的开局，很多变化被深入研究，但因为被研究得太透反而不受职业棋手青睐。

1.e4 e5 2.Nf3 Nc6 3.Bc4 Bc5 4.c3 Nf6

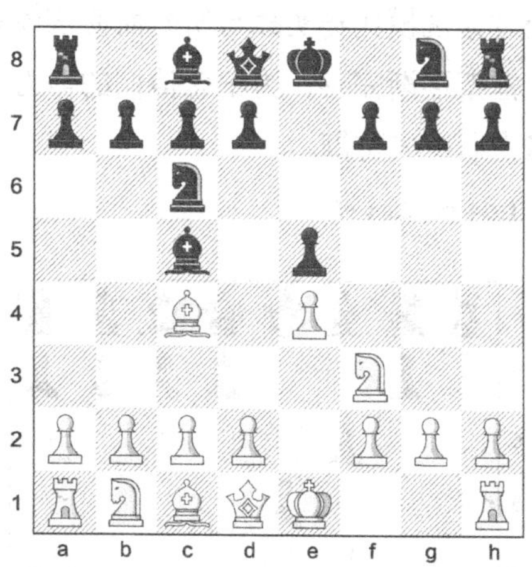

布局一：[C54]

1.e4 e5 2.Nf3 Nc6 3.Bc4 Bc5 4.c3 Nf6 5.d4 exd4 6.cxd4 Bb4+ 7.Bd2 Bxd2+ 8.Nbxd2 d5 9.exd5 Nxd5 10.Qb3 Nce7 11.0–0 0–0 12.Rfe1 c6均势。

布局二：[C54]

1.e4 e5 2.Nf3 Nc6 3.Bc4 Bc5 4.c3 Nf6 5.d4 exd4 6.cxd4 Bb4+ 7.Nc3 Nxe4 8.0–0 Bxc3 9.d5 Bf6 10.Re1 Ne7 11.Rxe4 d6

十四、C55-C59

双马防御（Two Knight Defense）

双马防御始于16世纪下半叶。它的下法极为尖锐，经常弃兵和弃子，是应对意大利开局有力的武器，最早为16世纪意大利棋手波列利奥采用。

1.e4 e5 2.Nf3 Nc6 3.Bc4 Nf6

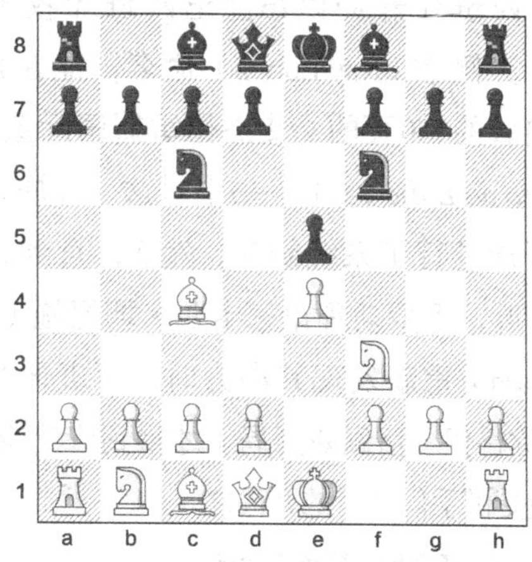

4.Ng5 d5

d5是防守f7兵的最好手段，还有走4.Bc5反攻，局面过于复杂、激烈，需要记忆的变化很多，不适合新手采用。

5.exd5 Na5 6.Bb5+ c6 7.dxc6 bxc6

白棋有两种常见走法，会引入截然不同的局面。

布局一：**8.Be2 h6 9.Nf3 e4 10.Ne5 Bd6 11.d4 exd3 12.Nxd3 Qc7**局势复杂。

布局二：

8.Qf3 Be7 9.Bxc6+ Nxc6 10.Qxc6+Bd7

11.Qc4 0–0 12.Nc3 Rc8黑方有足够的补偿。

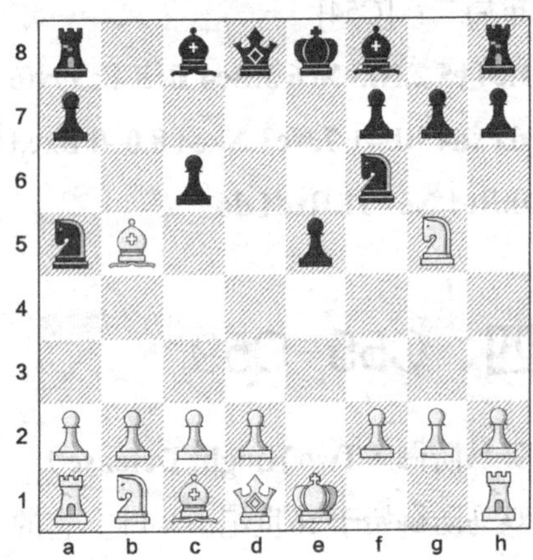

十五、C60-C99

西班牙开局Ruy Lopez（Spanish）

西班牙开局以16世纪西班牙牧师鲁伊·洛佩兹（Ruy Lopez）命名，他在1561年出版的150页的《艾杰德雷斯国际象棋》（*Libro de L Ajedrez*）一书中对这一开局和其他开局进行了系统研究。然而，直到19世纪中叶，俄罗斯理论家卡尔·耶尼施（Carl Jaenisch）重新发现其潜力时，西班牙开局（也称鲁伊·洛佩兹开局）才得到广泛应用，是最受棋手们喜爱的开局之一。

1.e4 e5 2.Nf3 Nc6 3.Bb5

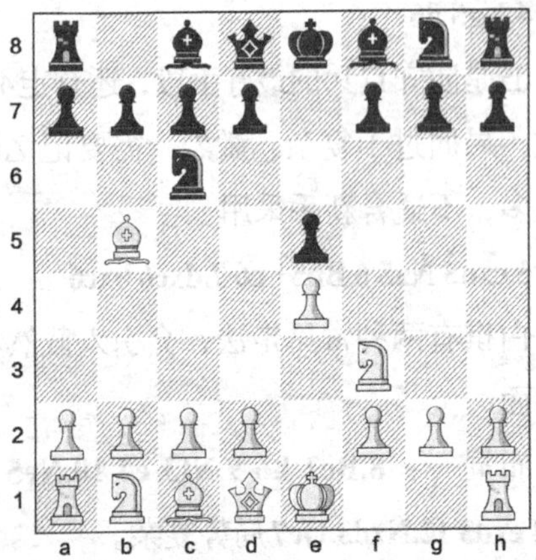

西班牙兑马变例：**3... a6 4.Bxc6 dxc6 5.0–0 f6 6.d4 exd4 7.Nxd4 c5 8.Nb3 Qxd1 9.Rxd1 Bg4 10.f3 Be6 11.Nc3Bd6 12.Be3 b6 13.a4 0–0–0**

西班牙中心开放变例：

1.e4 e5 2.Nf3 Nc6 3.Bb5 a6 4.Ba4 Nf6 5.0–0 Nxe4 6.d4 b5 7.Bb3 d5 8.dxe5 Be6 9.Nbd2 Nc5 10.c3 d4 11.Bxe6 Nxe6 12.cxd4 Ncxd4 13.a4 Bb4局势复杂。

西班牙正变：

1.e4 e5 2.Nf3 Nc6 3.Bb5 a6 4.Ba4 Nf6 5.0–0 Be7 6.Re1 b5 7.Bb3 d6 8.c3 0–0 9.h3 Nb8 10.d4 Nbd7 11.Nbd2 Bb7 12.Bc2 c5局势复杂。

十六、D10-D19

斯拉夫防御（Slav Defense）

斯拉夫防御是拒后翼弃兵的一个主流变化。尽管早在1590年就有人对其进行了分析，但由于当时理论发展的限制其一直未受重视。直至20世纪初，由斯拉夫裔特级大师经过大规模比赛实战与研究而使该体系的理论框架逐渐完善，为纪念他们的努力，遂定名为斯拉夫防御。

1.d4 d5 2.c4 c6

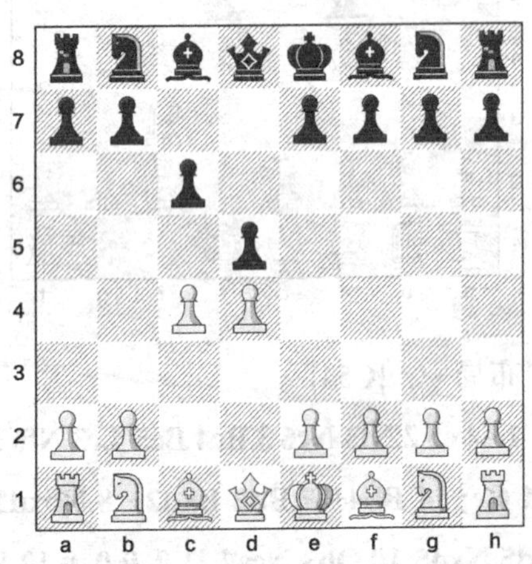

布局一：[D14]

1.d4 d5 2.c4 c6 3.cxd5 cxd5 4.Nc3 Nf6 5.Nf3 Nc6 6.Bf4 Bf5 7.e3 e6 8.Qb3 Bb4 9.Bb5 0–0 10.0–0 Bxc3 11.Bxc6 Bxb2 12.Bxb7 Bxa1 13.Rxa1 Ne4 14.Bxa8 Qxa8双方均势。

布局二：[D17]

1.d4 d5 2.c4 c6 3.Nf3 Nf6 4.Nc3 dxc4 5.a4 Bf5 6.Ne5 Nbd7 7.Nxc4 Qc7 8.g3 e5 9.dxe5 Nxe5 10.Bf4 Nfd7 11.Bg2 g5 12.Ne3 gxf4 13.Nxf5 0–0–0 14.Qc2局势复杂。

十七、D20-D29

接受后翼弃兵

顾名思义，接受后翼弃兵是将c兵直接吃掉的走法。白方会赢回这个兵，局面复杂多变。

1.d4 d5 2.c4 dxc4

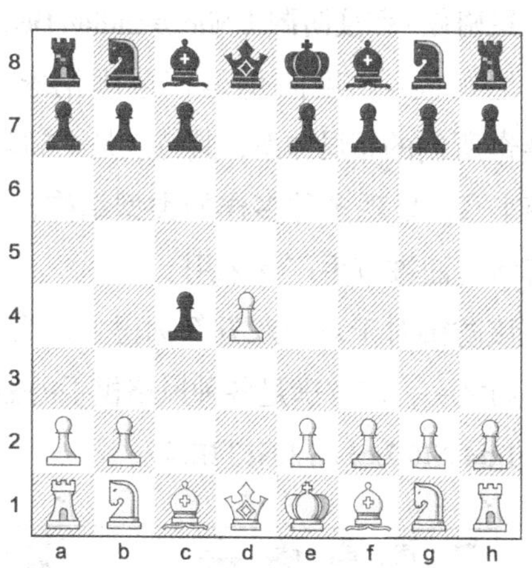

正统防御：[D30]

1.d4 d5 2.c4 e6 3.Nf3 Nf6 4.e3 c5 5.cxd5 exd5 6.Bb5+ Bd7 7.Bxd7+ Nbxd7 8.dxc5 Nxc5 9.0–0 Bd6 10.Bd2 0–0 11.Bc3 Nfe4 12.Bd4 Ne6 13.Nc3 Qa5局势复杂。

塔拉什防御：[D34]

1.d4 d5 2.c4 e6 3.Nc3 c5 4.cxd5 exd5 5.Nf3 Nf6 6.g3 Nc6 7.Bg2 Be7 8.0–0 0–0 9.Bg5 cxd4 10.Nxd4 h6 11.Be3 Re8

拒后翼弃兵[D51]：4.Bg5 Nbd7（剑桥斯普林斯防御和大象陷阱）。

1.d4 d5 2.c4 e6 3.Nc3 Nf6 4.Bg5 Nbd7 5.e3 [5.cxd5 exd5 6.Nxd5?? Nxd5 7.Bxd8 Bb4+ 8.Qd2 Bxd2+ 9.Kxd2 Kxd8]

5...c6 6.Nf3 Qa5 7.Nd2 [7.cxd5 Nxd5 8.Qd2 Bb4 9.Rc1 h6 10.Bh4 c5 11.a3 Bxc3 12.bxc3 b6 13.c4 Qxd2+ 14.Nxd2 Ne7 15.f3 Bb7双方均势]

7...Bb4 8.Qc2 0–0 9.Be2 dxc4 10.Bxf6 Nxf6 11.Nxc4 Qc7 12.0–0 b6 13.Rac1 Bb7 14.Bf3 Be7局势复杂。

十八、D60-D69

[D68]

1.d4 d5 2.c4 e6 3.Nc3 Nf6 4.Bg5 Be7 5.e3 0–0 6.Nf3 Nbd7 7.Rc1 c6 8.Bd3 dxc4 9.Bxc4 Nd5 10.Bxe7 Qxe7 11.0–0 Nxc3 12.Rxc3 e5

十九、D70-D99

格林费尔德防御（Gruenfeld Defense）

1.d4 Nf6 2.c4 g6 3.Nc3 d5

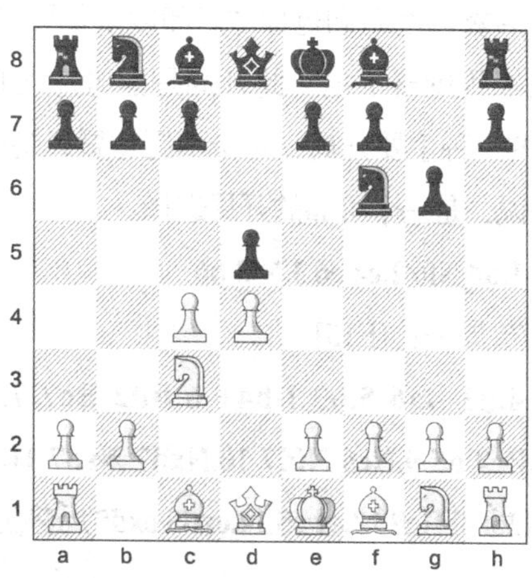

d5这着棋在19世纪出现过，但直到1922年被奥地利特级大师格林费尔德（Gruenfeld）在一个比赛中连续三次采用才被重视。黑方有意让出中心使得白方形成强大的兵中心，然后调动子力运用各种战术围攻这个兵中心，战略意图显而易见。

主流的变化如下：

4.Nf3 Bg7 5.Qb3 dxc4 6.Qxc4 0–0 7.e4 Bg4 8.Be3 Nfd7 9.Qb3 Nb6 10.Rd1 Nc6 11.d5 Ne5 12.Be2 Nxf3+ 13.gxf3 Bh5 14.Rg1

白王滞留中心，双方的对攻将非常激烈。

黑白双方在每个变化中都有很多不同的选择。极不平衡的局面造就这个开局对攻性非常强。

二十、E00-E09

[E05]

1.d4 d5 2.c4 e6 3.Nf3 Nf6 4.g3 Be7 5.Bg2 0–0 6.0–0 dxc4 7.Qc2 a6 8.Qxc4 b5 9.Qc2 Bb7 10.Bd2 Be4 11.Qc1 Bb7双方均势。

二十一、E12-E19

后翼印度防御（Queen's Indian Defense）

后翼印度防御也称“新印度防御”，最早由尼姆佐维奇下出。此开局是黑方应对白方1.d4的一种主要开局，对于不愿意冒风险的棋手来说，是一个可靠的开局选择。

1.d4 Nf6 2.c4 e6 3.Nf3 b6

布局一：[E15]

4.g3 Ba6 5.b3 Bb4+ 6.Bd2 Be7 7.Bg2 c6 8.Bc3 d5 9.Ne5 Nfd7 10.Nxd7 Nxd7 11.Nd2 0–0 12.0–0 Rc8 13.e4 c5 14.exd5 exd5局势复杂。

布局二：[E18]

4.g3 Bb7 5.Bg2 Be7 6.0–0 0–0 7.Nc3 Ne4 8.Bd2 Bf6 9.Rc1 Nxd2 10.Qxd2 d6 11.e4 Nd7局势复杂。

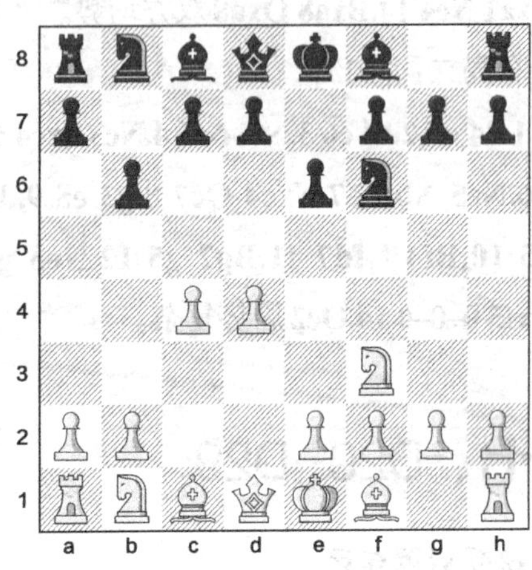

二十二、E20-E59

尼姆佐-印度防御（Nimzo-Indian Defense）

尼姆佐-印度防御是棋艺理论家尼姆佐维奇所创的布局体系，其特点是柔韧多变、内容丰富，呈现多种多样的类型结构，非常具有活力而被棋手广泛采用。

该防御对于对弈双方都称得上最为可靠的开局之一，能够满足各种风格棋手的需要。

1.d4 Nf6 2.c4 e6 3.Nc3 Bb4

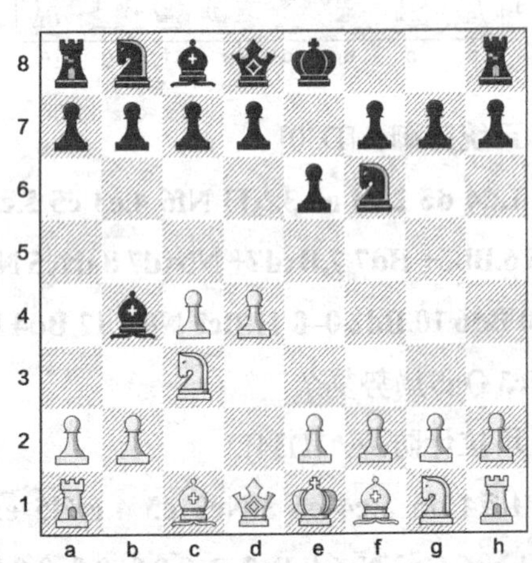

用象牵制马以子力来阻止白方挺进中心兵，黑方的中心兵将现势而定型。

布局一：**4.e3 0–0 5.Nf3 d5 6.Bd3 c5 7.0–0 Nc6 8.a3 Bxc3 9.bxc3 dxc4 10.Bxc4**局势复杂。

布局二：**4.a3 Bxc3+ 5.bxc3 0–0 6.e3 c5 7.Bd3 Nc6 8.Ne2 b6 9.e4 Ne8 10.0–0 Ba6 11.f4 f5 12.Ng3 g6 13.Be3 cxd4 14.cxd4 d5 15.cxd5 Bxd3**局势复杂。

二十三、E60-E99

王翼印度防御（King' s Indian Defense）

王翼印度防御也称“古印度防御”，由德国棋杰保尔森于1879年在莱比锡比赛中引入实战。在20世纪中之前少有人用，但从70年代起，它的价值逐步被人们发现，被广为运用，还赢得如世界冠军卡斯帕罗夫等众多特级大师的青睐，成为棋手们最喜爱的开局之一。进入AI时代后，其开局中的各类激烈变化是否能经受人工智能的考验得以长存，尚值得怀疑。

1.d4 Nf6 2.c4 g6 3.Nc3 Bg7 4.e4 d6

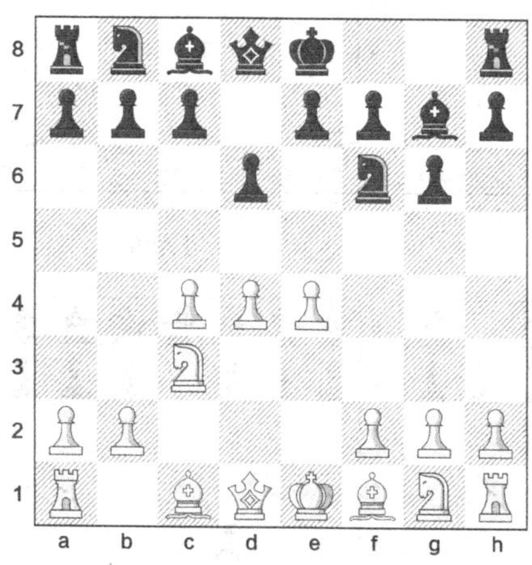

布局一：**5.Nf3 0-0 6.Be2 e5 7.0-0 Nc6 8.d5 Ne7 9.Ne1 Nd7 10.f3 f5 11.Nd3 f4 12.Bd2 Nf6 13.c5 g5 14.Rc1 Ng6**

白方可以利用c线从后翼进攻，黑方则可用f8车、g7象和f6马支持兵g5-g4的突破，力求在王翼有所发展。双方对攻，必将导致一场激烈的搏斗。

布局二：[E88]

5.f3 0–0 6.Be3 e5 7.d5 c6 8.Bd3 cxd5 9.cxd5 Nh5 10.Nge2 f5 11.exf5 gxf5 12.0–0 Nd7 13.Rc1 Nc5 14.Bb1 a5局势复杂。

课程作业

熟悉开局名称，尤其是以国家地区命名的开局名称。

1. 看棋谱写出开局的中英文名称

1.e4 e6 2.d4 d5__________

1.e4 e5 2.d4 exd4 3.c3__________

1.e4 e5 2.Nc3__________

1.e4 e5 2.Nf3 Nf6__________

1.e4 e5 2.Nf3 Nc6 3.d4__________

1.e4 e5 2.Nf3 Nc6 3.Bc4 Bc5__________

1.e4 e5 2.Nf3 Nc6 3.Bb5__________

1.d4 d5 2.c4 c6__________

1.d4 d5 2.c4__________

1.d4 Nf6 2.c4 g6 3.Nc3 Bg7 4.e4 d6

____

2. 看下图写出开局的中英文名称。

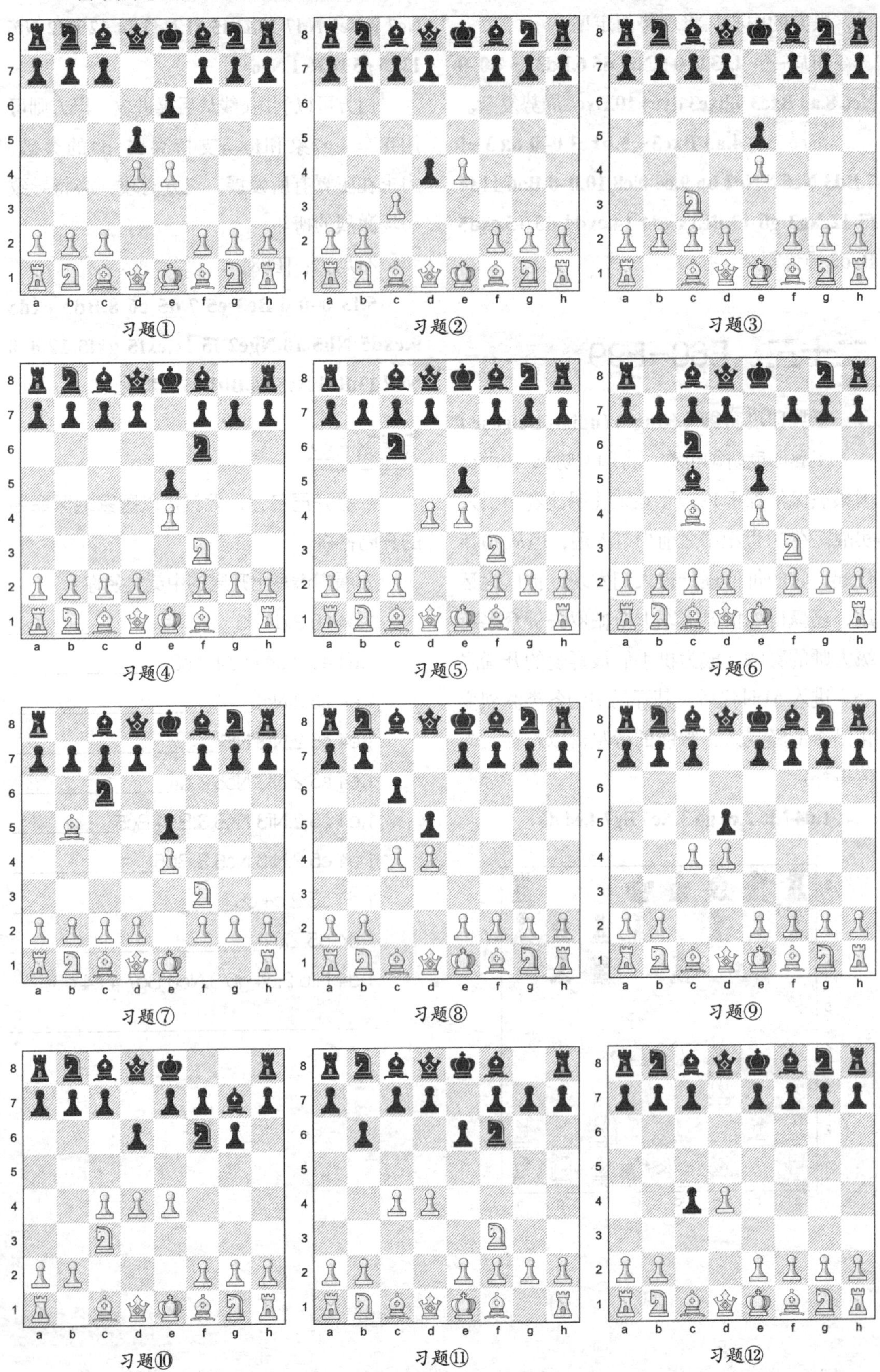

习题①　习题②　习题③　习题④　习题⑤　习题⑥　习题⑦　习题⑧　习题⑨　习题⑩　习题⑪　习题⑫

第七讲

中局攻王

重点难点

1. 重点：在实战案例中了解中局攻王的常见手段。
2. 难点：能够将中局案例分析中的中局攻王方法迁移至实战对局。

知识内容

攻王的实战多不胜数。攻王是对弈的终极目标，也是初学者最感兴趣的部分。但首先要明确，中局轻而易举的攻王往往都建立在对手防御不正确的情况下。正是因为一些不正确性，让对局变得刺激又有趣。

讲到攻王，就必须谈到战略。战略，指的是全局的计划和策略。通常在一盘棋的开局，双方就已经开始制订计策。另外，还需要根据对手的应着来做出合理的策划：例如同向易位还是异向易位，是控制中心还是攻王，是扩大空间优势压制对手还是打开通线入侵，以及子力的调动与腾挪，等等。棋手应根据开局的特点去制订战略，并根据对方的出子方式来调整。总之，棋局千变万化，我们只能寻找共通性来了解棋理，遵守棋理去获取优势。

一、攻王的战略特性

战略的特性主要表现在：全局性、方向性、对抗性、预见性和谋略性。在所有关于战略的讨论中，最吸引棋手的当然是攻王。攻王通常需要组合拳，即需要运用各种战略。

1960年弈于列宁格勒（现圣彼得堡）
斯帕斯基—马萨利克

21.Qh6! 双重打击，黑方防不胜防。

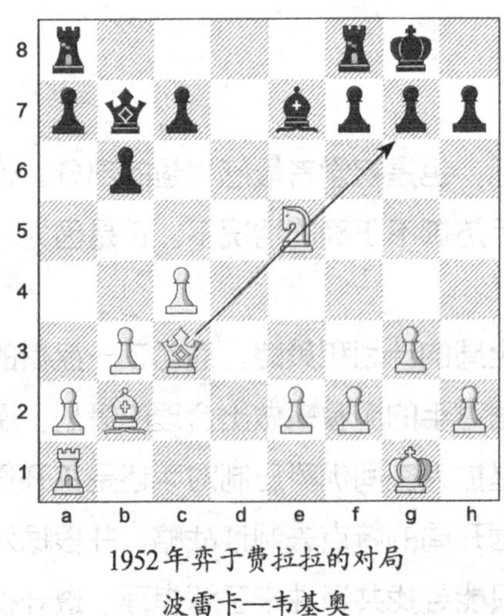

1952年弈于费拉拉的对局
波雷卡—韦基奥

直指王翼的斜线攻王，简单干脆。

17.Ng6! Bf6 18.Ne7+ Kh8 19.Qxf6 gxf6 20.Bxf6#

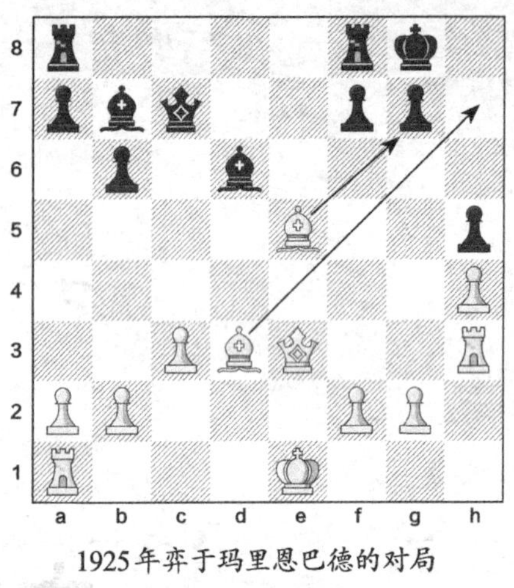

1925年弈于玛里恩巴德的对局
亚诺夫斯基—萨米施

有了双象的帮忙，白方攻王简单明了。

20.Qh6! gxh6

20...f6 21.Rg3白方胜势；20...f5 21.Bc4+白方胜势。

21.Rg3#

攻王需要不断运送子力去前线，当棋子聚集得多了就有弃子攻杀的机会了。

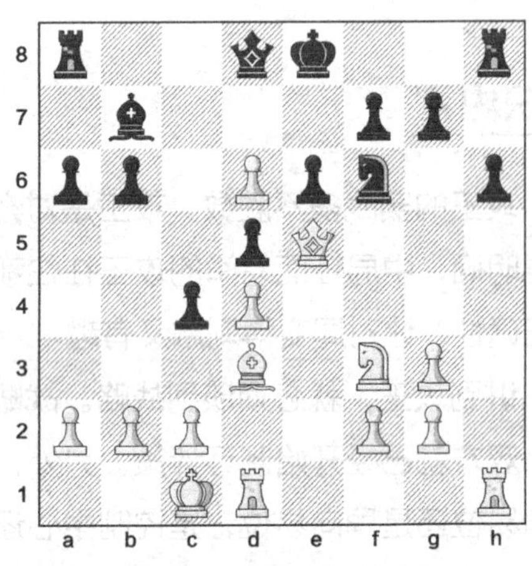

第16回合的局面
1985年弈于贝尔格莱德的对局
翁丘芳—比尔

17.Bf5?!这步棋不一定有效，如果黑方应对0-0，白方在e6格的弃子为时过早，白方攻王的行动受阻，只能退象h3，再尝试g4的冲击，白方仍有攻势！

但实战中黑方应**17...Qd7**，给了白方迅速进攻的机会：**18.Ng5**（第二个冲上去的棋子）**Bc8 19.Rde1**（第三个，虽然在后方，但仍利用开放线准备随时冲下去）0–0。

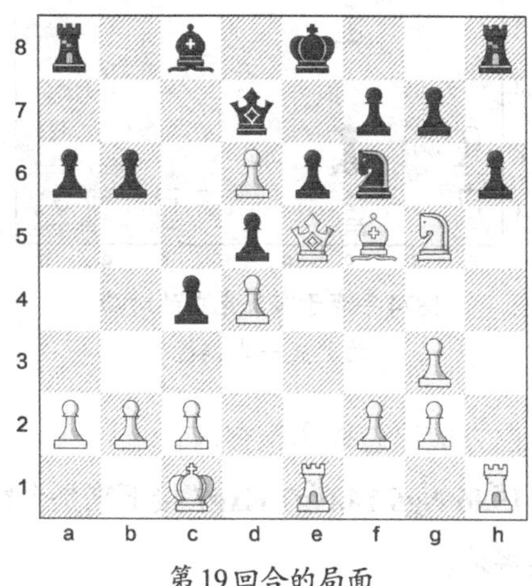

第19回合的局面

20.Rxh6!（弃子）**exf5 21.Reh1**（抢占开放线）**gxh6 22.Qxf6 hxg5 23.Rh8#**。

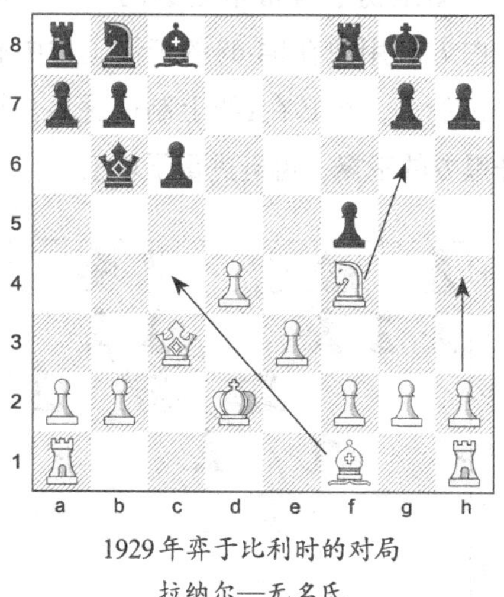

1929年弈于比利时的对局
拉纳尔—无名氏

趁着黑方还未出子，白方迅速利用c4-g8斜线、h4-h5-Ng6再打开h线，一举攻下王城。

14.Bc4+ Kh8 15.h4 Nd7 16.h5 Rf6 17.Ng6+! Rxg6 18.hxg6 h6 19.Rxh6+白方的进攻无法阻挡。

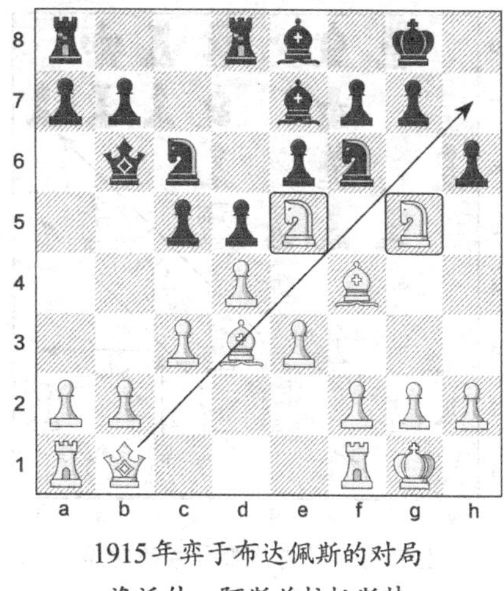

1915年弈于布达佩斯的对局
洛沃什—阿斯兹拉托斯特

白方在第12步走了Ng5，黑方应h6。至此白方5个棋子指向王翼，开启连将杀。

13.Bh7+ Kf8 14.Ng6+! fxg6 15.Nxe6+ Kf7 16.Qxg6+ Kxe6 17.Bg8+ Bf7 18.Bxf7+ Kd7 19.Qf5#

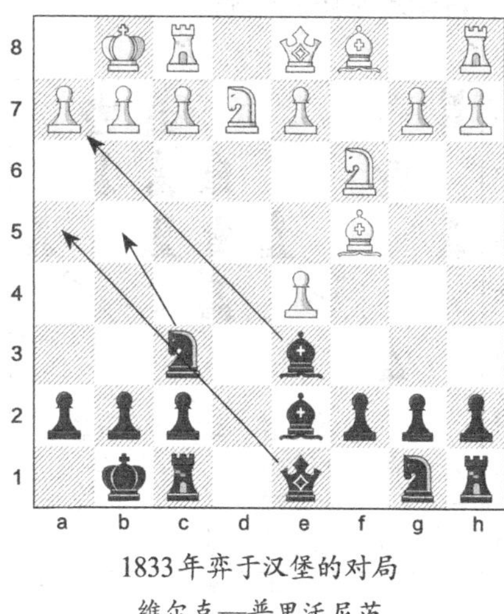

1833年弈于汉堡的对局
维尔克—普里沃尼茨

定式攻王：**9... Bxh2+ 10.Kxh2 Ng4+ 11.Kg1 Qh4 12.Re1 Qxf2+ 13.Kh1 Re8 14.d4 Re3 15.Bd2 Rh3+! 16.gxh3 Qh2#**

最常见的一种进攻方式，弃象打开h线、后的入侵、车横线调动与后配合，还有中心马的助攻。

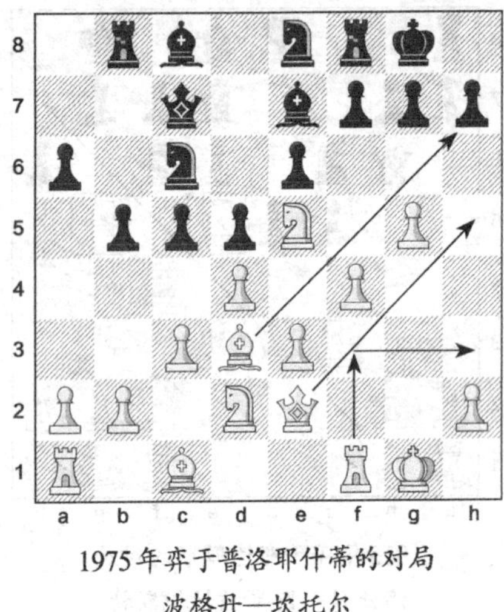

1975年弈于普洛耶什蒂的对局
波格丹—坎托尔

13.Bxh7+ Kxh7 14.Qh5+ Kg8 15.Rf3 g6 16.Qh6 Ng7 17.Rh3 Nh5 18.Nxg6! fxg6 19.Qxg6+ Ng7 20.Rh8+ Kxh8 21.Qh6+ Kg8 22.g6 白胜。

与上例同样的思路，弃象打开王城，后入侵，再调动车协同作战。

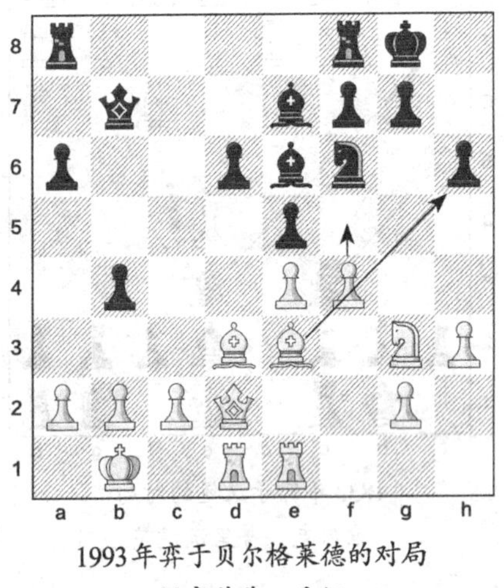

1993年弈于贝尔格莱德的对局
福高劳希—乔姆

19.f5!（计划清晰）**Bd7 20.Bxh6! gxh6 21.Qxh6 Rfc8 22.Re3 Qb6 23.Nf1** 准备Rg3将杀。

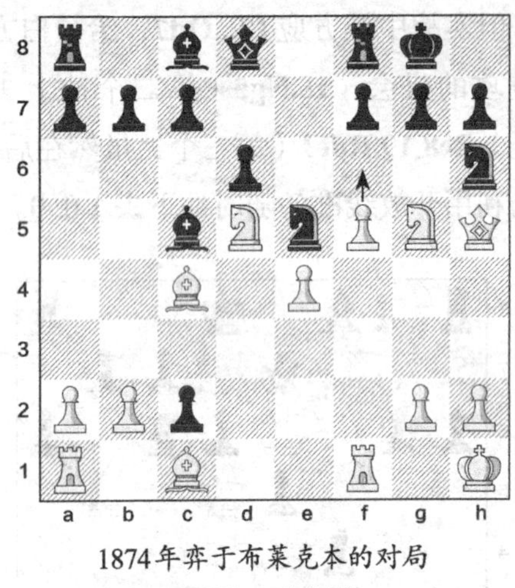

1874年弈于布莱克本的对局
约瑟夫—吉福德

白方应该怎样实施突破?

13.f6 Ng6 14.fxg7 Kxg7 接下来是个精彩的连将杀。

15.Qxh6+ Kxh6 16.Ne6+ Kh5 17.Be2+ Kh4 18.Rf4+ Nxf4 19.g3+ Kh3 20.Ndxf4#

下图是初学者常常走成的一个开局模式，白方利用象在h4-d8的牵制，进中心马攻击f6的马，势必在f线上制造叠兵，从而打开黑方的王翼，再挺进重子攻王。

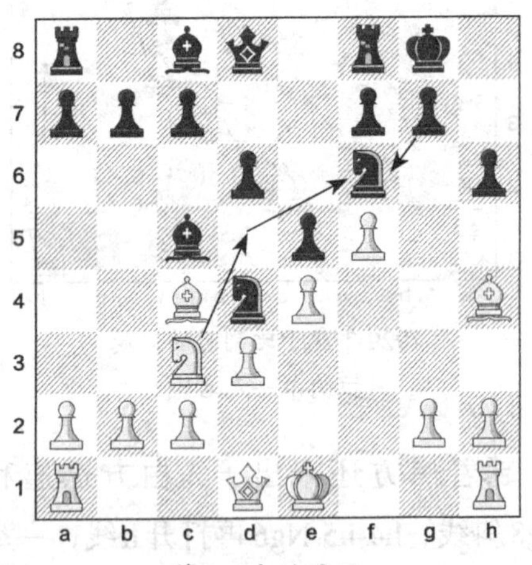

第9回合的局面
1908年弈于圣路易斯的对局
米泽斯—洛夫

9.Nd5 Kh7 10.Nxf6+ gxf6 11.c3 Nc6 12.Qh5 Qe7

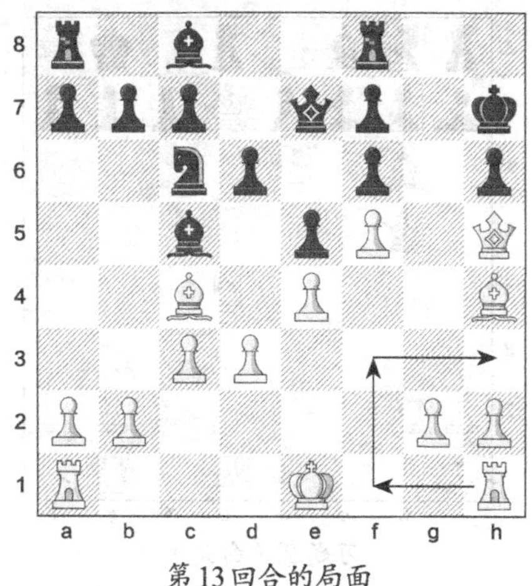
第13回合的局面

13.Rf1 Nd8 14.Rf3 Rg8 15.Rh3 Rxg2 16.Qxh6+! Kg8 [16...Kxh6 17.Bxf6#]

17.Qh8+! Kxh8 18.Bxf6+ Kg8 19.Rh8#

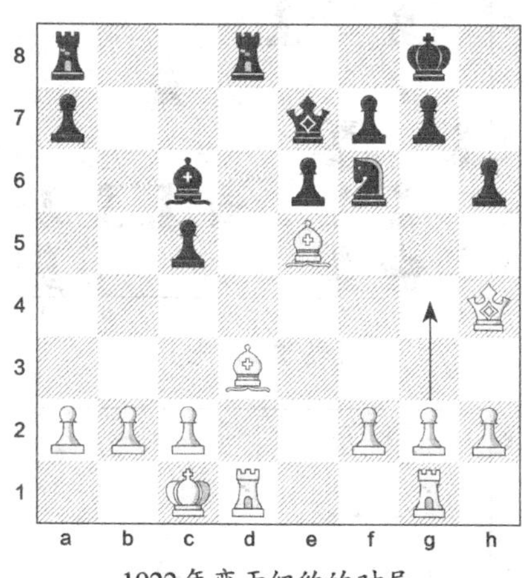
1922年弈于纽约的对局
施皮尔曼—格罗斯曼

白方王翼进攻需要开放线路。当白方h线车走到g1格时，黑方应该意识到g线开放的危险：白方的双象和车后强子都瞄准了黑方王翼。

20.g4! c4 21.g5 Nd7 22.Qxh6! gxh6

22...Nxe5 23.Qh7+ Kf8 24.Qh8#

23.gxh6+ Kf8 24.Rg8+ Kxg8 25.h7+ Kf8 26.h8Q#

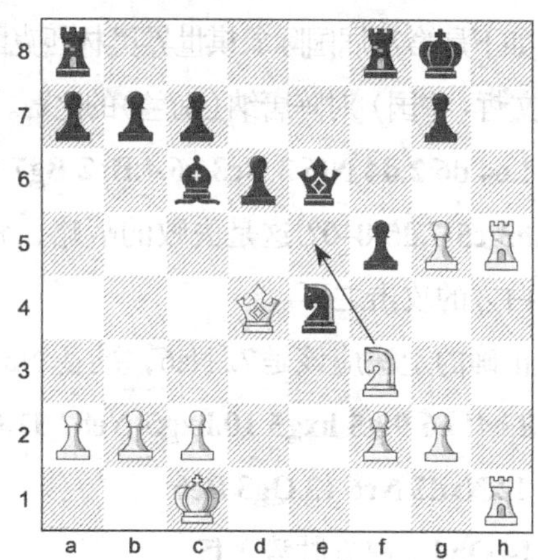
阿廖欣在阿姆斯特丹与霍尔斯德的对局[C62]

白方在h线上的优势不容置疑。现在的策略就是封锁即将逃离的王。直接走g6会被黑后吃掉。

16.Ne5!!

目的是削弱对d5格的防守。如果直接走：

16.g6 Qxg6 17.Ne5 Qxh5 18.Rxh5 dxe5，黑方换两子继续战斗。

16...dxe5 [16...Qxe5 17.Qxe5 dxe5 18.g6]

17.g6 Qxg6 18.Qc4+ Rf7 19.Rh8#

二、攻王的拓展知识

中国首位男子国际大师、《国际象棋中国学派》作者刘文哲提出了布局3S原则。

谋略原则（Strategy）

目标明确、积极进攻、集中兵力、节约兵力、机动灵活、协调一致、足够信息、突然袭击、计划实行简明、因势利导。

结构原则（Structure）

棋子和棋子间、棋子和位置间要有一个合理的有效的结构，且应该是一个动态结构。

空间原则（Space）

空间由点（格）、线、面组成。包括了中心、中路、开放线、半开放线、侧翼空间和强弱格等。

如下是第23届国际象棋世界奥林匹克团体赛刘文哲（中国）对阵唐纳（荷兰）的比赛。

1.e4 d6 2.d4 Nf6 3.Nc3 g6 4.Be2 Bg7 5.g4 h6 6.h3 c5 7.d5 0–0? 这是失败的战略，将王转入白方的攻击之下。

正确的走法应该是7...Na6，准备Nc7。

8.h4! e6 9.g5 hxg5 10.hxg5 Ne8? 11.Qd3 exd5 12.Nxd5 Nc6 13.Qg3 Be6

14.Qh4（白方胜势）**f5**

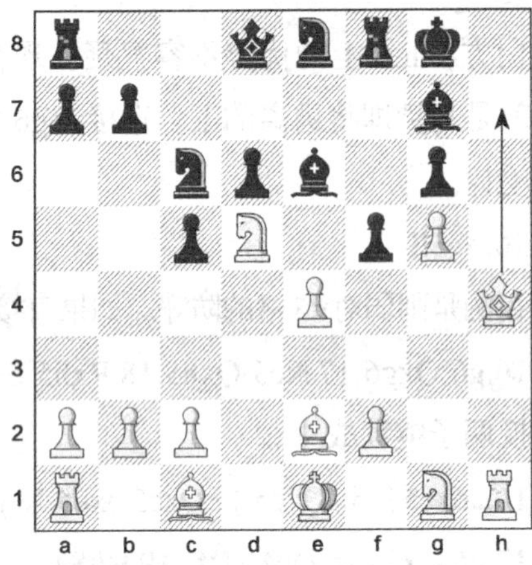

15.Qh7+ Kf7 16.Qxg6+!! Kxg6 17.Bh5+ Kh7 18.Bf7+ Bh6 19.g6+ Kg7 20.Bxh6+ 白胜。

课程作业

请为以下每一局棋制订一个攻王计划。

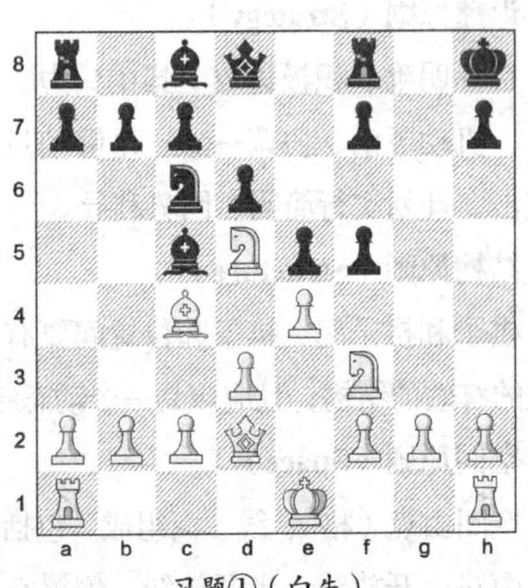

习题①（白先）

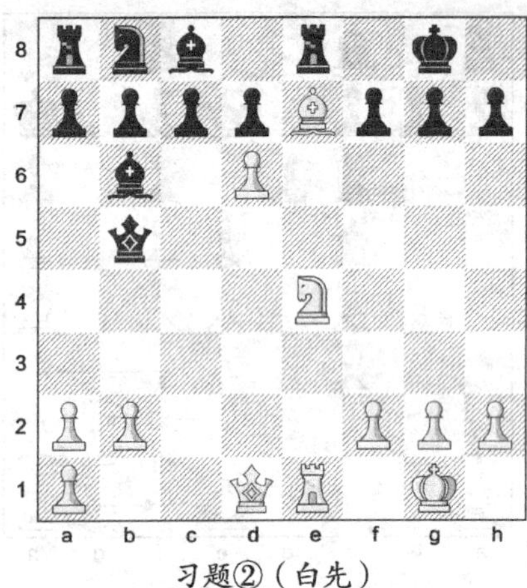

习题②（白先）

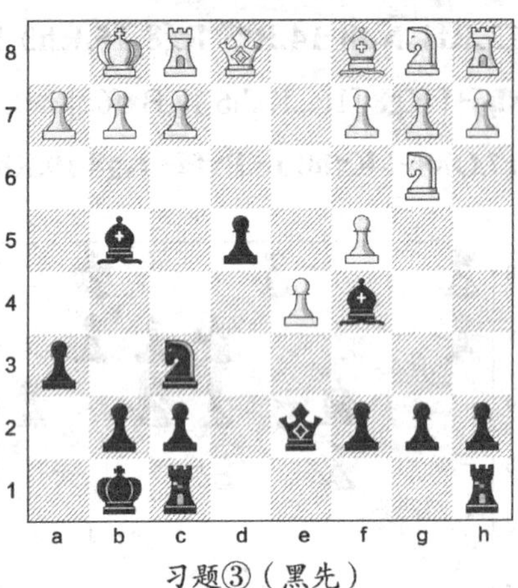

习题③（黑先）

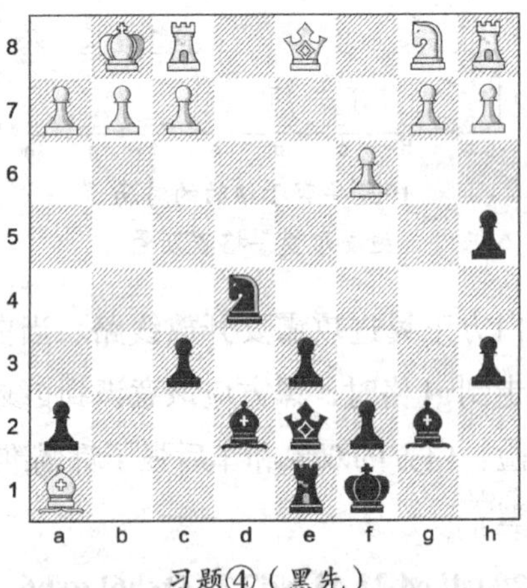

习题④（黑先）

第八讲

中局战略

重点难点

1. 重点：了解开放线、强格与落后兵、双象优势、好马对坏象、叠兵等中局战略知识。

2. 难点：能够将中局案例分析中的中局战略迁移至实战对局。

知识内容

著名的棋艺理论家尼姆佐维奇从中心的概念讲起国际象棋对弈的战略问题。他提出的战略理论（控制中心、控制开放线、控制次底线和底线、通路兵、牵制、闪将、子的交换、兵链），至今仍被视为有效的弈棋原则。

当然，现代的弈棋理论讨论的问题更多、更复杂。具体到棋局中，影响计划实施的因素包括：开放性局面、封闭性局面、预防、攻王、开放线/半开放线、双象、象对马/马对象、孤兵、叠兵、落后兵、悬兵、过路兵、兑换和弃子等。

一、开放线

开放线是古代战场上最常见的一种进攻方式，打开线路是为了让子力入侵。通常在开放线后，后车象可以发挥出更大的威力。

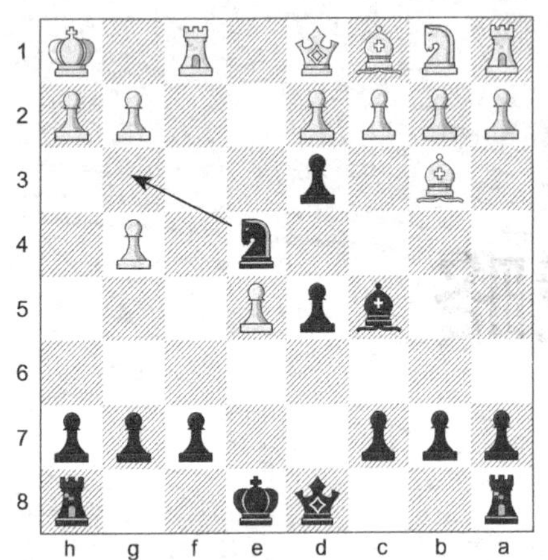

1895年弈于波兰西南部城市弗罗茨瓦夫的一盘名局
安德森—兰格

第13步，黑方弃马开线：**11...Ng3+! 12.hxg3 Qg5**准备**Qh6**将杀！

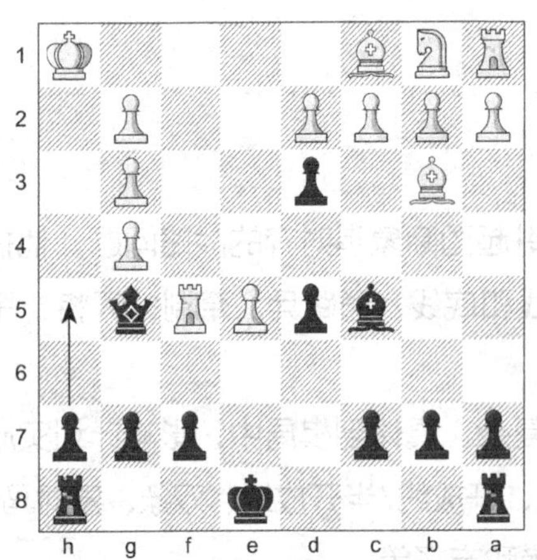

此时白方应**13.Rf5**防守，反吃后。黑后非但没有逃，反手给了白方一记重击，迅速打开h线，随时有将杀的威胁。

13...h5!! 14.gxh5［14.Rxg5 hxg4+黑胜］**Qxf5 15.g4 Rxh5+ 16.gxh5 Qe4 17.Qf3 Qh4+ 18.Qh3 Qe1+ 19.Kh2 Bg1+ 20.Kh1 Bf2+ 21.Kh2 Qg1** 连将杀。

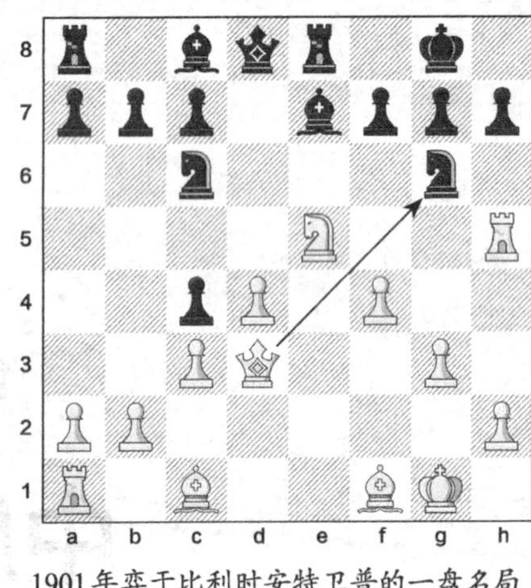

1901年弈于比利时安特卫普的一盘名局
福克斯—鲍尔

白方此刻果断弃后，或者打开h线，或打开c4-g8斜线**18.Qxg6!**；如果走**18...hxg6**则**19.Nxg6 fxg6 20.Bxc4+ Kf8 21.Rh8**将杀；如果走**18...fxg6**则**19.Bxc4+ Kf8 20.Nxg6+ hxg6 21.Rh8** 将杀。

二、强格与落后兵

强格与落后兵是相伴相生的状态，有了落后兵的一方，兵前的那个位置就是对方的强格。占领强格可以持续地控制局面，对方无法驱赶甚至无法兑换。

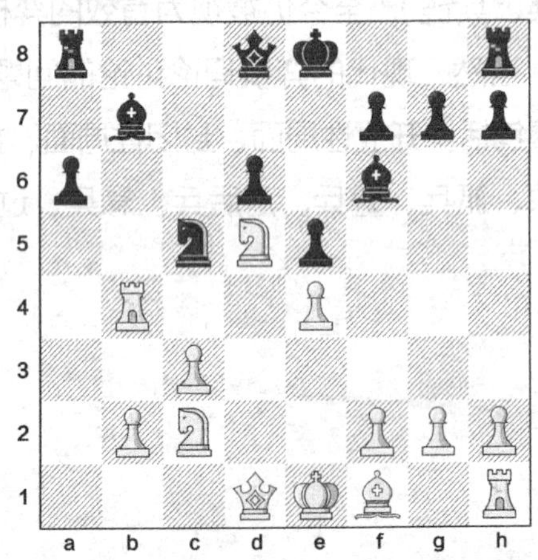

1994年世界冠军卡斯帕罗夫弈于瑞士豪尔根的对局

这是非常典型的强格与落后兵的局面。d5格是白方的强格，d6兵是黑方的落后兵。

白方在第16步走了**Rb4!**，黑方应**Nc5**。

如果走16...Bc6 17.Rc4 Rc8（17...Bxd5 18.Qxd5 Nb6 19.Qc6+ Ke7 20.Rb4白大优）18.Ncb4白方大优，都是利用强格把对方牢牢控制的局面。

接下来实战中白方果断弃车，然后将马沿着a3-c4出动，对准d6的落后兵，并继续把控中心：**17.Rxb7! Nxb7 18.b4 Bg5 19.Na3 0–0 20.Nc4 a5 21.Bd3 axb4 22.cxb4 Qb8 23.h4 Bh6 24.Ncb6 Ra2 25.0–0 Rd2 26.Qf3 Qa7 27.Nd7 Nd8 28.Nxf8 Kxf8 29.b5**。至此，白方不但得回子力，胜势也越来越清晰了。

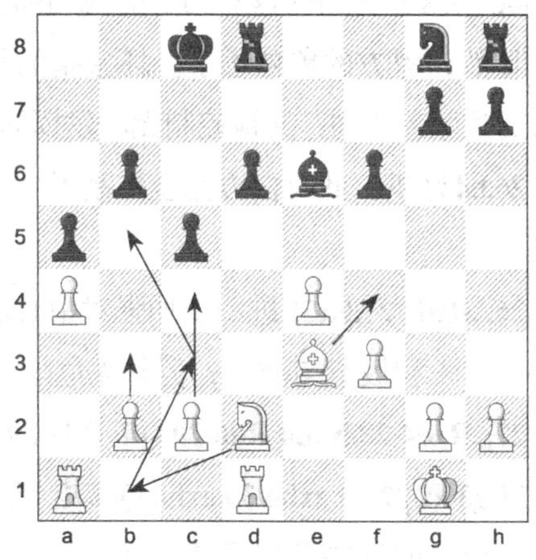

上图，黑方d6兵是个落后兵。如何有效地控制落后兵，使它成为打击目标？白方的战略计划为：c4-b3-Nb1-Nc3-Nb5-Bf4。白方可以找到更多的棋子对落后兵施加压力，黑方防不胜防。

三、双象优势

拥有双象的一方如果能占领关键的线路，互相配合，可以使力量大增。通常在开放的局面中容易取得双象优势。

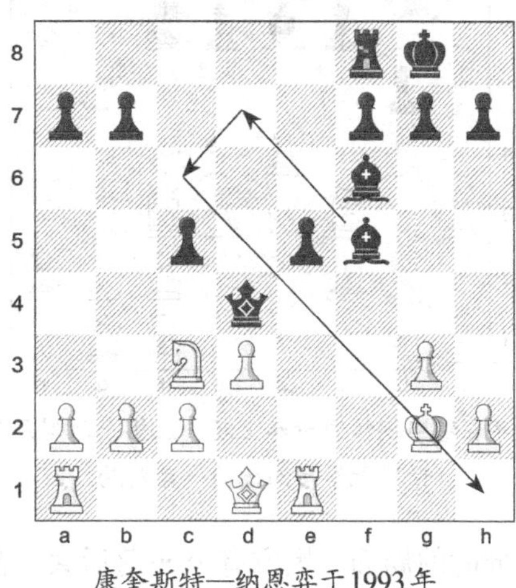

康奎斯特—纳恩弈于1993年

黑方少半子，但双象优势足以弥补损失。c6-h1斜线的空虚和接下来黑方占领d4-g1斜线的威胁让白方防不胜防。此棋例充分显示了双象在开放局面下的威力。

20...Bd7（好棋！迅速转至c6-h1大斜线）**21.Qe2 Bc6+ 22.Kf1** 如果走22.Ne4 Qxb2将来仍面临Be7准备f5的威胁。

22...Qd7 23.Kg1 e4!! 双象最重要的特点是在开放的局面中发挥威力，开放的线路是获得优势的前提。

24.dxe4 如果走24.Nxe4，则在Bxb2之后再Bd4-f5。

24...Bd4+ 25.Kg2 f5（黑方胜势）**26.Rf1 Re8 27.Rae1 b5 28.Qh5 g6 29.Qg5 b4 30.Nd1 Bxe4+ 31.Kh3 Kg7 32.c3 Bf6 33.Qc1 f4+ 34.g4 Qd3+**

白方认输。

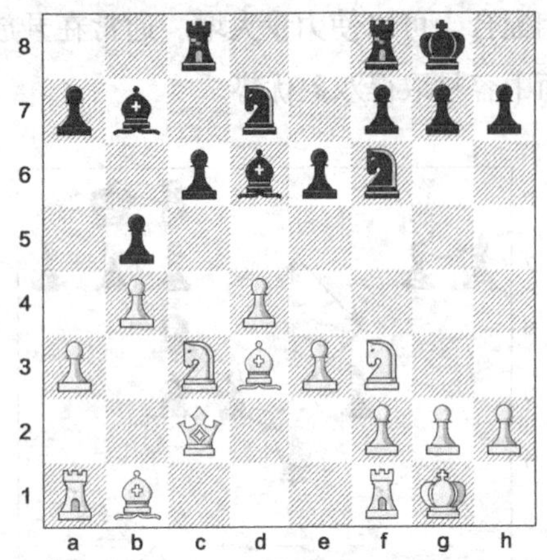

2013年在塔塔钢铁邀请赛上超一流棋手阿罗尼安和世界冠军阿南德的一盘对局

此时的局面，黑方有个c6落后兵，被白方b4和d4两兵钳制，如果不及时处理这个兵将会带来很大的麻烦。黑方利用双象的优势，果断弃子，打开通向王翼的通道，攻王！

12.b4 c5!! 13.bxc5 Bxf3 14.gxf3 Nxc5 15.dxc5 Rxc5 16.f4 Nd5 17.Bb2 Nxc3 18.Bxc3 Qc7 19.Rfc1 Rc8 20.Bxh7+ Kh8 21.Bd3 Rxc3 22.Qxc3 Qxc3 23.Rxc3 Rxc3 24.Bxb5 Bxa3 25.Kg2 g6 26.Rd1 Rc7 27.Rd7 Rxd7 28.Bxd7 Kg7 29.e4 Kf6 30.Kf3 a5 31.e5+ Ke7 32.Ba4 Bc5 33.h3 Bb6 34.Bb5 Bc5 35.Ba4 Bb6 36.Bb5 Bc5 37.Ba4

四、好马对坏象

我们前面提到，马与象的相对价值是等价的，但在具体局面中，要根据实际情况评估子力的价值。通常在开放性的局面中，象有长距离控制的优势，但在封闭的局面中，马就显示出可以跳跃的优势。

因此，遇到象的中局尽量打开线路让象畅通；而遇到马的中局，尽量避免兑子，保持马的活跃度。

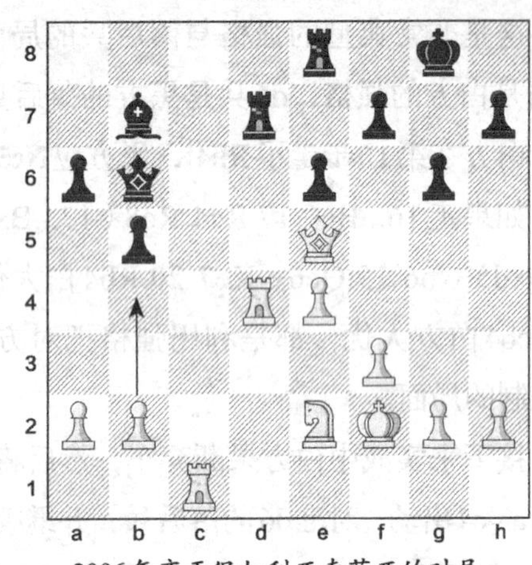

2006年弈于保加利亚索菲亚的对局
鲁斯兰·波诺马廖夫—彼得·斯维德勒

2002年，不满20岁的乌克兰棋手鲁斯兰·波诺马廖夫（Ruslan Ponomariov）出人意料地赢得世界冠军称号。我们欣赏一下他在2006年索菲亚的一盘对局中的残局部分。

显然，黑方的象糟透了。坏象指的是与自己的兵颜色相同，又被控制无法发挥的象。

26.b4好棋！此时白方完全控制了中心和黑格。

26...Red8 27.Ke3! 进一步加强对中心黑格的控制。王积极参与战斗，但并无危险。

27...Rxd4 28.Nxd4 Rd6 29.Qf6 Rd7 30.Rc5 Qd6 31.g3 a5 32.a3 axb4 33.axb4 Qa6走到这个局面，白方的优势不容置疑，这是典型的好马对坏象的棋局。只是实战中白方走得不够精确，在**34.Ne2**之后，对局于53回合走成白胜。**34.Rc7**（好棋）**Rxc7 35.Qd8+ Kg7 36.Qxc7**交换车之后继续保持好马对坏象，取胜更简单一些。

以下这局棋中，包含若干战略：半开放线（a线）、强格（d5格）、好马与坏象（白格象兑换之后的白马与黑象）、孤兵（a6兵）。白方利用以上黑方的弱点实施计划：占领a线、占领d5格、兑换白格象、打击a6、d6孤兵和落后兵。

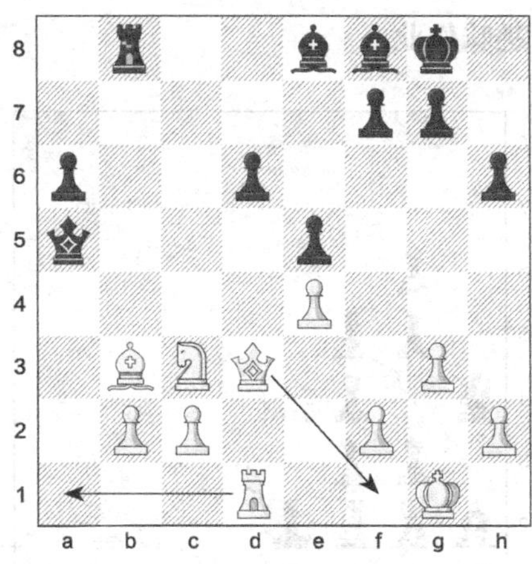

白方如何集结力量？

1.Qf1! Ra8 2.Ra1 Qb6 3.Qc4 Ra7 4.Nd5 Qb7 5.Qc3 Bb5 6.Qb4 Qd7 7.Ba4 白方大优；

走1...Qb6 2.Ra1 a5 3.Qc4 Ra8 4.Ra2 Qc5 5.Qxc5 dxc5 6.Ba4仍是白方大优。

五、叠兵

顾名思义，叠兵是叠在一起的兵，是由兵吃子造成的。除极个别的局面之外，通常叠兵非常糟糕，尤其到了残局。

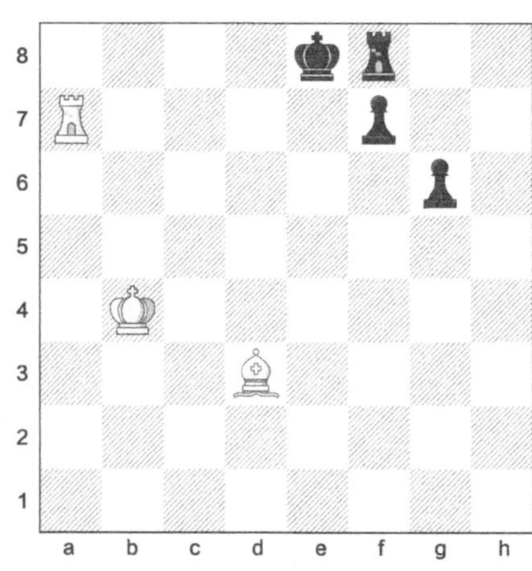

黑方如果没有这两只兵是理论和棋。现在的情况，被叠兵所累。

1.Bf5 gxf5 不吃象也没有好的办法，1...f6 2.Bxg6+ Kd8 3.Kc5 f5 4.Bf7 f4 5.Kd6白胜。目前的情况，已经到了Zugzwang的局面（指用以静制动之术使一方陷入无子可动的局面，无论怎样走都将导致输棋）。

2.Kc5 Kd8 [2...Rg8 3.Ra8+ Ke7 4.Rxg8]

3.Kd6 白胜。

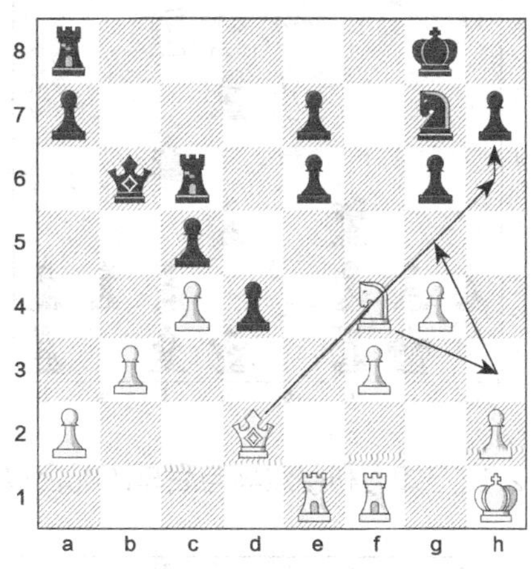

2012年弈于圣保罗的对局

马格努斯·卡尔森—维斯瓦纳坦·阿南德

上图局面中，白方在第19步弃兵**e6!?**，给黑方制造了一个中心叠兵的麻烦，至第25回合时形成上图的局面。卡尔森走出**25.Nh3!**，开始攻王的计划：Qh6-Ng5。此时黑方若应25...Qd8 26.Qh6 Kh8 27.Ng5 Qg8 28.Re4准备Rf4或Rfe1，白方大优。

实战中走了：**25...Ne8 26.Qh6 Nf6 27.Ng5 d3?!**。

27...Qa6 28.Re5 Qc8 29.Rfe1攻击中心叠兵。

28.Re5! Kh8 29.Rd1 Qa6 30.a4!? 黑方认输。黑方面临即将失去中心两只兵的结果。

课程作业

对应题目

1. 黑方如何利用双象的威胁打开王翼，实现子力入侵?

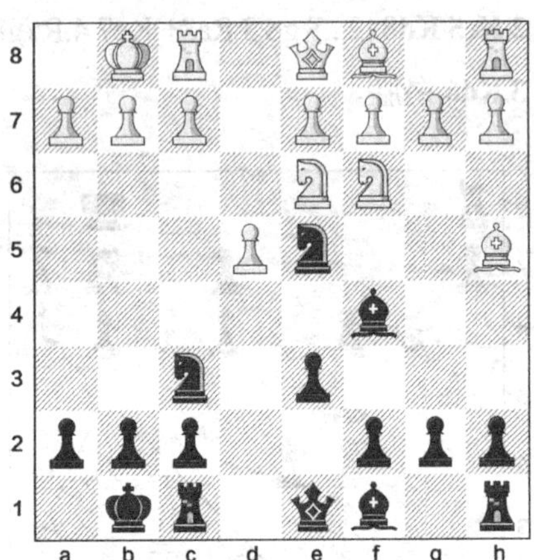

2. 白方如何利用双马与后车的配合攻王？

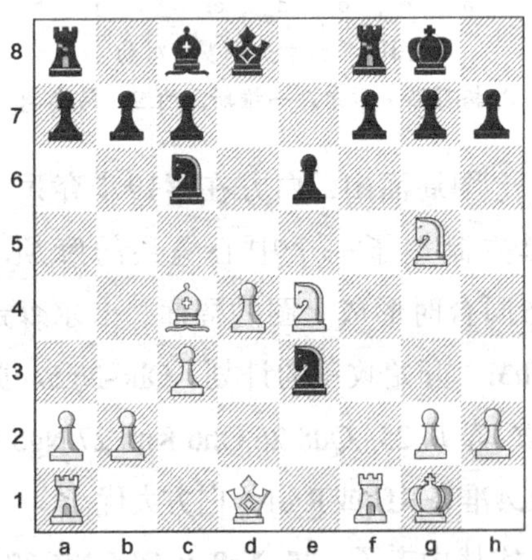

趣味作业

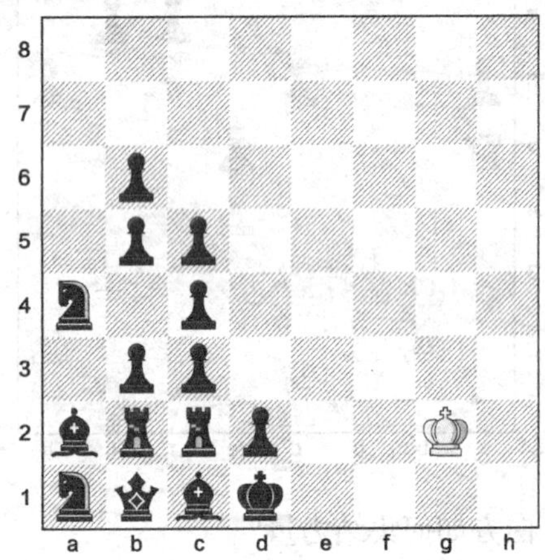

1. 白方合理的走法是哪步棋?

2. 白方控制黑方后，黑方唯一走法是哪一步?

3. 再接下来白黑双方都只能走什么?

4. 白方正确的第一步棋是哪一步?

5. 结果如何?

第九讲

基础战术

重点难点

1. 重点：通过实战案例了解击双、牵制、闪击、消除保护、腾挪、引入、引离和堵塞等基础战术。

2. 难点：能够在实战对局中，识别并使用基础战术。

知识内容

兵法曰："多算胜，少算不胜，而况于无算乎？"（多谋者胜，少谋者不胜，更何况没有谋略）。

计算，是下棋的基本功。对弈中会遇到出子、运子、兑换、弃子、得子、取势等情况，需要计算以及运用各种战术手段。所谓战术，就是作战方法，通过强制手段达到某一目标的具体走法。

行棋须有计划，如何出子，如何布局，如何获取优势，如何制造机会，皆是战略计划的表现。若无计划，可能一盘散沙。

有计划会让棋手在对弈中获得更多的乐趣。

一、击双

击双是同时攻击对方两个目标的战术，是实战中最常用的战术手段，迫使对方不能兼顾，顾此失彼。

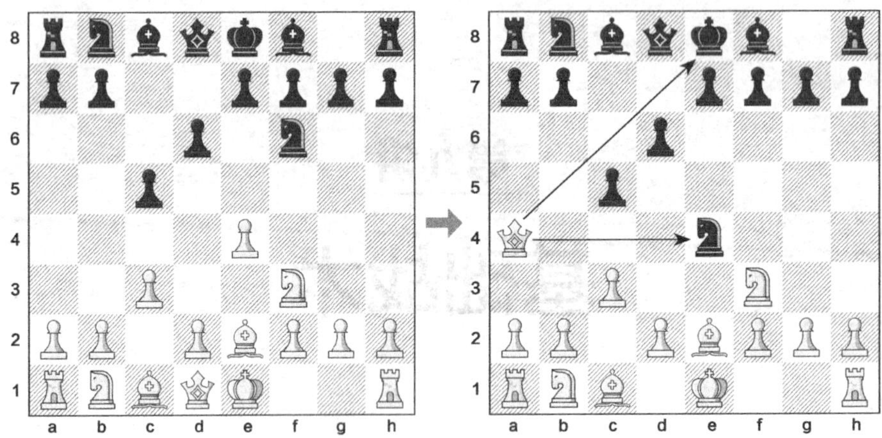

如上图所示，西西里开局中，黑方贪吃了白方e4兵，被白方Qa4一子击双。这是击双常见的表现形式，一个子同时攻击对方两个子。

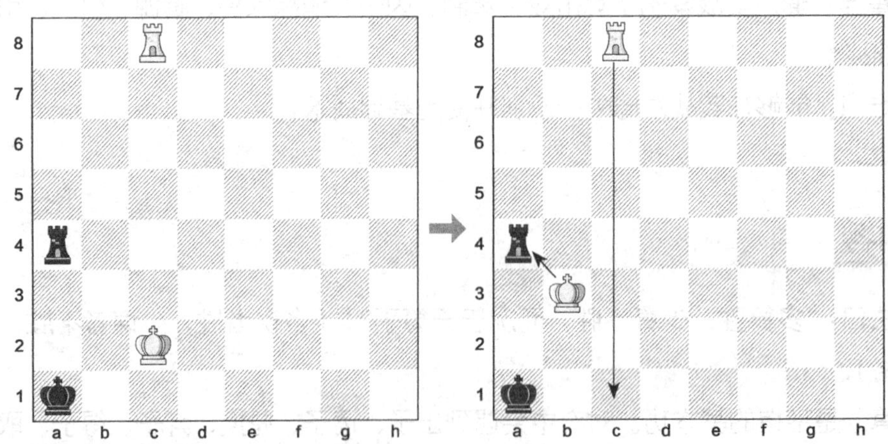

如上图所示，击双的另一种表现形式是：失子或将杀遭遇双重打击。白王走到b3，王攻击车，车底线闷杀。

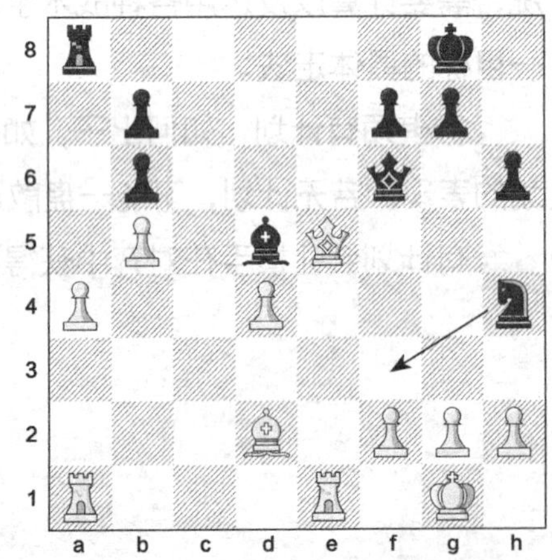

右图是1952年弈于维也纳的对局。

卡尔—埃斯特班

黑方利用击双的威胁打开白方的生命线：**23...Nf3+ 24.gxf3 Qxf3 25.Kf1 Qh3+ 26.Ke2 Bc4+ 27.Kd1 Qb3+ 28.Kc1 Bd3 29.Qc7 Rxa4 30.Bb4 Rxa1+ 31.Kd2 Qxb4+** 黑胜。

二、牵制

牵制是远射程子力（后、车、象）在直线、横线或斜线上攻击对方起掩护作用的棋子，使之丧失活动自由不能行动或难以行动的战术。

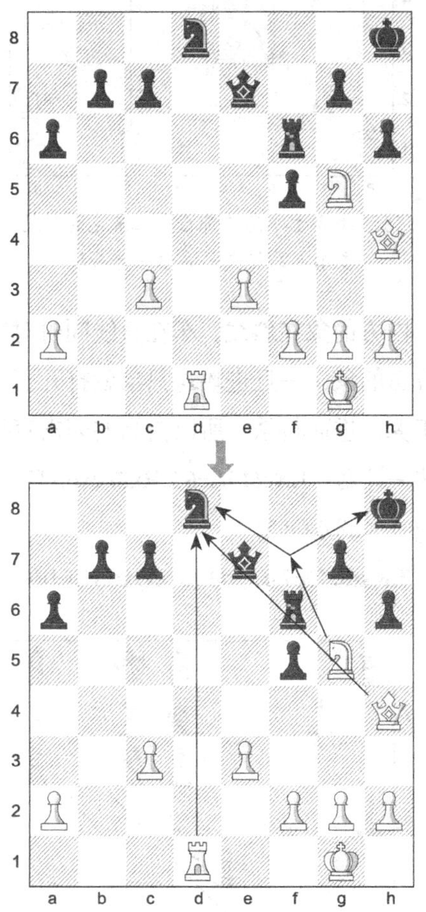

利用h4-d8斜线牵制的威胁，白方弃车再击双，无论怎么选择黑方必失后：

1.Rxd8+ Qxd8 2.Nf7+ Rxf7 3.Qxd8+

白方弃车之后，由被攻击变为主动出击，利用斜线牵制的威胁迅速获得强大的兵中心。

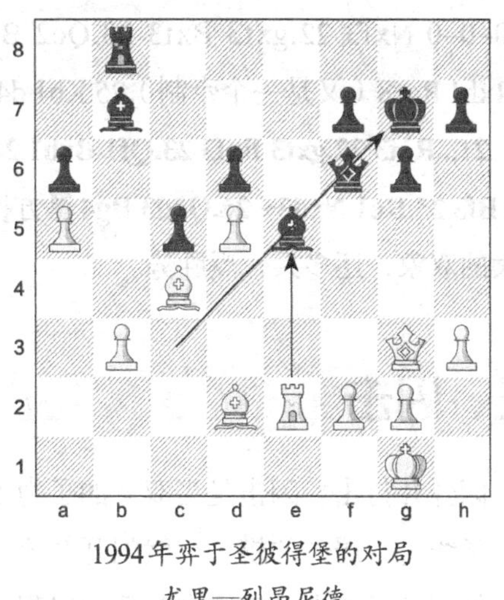

1994年弈于圣彼得堡的对局

尤里—列昂尼德

47.Rxe5!! dxe5

如果47...Qxe5则48.Bc3。

48.Bc3 Re8 49.f4（继续牵制的威胁）**Qf5 50.fxe5 Kg8 51.Qe3 h5 52.Qxc5 Rxe5**（尽管黑方反弃车，破坏白方中心连兵，但已无法阻挡d兵前行）**53.Bxe5 Qxe5 54.Qb6 Qe7 55.d6 Qe4 56.Qf2 Kg7 57.d7**白胜。

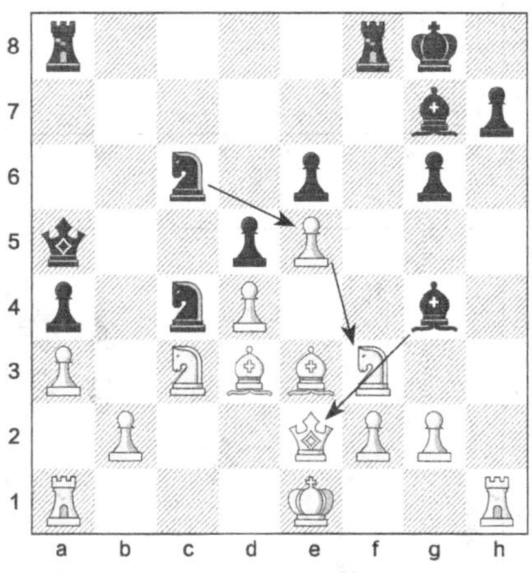

1995年弈于法国小城贝尔福的对局

爱德华达斯—维克托

象牵制f3马是常见的现象。黑方的优势还在于有一条半开放的f线被车占领，在f3施压使白方防不胜防。

19...N4xe5 20.dxe5 Nxe5 21.Bd2

21.0–0–0 Nxf3 22.gxf3 Bxf3 23.Qc2 Bxh1 24.Rxh1 Rac8（又是一个牵制）25.Kb1 d4。

21...Rxf3 22.gxf3 Bxf3 23.Qf1 Bxh1 24.0–0–0 Bf3 25.Re1 Nxd3+ 26.Qxd3 Bg4黑方拥有强大的双象，还多兵，黑胜势。

三、闪击

闪开并打击！闪击是当双方的子力处于同一条线时，居中的棋子突然闪开并攻击对方其他棋子或要点，使得在其后远射程子力得以打击被辐射的子的战术。

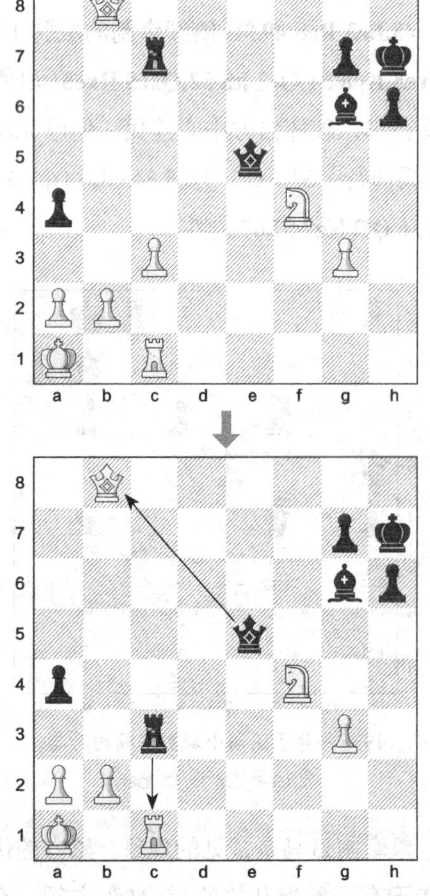

如上图所示，闪击的一种表现形式是：居中的棋子突然闪开Rc3，或者到底线Rc1将杀，或者Qb8吃后，形成双重攻击，白方不可能同时防守。

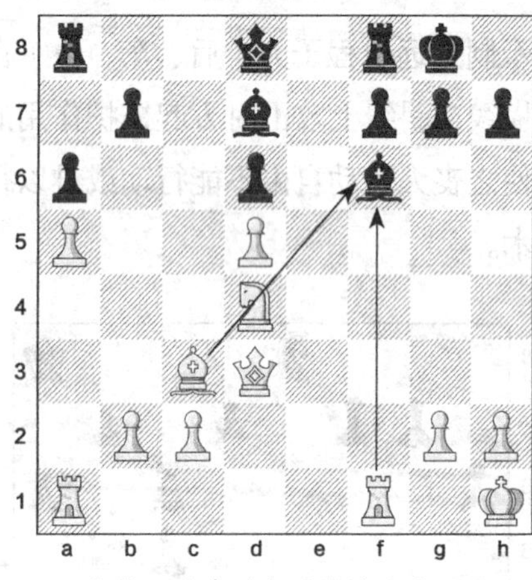

1988年弈于冰岛首都雷克雅未克的对局

多尔·马托夫—乔尔·劳蒂埃

白方的象在斜线，车在直线同时对准了黑方f6的象，一旦进攻这只象就打开了黑方的王翼，进而将杀。所以白马的闪击直接实施这一计划：**1.Nc6! bxc6 2.Rxf6 cxd5** [2...gxf6 3.Qg3+ Kh8 4.Qg5]。

3.Rxd6 Qc7 4.Qd4 f6 5.Qxd5+白胜。

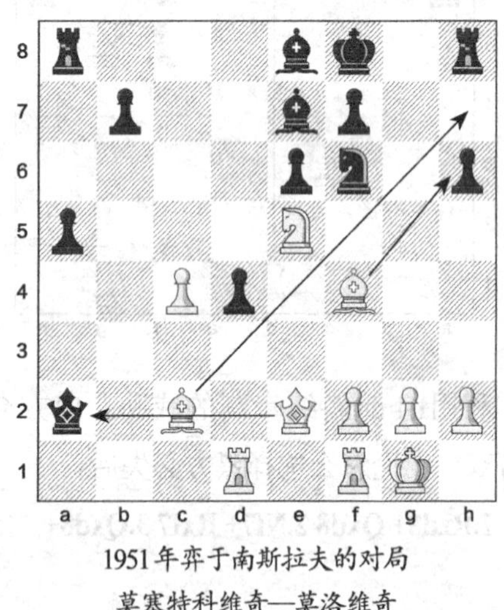

1951年弈于南斯拉夫的对局

莫塞特科维奇—莫洛维奇

很多时候，闪击也表现为对重要棋子或位置的打击。白方走出Bh7，同时攻击黑后和Bh6的将杀，黑方无论如何不能对抗两个致命攻击。

四、消除保护

消除保护是用强制性手段把对方某一棋子或据点的保护子力消除掉的战术。它往往能有效地打破攻守双方子力平衡，破坏对方子力的密切联系而获得子力上的优势，甚至将杀对方的王。

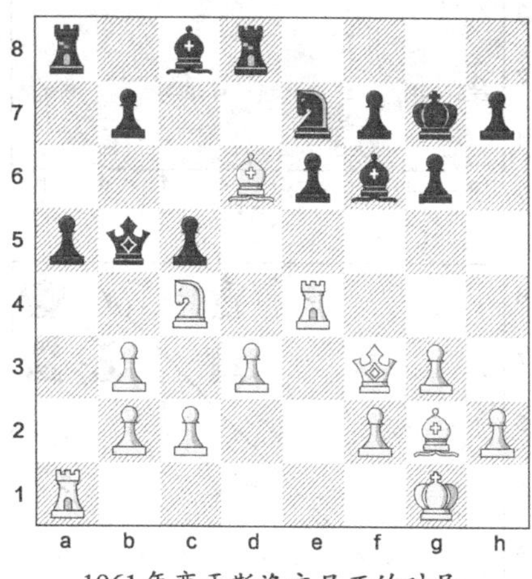
1961年弈于斯洛文尼亚的对局
世界冠军彼得罗相—帕赫曼

白方可以攻王的棋子有后车马双象，而黑方最重要的一个防守子就是f6的象，白方果断消除防守子：**1.Qxf6+ Kxf6 2.Be5+ Kg5 3.Bg7**(拦截黑王的退路)**Nf5 4.f4+ Kg4 5.Ne5+ Kh5 6.Bf3#**。

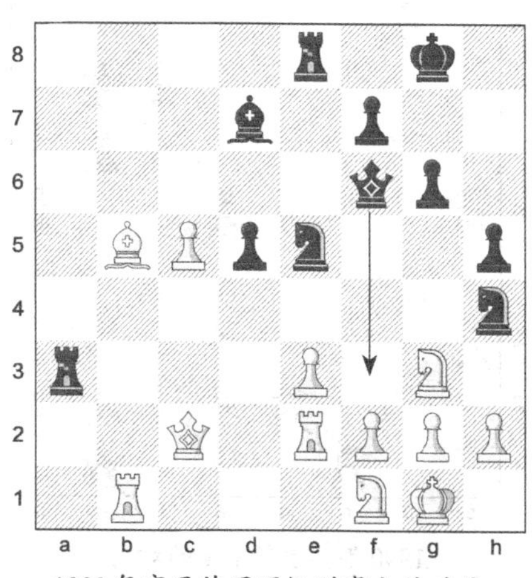
1988年弈于德国甲级联赛上的对局
安德吕埃—世界冠军斯帕斯基

对弈中，通常通过王车易位来保障王的安全，王前有3个守护的兵。此局因有双马和象的攻击，黑方直接弃后入侵，消除兵对王的防守：**28...Qf3 29.gxf3 Nexf3+ 30.Kh1 Bh3**，准备Bg2绝杀。

五、腾挪

当己方的棋子因占位置妨碍其他子力的积极行动时，主动将其弃掉或走开腾出位置，让出线路空间，发挥其他棋子的作用，这种战术称为腾挪。

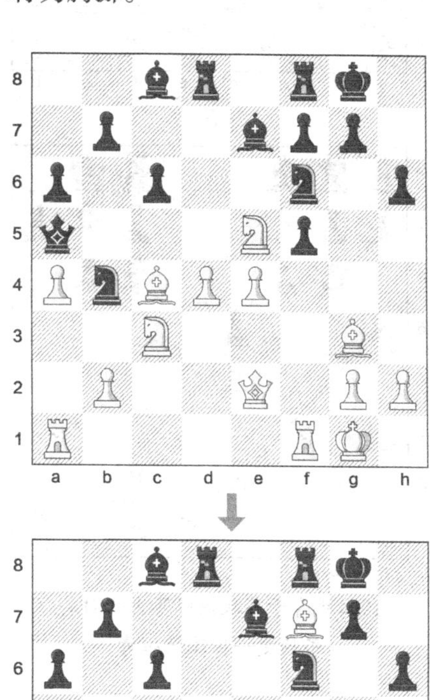

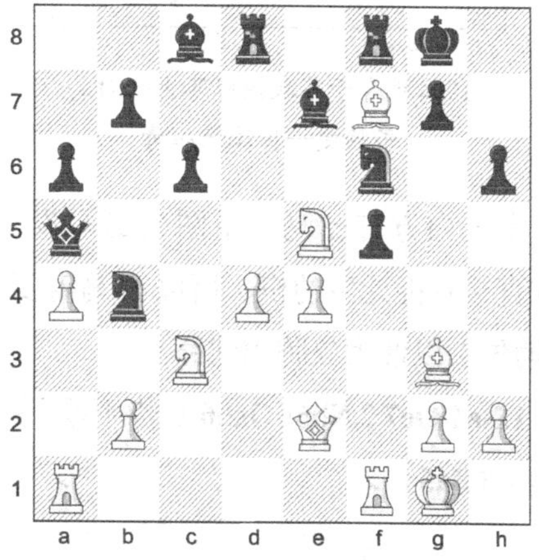
1931年弈于苏联锦标赛上的对局
世界冠军博特温尼克—斯特潘诺夫

腾挪是一种制造分兵突袭的战术，与闪击有相似之处。

上页右下图中，如果规则允许吃己方的棋子，白方简单Nc4即可活捉黑后。所以白方弃象再回马，是一个典型的腾挪战术。

1.Bxf7+ Rxf7 2.Nc4

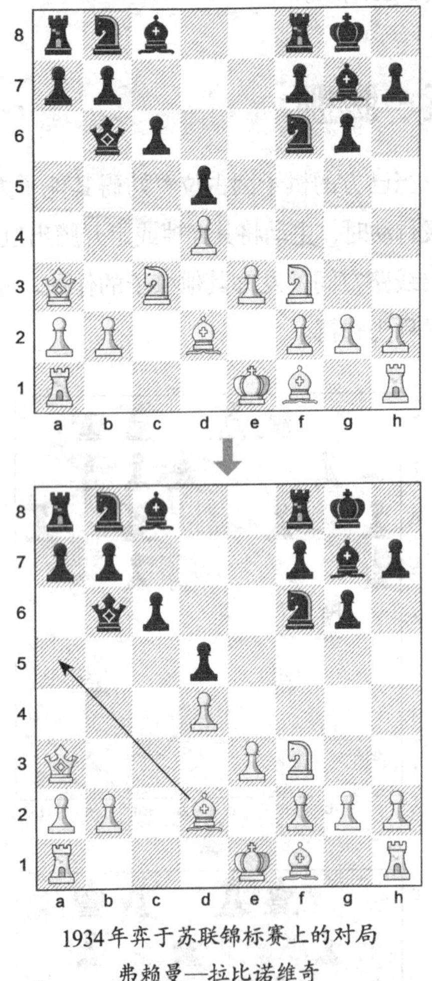

1934年弈于苏联锦标赛上的对局

弗赖曼—拉比诺维奇

上图白方有c3马，下图当c3马没有了，白方直接有捉死后的棋。所以c3马需要腾挪（或消失）以便为象腾出线路。

1.Na4 Qc7 2.Nb6! Qxb6（若不吃马则失去车）**3.Ba5**

六、引入

引入是有意识地将对方棋子吸引到不利的位置，以实现一系列打击手段的战术。

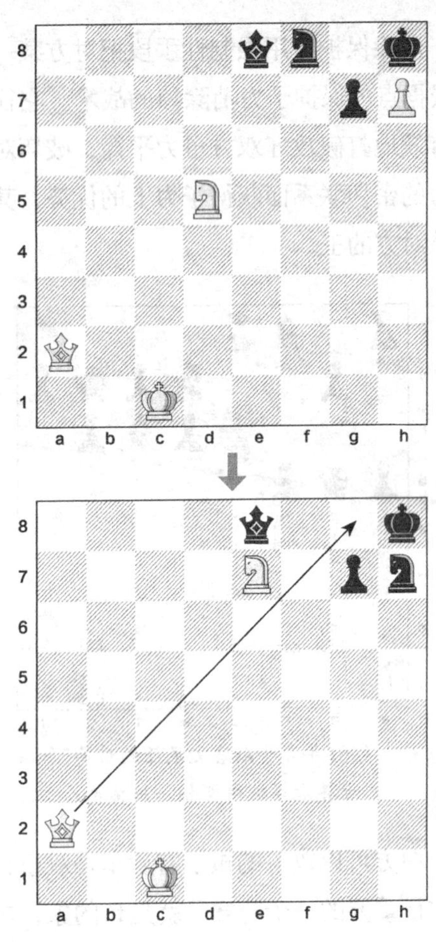

1.Ne7 Nxh7［1...Kxh7 2.Qh2+Qh5 3.Qxh5#］**2.Qg8+**引入**Qxg8 3.Ng6#**

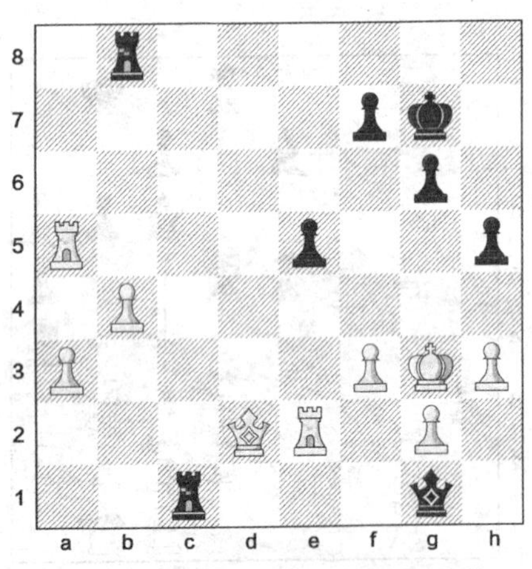

1990年弈于新德里的对局

执黑方是女子世界冠军苏珊·波尔加

强子中残局一般遵循先下手为强的原则，把对方的王引入更加危险的境地，利用开放线和强子间的配合很重要：**1...h4+**（引王入险境，打开h线的通路）**2.Kxh4**。

如果走：2.Kg4 Qh2 3.Kxh4 Rh8+ 4.Kg4 f5+ 5.Kg5 Qg3#，对局更快结束。

2...Qh2（妙棋，断了白王的退路）**3.Rexe5**

其他变化也无能为力。3.Raxe5 Rc4+ 4.R2e4［4.R5e4 Rh8+ 5.Kg4 f5+ 6.Kg5 Rh5#］4...Qxe5；或者3.Ra7 Rd1 4.Qg5 Rh8+ 5.Kg4 Qxh3+!! 6.gxh3 Rg1+ 7.Rg2 Rxg2#。

3...Rh8+［实战中对局走了3...Rc4+进入第19回合才取胜］

4.Kg4 Rxh3!（利用牵制，白方不能消灭黑车）**5.Qf2 Rg1** 黑胜。

七、引离

采用弃子或子力交换，迫使对方某个棋子离开其重要的防御位置。

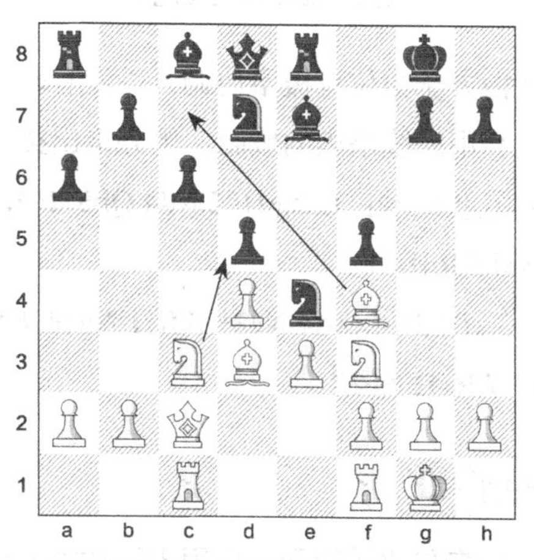

1931年弈于意大利海港圣雷莫的名局
阿廖欣—鲁宾斯坦

这是第四位世界冠军阿廖欣在实战中弈出的一个开局陷阱。

白方强行弃子打开c线，黑后无处藏身：**1.Nxd5 cxd5 2.Bc7**。黑方不吃弃马也不行，白方马或象入侵c7格会造成诸多威胁。

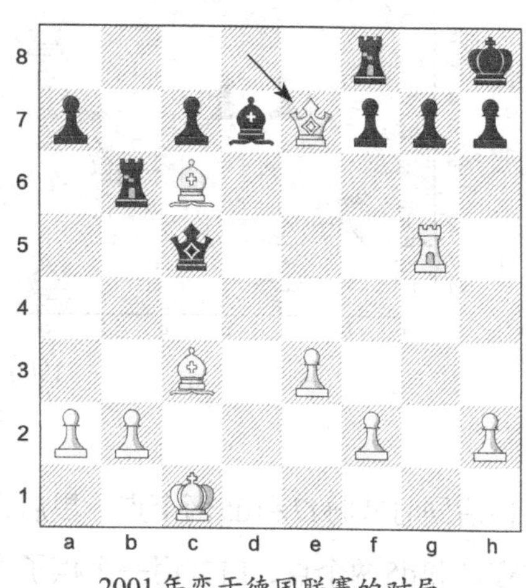

2001年弈于德国联赛的对局
谢尔盖—罗伯特

对局中遇到互吃的局面要特别注意计算，引离对方防守子，斜线攻王将杀。

20.Qe7! Qxe7 21.Bxg7+ Kg8 22.Bf6#

八、堵塞

堵塞是用己方棋子突入对方控制的线路中，切断对方远射程子力对某个棋子或据点的保护，以破坏其子力协调性的战术。或用弃子弃兵等强制性手段，迫使对方棋子自己封堵己方攻守要塞的战术。

堵塞战术所堵塞的棋子若比被堵塞的价值低且有己方棋子的支持，可迫使对方以大换小。它常与其他战术如引离、引入、利用底线弱点等结合运用，具有攻守兼备的特点。

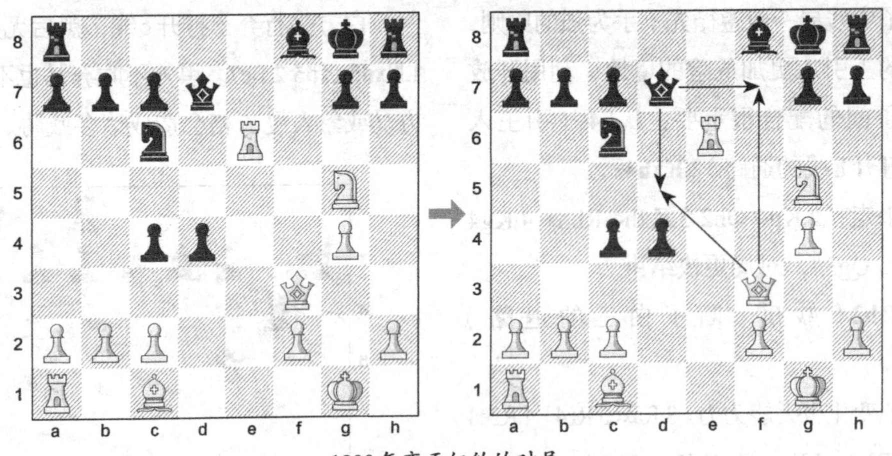

1900年弈于纽约的对局

芬恩—纽根特

白后同时威胁f7和d5两个点，黑后也同时防守f7和d5两个点，白方用一个棋子去堵塞黑后的路，就会迫使黑后失去平衡。

1.Re7!! Qxe7［1...Bxe7 2.Qf7#; 1...Nxe7 2.Qf7#］

2.Qd5+ Qf7 3.Qxf7#

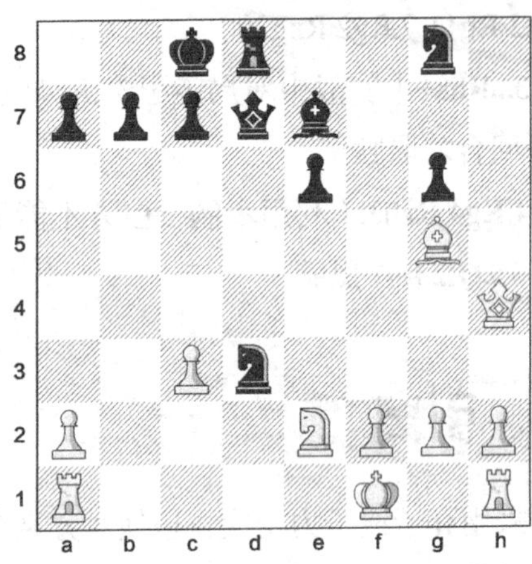

1988年弈于苏联锦标赛上的对局

亚诺夫斯基—穆拉托夫

白方子力位置极不协调，王没有转移安全，利用底线杀棋的威胁，黑方走出接二连三的阻塞战术：**1...Nc1!! 2.Nd4 Qb5+!! 3.Kg1**［3.Nxb5 Rd1#］。

3...Rxd4 4.cxd4 Ne2+ 5.Kf1 Ng3+ 6.Kg1 Qf1+ 7.Rxf1 Ne2#

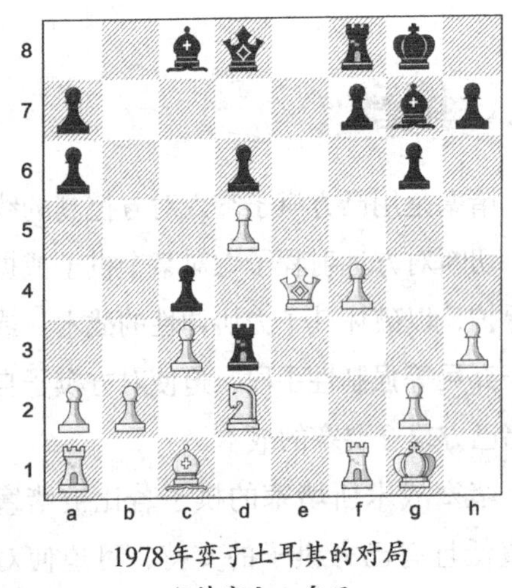

1978年弈于土耳其的对局

尤特塞文—奥尼

黑方若能阻断白后在横线的调动，则在开放的e线白后无藏身之处。

1...Bd4+ 2.cxd4 是否吃象都无法逃避Re8捉死后。

课程作业

1. 白先胜（提示：利用击双战术消灭黑后，多子胜）。

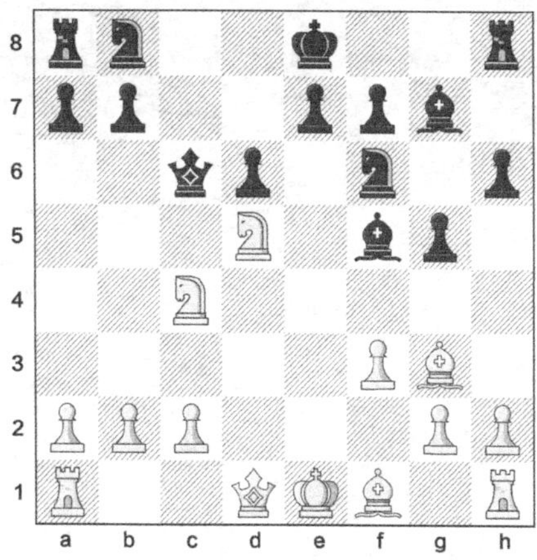

2. 白先胜（提示：利用击双战术消灭黑后，残局小兵升变）。

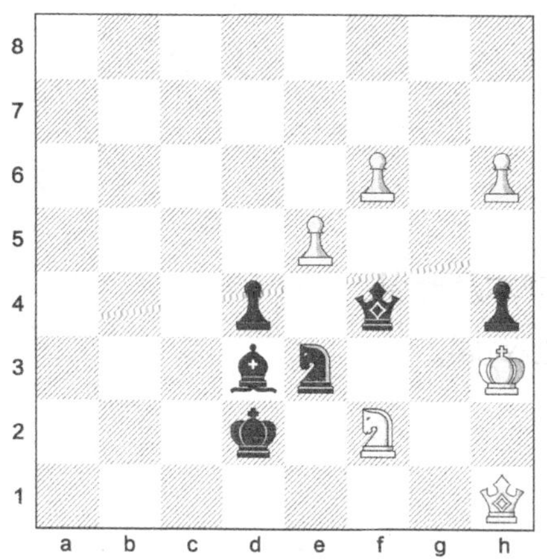

3. 白先胜（提示：利用引入战术消灭黑后，残局胜）。

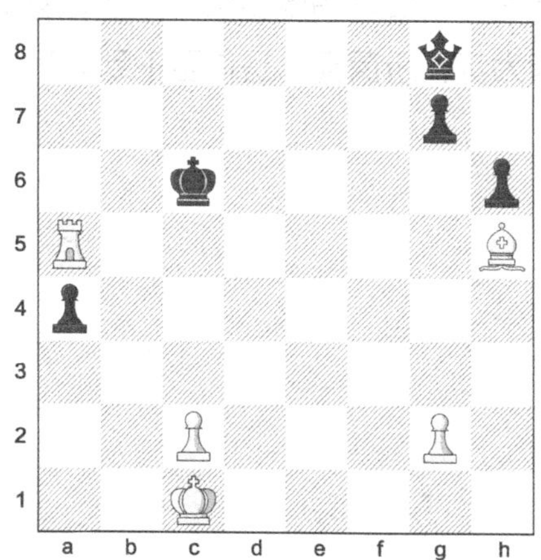

4. 白先胜（提示：利用底线弱点，四步杀）。

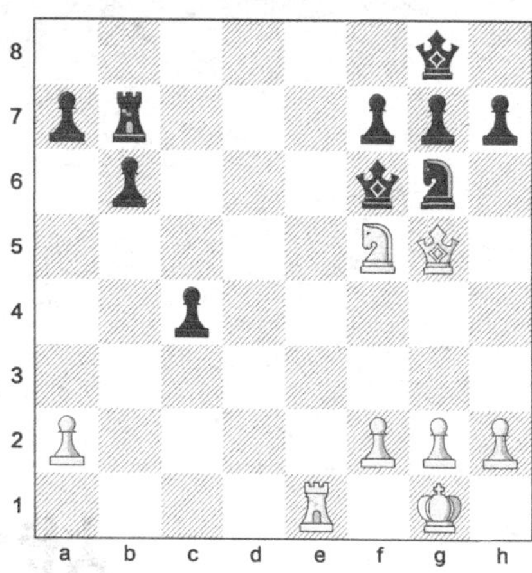

5. 白先胜（提示：利用底线威胁实施阻塞战术打击）。

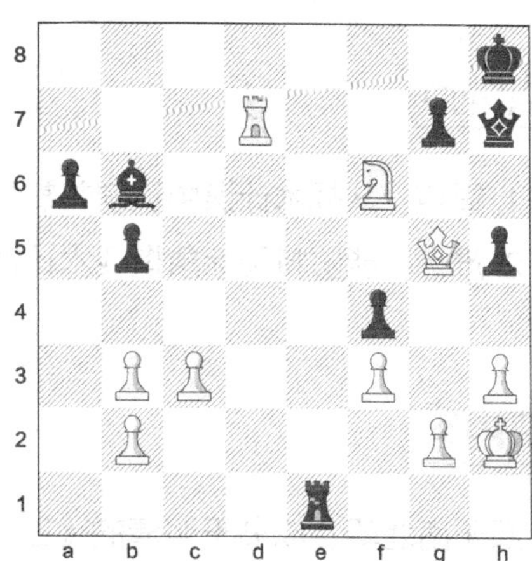

6. 白先胜（提示：利用底线威胁实施击双战术打击）。

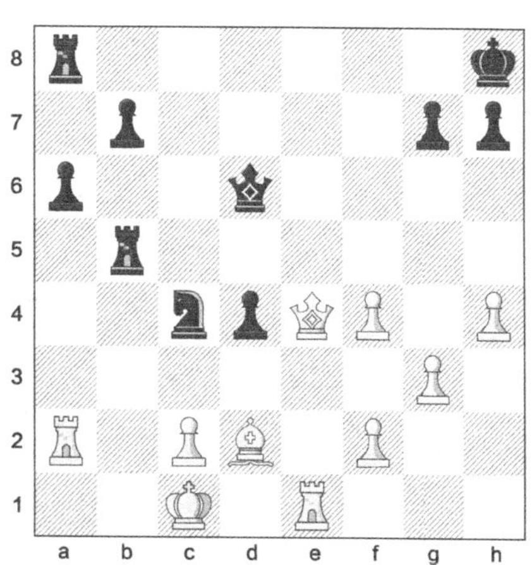

第十讲

战术计谋

重点难点

1. 重点：从战术计谋中识别并赏析国际象棋战术及计谋。

2. 难点：能够将国际象棋战术计谋应用于实战对局。

知识内容

源于南北朝、成书于明清的《三十六计》，涵盖了中国古代军事战略思想和丰富的作战经验。国际象棋本身就是模拟古代战争的游戏，从《三十六计》了解国际象棋的战略战术，或从国际象棋体会《三十六计》，交互学习，更容易明晰棋理。三十六计真真假假虚虚实实，对弈过程中，摆在明面上的斗争皆为实；所谓虚，是你看不到罢了。

一、瞒天过海

《三十六计·瞒天过海》云“备周则意怠；常见则不疑”，指“防备得周全时，更容易麻痹轻敌；习以为常的事，也常会失去警戒”。

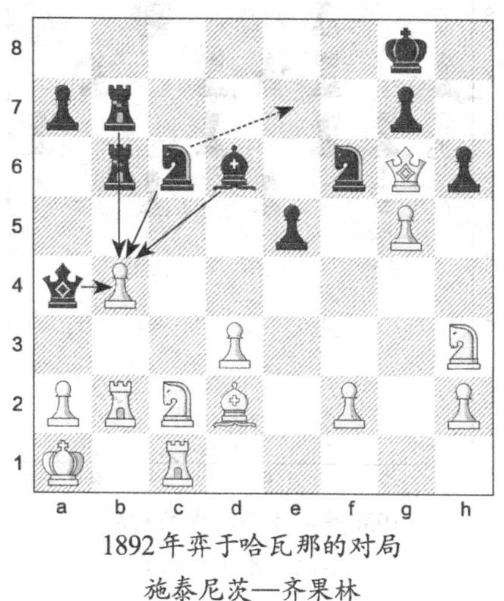

1892年弈于哈瓦那的对局
施泰尼茨—齐果林

上图是第一位世界冠军施泰尼茨在1892年哈瓦纳的对局。黑方给白方制造了一个错觉——看上去黑方几乎全部的子力都在攻王上（实线箭头），于是白方也不甘示弱走出g5的进攻。没料到此时，黑方简单退了一步马：Ne7（虚线箭头），白方的后竟无路可走。

二、围魏救赵

《三十六计·围魏救赵》云“共敌不如分敌，敌阳不如敌阴”，指当敌人实力强大时，要避免和强敌正面决战，应该采取迂回战术，迫使敌人分散兵力，然后抓住敌人的薄弱环节发动攻击。先兵出击，不如后发制人。

围魏救赵本指围攻魏国的都城以解救赵国，包抄敌人的后方来迫使它撤兵的战术。在对弈中的表现为遇到对手进攻时，不但不逃，反而发动新的或是另一翼的进攻，由此分散对手的实力。

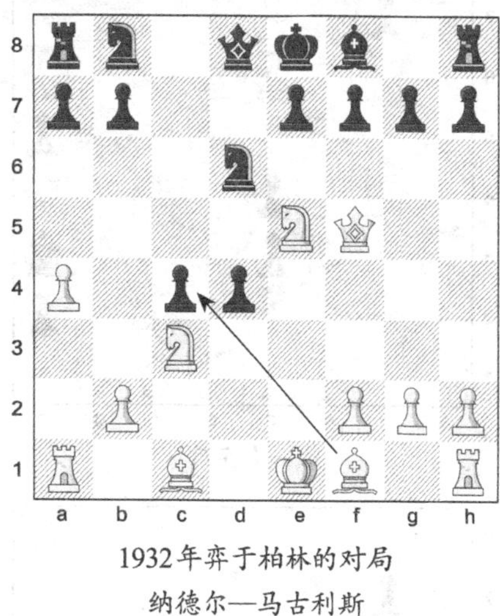

1932年弈于柏林的对局
纳德尔—马古利斯

第9步黑方走了**Nd6**准备吃后，并且**d4**兵准备吃c3马，眼看白方即将少子，没想到白方弃后反攻：**10.Bxc4 e6**［10...Nxc4 11.Qxf7#］。

11.Bb5+ Ke7 12.Ng6+! hxg6［12...fxg6 13.Bg5#］**13.Nd5+ exd5 14.Qe5#**

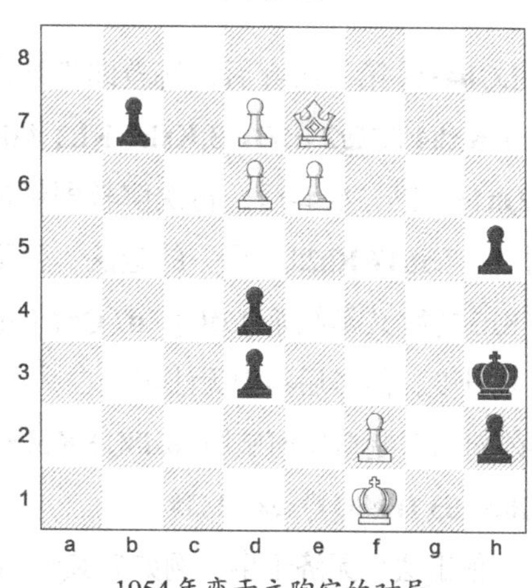

1954年弈于立陶宛的对局
科罗尔科夫—米特罗法诺夫

这一盘真实的对局让人有点难以置信。双方都有即将升变的兵，升变后的兵有威胁（将军）和无威胁关系到胜负。白方一次又一次弃后解围终将以升变胜出。

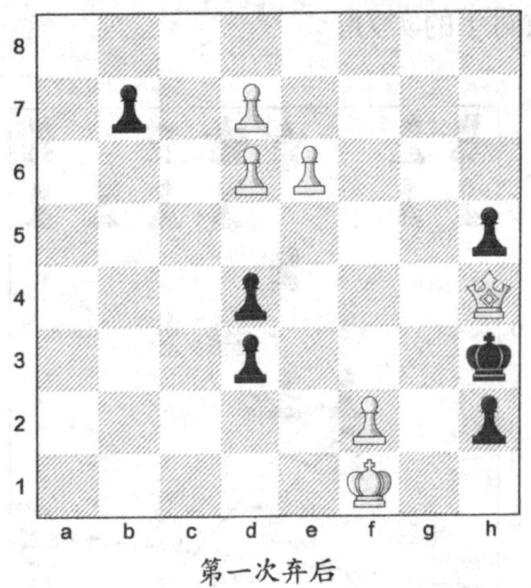
第一次弃后

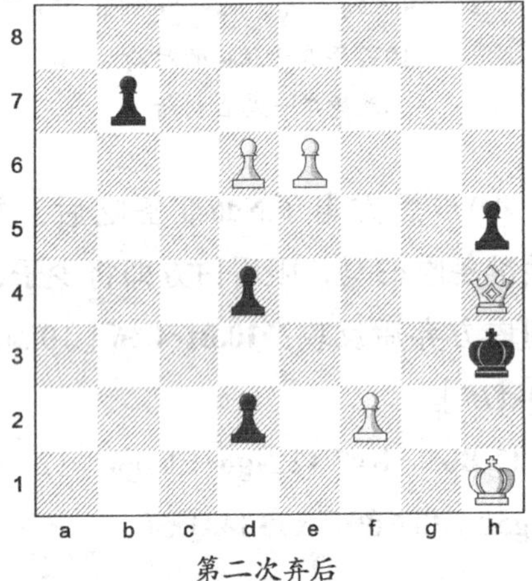
第二次弃后

1.Qh4+!（第一次弃后，解救即将被将杀的王）**Kxh4 2.Kg2 h1Q+ 3.Kxh1 Kh3 4.d8Q! d2 5.Qh4+**（第二次弃后，再次解救即将被将杀的王）**Kxh4 6.Kh2!!**（唯一的走法，否则在黑方Kh3之后又是绝杀）**d1Q 7.d7 Qd2**（尽管黑方先升变，但黑后不但无法阻止白兵升变，也不能对白王制造任何威胁）**8.d8Q+ Kg4 9.Qf6 Qe2 10.e7 d3 11.e8Q Qxe8 12.f3#**。

其他走法也无济于事，例如7...Kg4 8.d8Q Qe2 9.Qg8+ Kf5 10.Qf7+ Kg5 11.e7 Qe5+ 12.f4+ Qxf4+ 13.Qxf4+ Kxf4 14.e8Q白胜。

三、以逸待劳

《三十六计·以逸待劳》云"困敌之势，不以战；损刚益柔"，指迫使敌人处于困顿的境地，无须强攻，以柔克刚。采取守势，养精蓄锐，等到来攻的对手势头减弱后或等待对手出错再出击。

1930年弈于圣利摩的对局
阿廖欣—尼姆佐维奇

第四位世界冠军阿廖欣与著名棋手尼姆佐维奇的对局，白方明显在c线上利用牵制战术使得黑方无子可动，进入第27回合，白方走了**27.Ba4**是好棋。黑方不得不应**27...b5**，接下来**28.Bxb5 Ke8**，黑王被迫出来防守c7的车，但遭到白方29.Ba4。29...Kd8 30.h4! 不要马上走30.b5，免得黑马脱身。此时的黑方已经完全无子可动了。

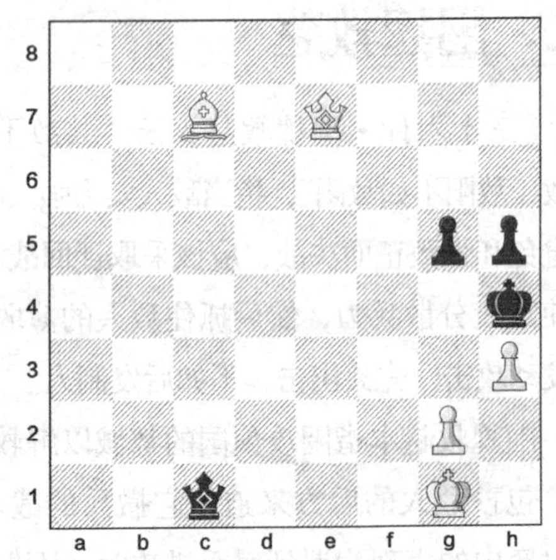
1934年卡斯帕里扬发表于《苏联国际象棋》的棋例

1.Qe1+!! 出人意料地弃后，如果简单走1.Kh2，则Qh1+ 2.Kxh1逼和；或是1.Kf2 Qf1+逼和。

1...Qxe1+ 2.Kh2 Qf2是黑方唯一的走法，否则白棋有g3或Bg3的双重威胁，**3.Bd6!!** 前面弃后的计划都是因为这步妙棋的存在，用以逸待劳的方式等待黑方无子可动，如果黑后在第二排移动，则有Bg3将杀；如果动g兵，则有Be7将杀；如果走**Qf4+**则**4.g3+ Qxg3+ 5.Bxg3**将杀。

四、声东击西

《三十六计·声东击西》云“利其不自主而取之”，利用其失去控制力的时机消灭它。《淮南子·兵略训》:“故用兵之道……将欲西而示之以东……”声东击西在军事上是使敌人产生错觉的一种战术，同时攻击对方两个目标，迫其不能两面兼顾，必损失其一。

2022年3月Meltwater冠军网络巡回赛第二站“慈善杯”的比赛，弈于Chess24平台，美国棋手尼曼对波兰棋手杜达的实战。

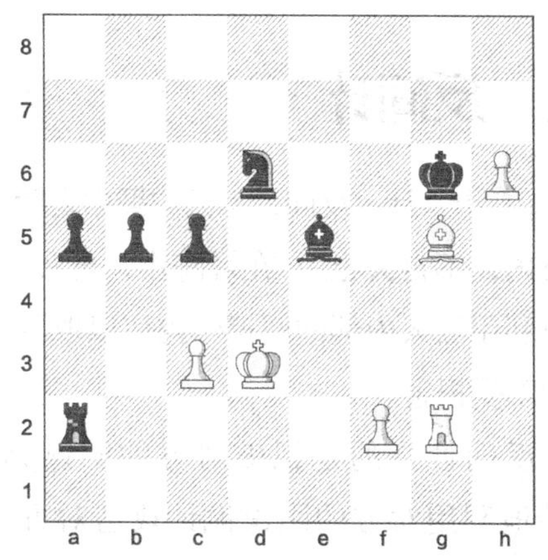

白方走**1.Bf4+**想得回之前的弃子，黑方应**Kf5!**是好棋。

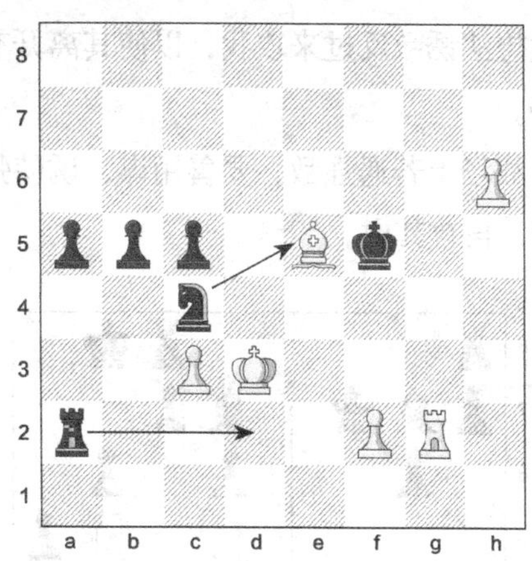

2.Bxe5 Nc4!!是妙棋，同时有Rd2的将杀和Ne5得子，白方认输。如果走2...Kxe5??是坏棋，在白方3.f4+之后，Rxa2反败为胜。

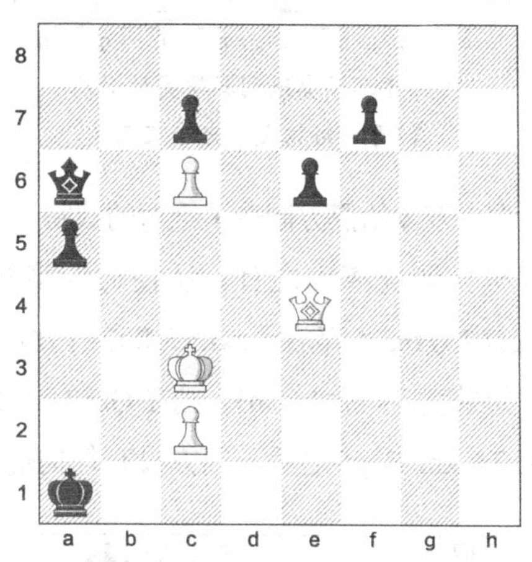

1931年库贝尔发表于《苏联国际象棋》的棋例

白方对黑王的围剿，不能将杀黑王，而会导致黑后无路可走！可谓声东击西。

1.Qa4+ Kb1 2.Qb3+ Kc1 3.Qb2+ Kd1 4.Qb1+ Ke2（迅速改变战略）**5.Qb7! Qb6 6.Qxb6 cxb6 7.c7**升变无阻，白方胜势。

五、调虎离山

《三十六计·调虎离山》云“待天以困之，用人以诱之，往蹇来返”，等待自然条件对敌人不利时再去围困他，用人为假象去诱骗他离开有利形势。若向前进攻有危险，那就想法诱敌反过来攻我，以使其离开有备之势。

战场上若遇强敌，要善用谋，诱使强者离开，再攻其虚。

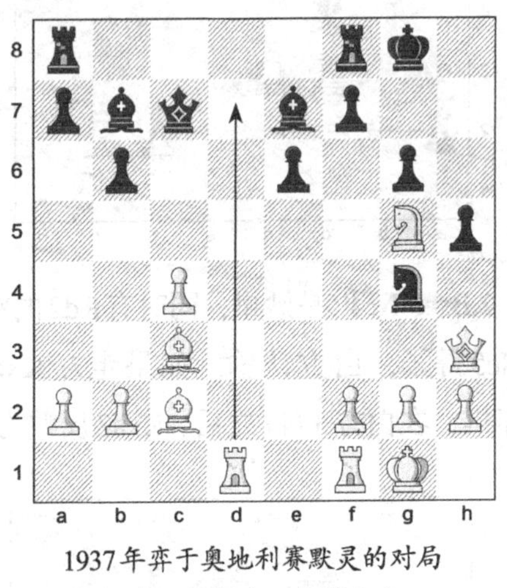

1937年弈于奥地利赛默灵的对局
门奇—格拉夫·史蒂文森

白方双象给黑方制造了绝对的威胁，**1.Rd7** 是好棋！调虎离山之计，诱使后改变位置 **1...Qxd7 2.Qxh5**（弃后）**gxh5 3.Bh7#** 白胜。

如果直接弃后1.Qxh5，则在Qxh2+ 2.Qxh2 Nxh2 3.Kxh2 Bxg5之后，白方没有任何优势。

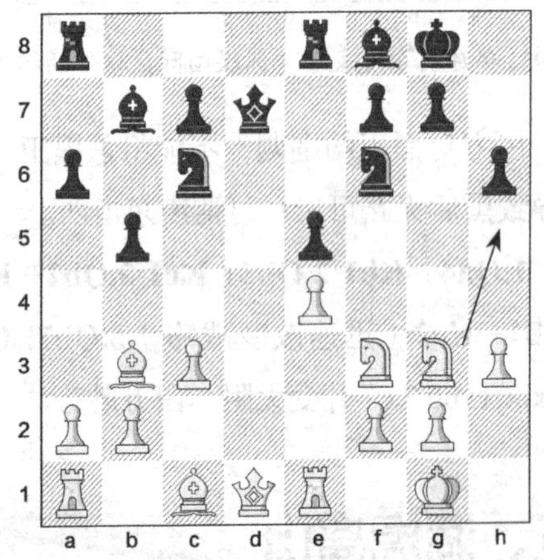

上图是著名棋手格列尔与波尔蒂什在1967年莫斯科特级大师赛上的对局。白方此时 **15.Nh5** 一步引离，如果黑方Nh5将失后；如果黑方兑后Qd1，Nf6之后黑方形成f6叠兵和h6孤兵，皆对黑方不利。接下来黑方走了 **Qe7**，白方应 **16. Nh4 Nxh5 17. Qxh5 Na5**。

这是本局最精彩之处，调虎离山之计：**18.Bg5** 是妙棋！黑方如果兵吃象hxg5，则19.Ng6，准备Qh8绝杀；如果黑方后吃象Qxg5，则19. Qxf7+ Kh8 20. Qg8#两步杀！

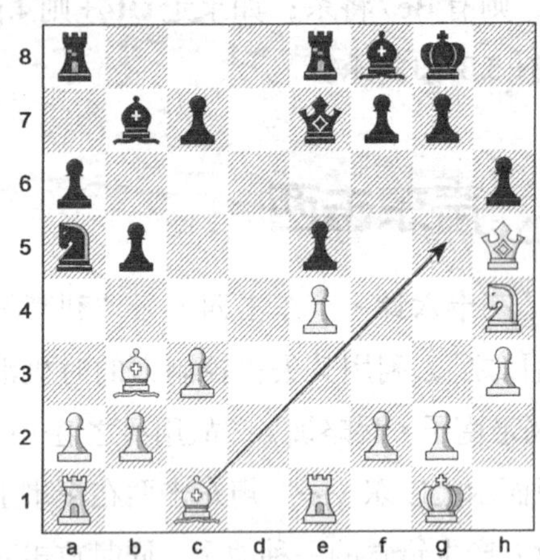

实战中，黑方应 **18...Qd7 19. Rad1**，再一次调虎离山，无奈黑方采取 **Bd6** 挡的办法，但也因此王翼失守。**20. Bxh6 gxh6 21. Qg6+ Kf8 22. Qf6 Kg8 23. Re3**，即将杀王。

六、反间计

《三十六计·反间计》云“疑中之疑，比之自内，不自失也”，在疑阵中，再布疑阵。顺势利用敌人内部的间谍作内应以取胜，我方则不受损害。

反间计指的是识破对方的阴谋算计，巧妙地利用对方的阴谋诡计攻击对方。对弈时表现为用计方自以为得逞，反而被对手利用。

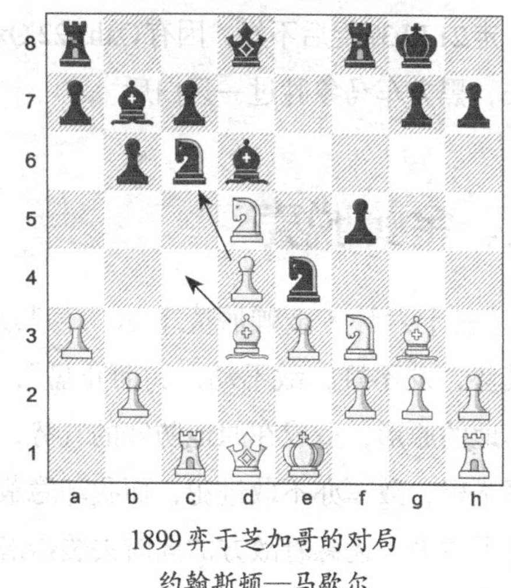

1899弈于芝加哥的对局

约翰斯顿—马歇尔

第12步，黑方走了**Nxd4**闪击，准备和白方交换马，吃回一兵并且双象在中心，看上去黑方形势不错！没想到白方将计就计：**13.Bc4 Nxf3+**，黑方不得不逃马或者交换子力，否则少子。**14.gxf3 Nxg3**被迫再移动受威胁的e4马，但现在来不及了，白方反杀：**15.Ne7+ Kh8**。

16.Ng6+! hxg6 17.hxg3+#

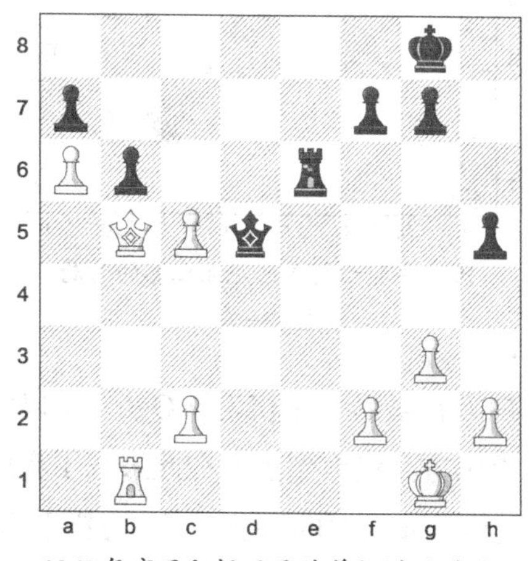

1962年弈于阿根廷马德普拉塔的对局

世界冠军吉马尔—恩里克

黑方第27步棋走了**h5**，意图补底线弱点和攻白方的王。黑方以为白方不敢走：**28.cxb6**因有**Re1+ 29.Rxe1 Qxb5**白方损失后。但没料到白兵已经兵临城下，**30.bxa7! Qc6**是唯一的防守，**31.Rb1 Kh7 32.Rb8**之后，小兵升变无阻，白方多子胜。

七、欲擒故纵

《三十六计·欲擒故纵》云“逼则反兵；走则减势。紧随勿迫，累其气力，消其斗志，散而后擒，兵不血刃。需，有孚，光”，若逼迫敌人无路可走，就会反扑；纵敌逃跑则可削弱其气势。紧随敌后但不逼迫他，以消耗其体力，瓦解其斗志，待其溃散再擒捉。

擒是捉，纵是放。故意先放开，使其放松戒备，麻痹大意，再使其落入圈套。

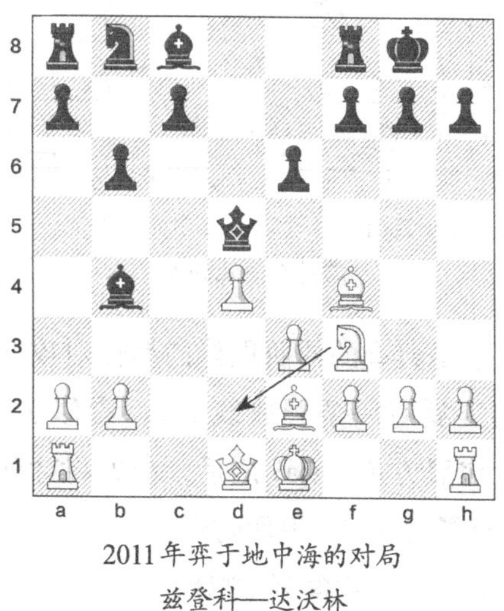

2011年弈于地中海的对局

兹登科—达沃林

在黑方**Bb4+**将军的情况下，白方选择退马，故意诱使黑后侵入**10.Nd2 Qxg2 11.Bf3**（击双）**Bxd2+**（唯一的走法）**12.Kxd2 Qxf2+**，黑后连续消灭白方两只兵，但发现已身陷包围：**13.Kc3 c6**。

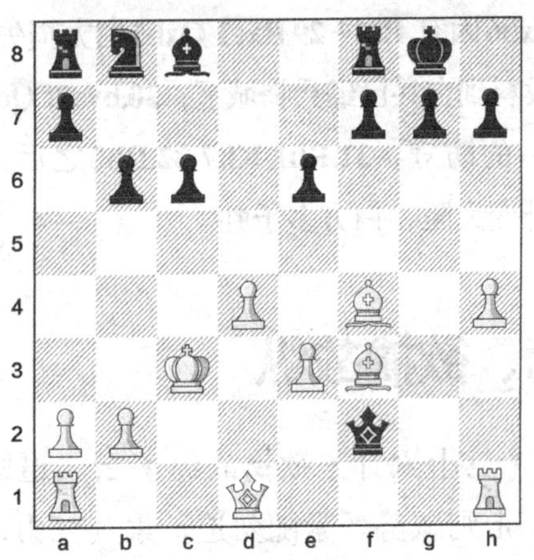

14.h4!! 下一步 **15.Rh2** 捉死后。

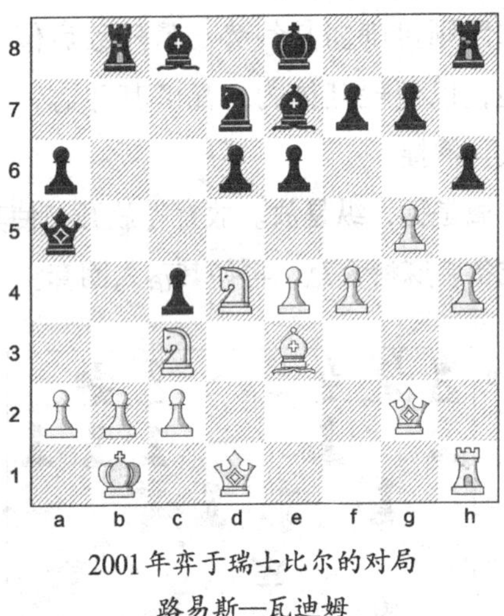

2001 年弈于瑞士比尔的对局
路易斯—瓦迪姆

这是典型的西西里异向易位对攻的棋。目前王翼有一条开放线b线，看似非常危险。在黑方走了Qa5 之后，白方将计就计，故意让黑后入侵，退而防守。

19.Nc6!!（欲擒故纵之计）

19...Qxc3 20.Bc1!

特别小心不能走看似更积极的：20.Bd4?? Rxb2+ 21.Kc1 Rxc2+ 22.Qxc2 Qxc2+ 23.Kxc2 Bb7! 黑方大优！即将吃回子并有多兵优势。

20...Rb6 21.Ka1!! 点睛之笔！轻轻地避了一步王，深入王翼的后竟无路可退，故而白方多子，简单胜势。

走21.Rh3? 捉后不好，因有Qxh3 22.Qxh3 Rxc6，黑方车马象胜过一只白后。

八、金蝉脱壳

《三十六计 • 金蝉脱壳》云“存其形，完其势，友不疑，敌不动，巽而止蛊”，保存阵地的原形，造成在原地防守的气势，使友军不疑，敌军亦不敢进犯，而我却隐蔽地转移了主力，迷惑着敌方的同时去袭击潜在的其他敌阵。此计为分身之术。

蝉变为成虫时要脱去幼早的壳，比喻用计脱身，整个过程要在敌人不知不觉中进行，在危难之下摆脱困境的方法。

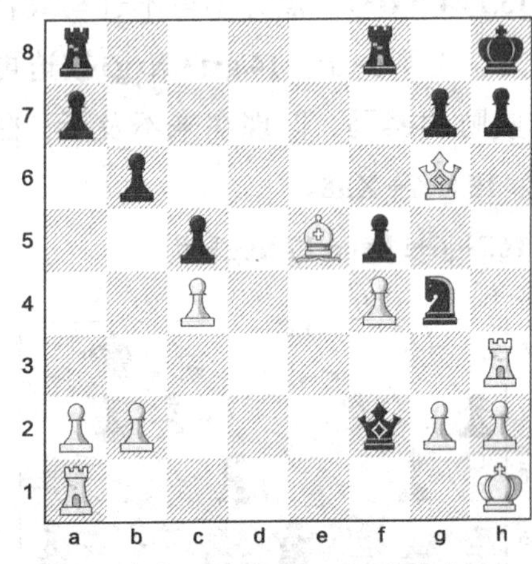

1954 年弈于阿尔巴尼亚比赛的对局
维杰伊—霍贾

白方在最后一步棋走了Qg6，本以为可以双杀黑方。没料到黑方在此采取了弃后脱身，连续两步将军的先手打了白方措手不及。失去车的牵制，白后主动攻杀的“妙棋”反手被擒。

1...Qe1+!! 2.Rxe1 Nf2+ 3.Kg1 Nxh3+ 4.gxh3 hxg6

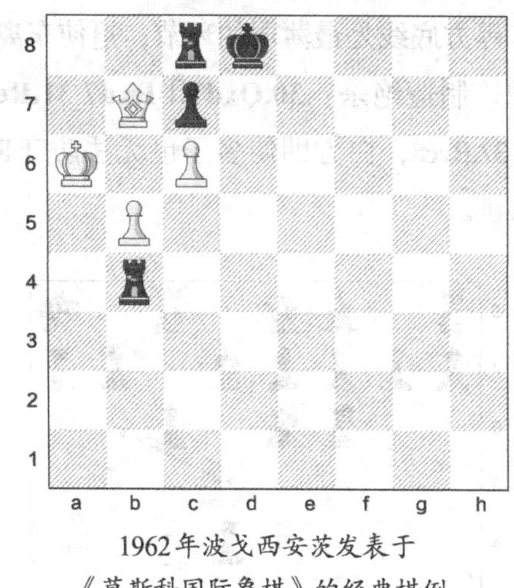

1962年波戈西安茨发表于《莫斯科国际象棋》的经典棋例

黑方有Ra4将杀的威胁。如果采取看似正常的：1.Ka5 Rb1 2.Ka4 Ra1+ 3.Kb3 Rca8 4.b6 R8a3+ 5.Kc4 Ra4+ 6.Kd5 Ra5+ 7.Ke6 Re1+，白方躲不过长将和棋。

白方的妙计不仅仅让自己逃过一劫，还主动让黑方陷入无子可动的境地。

1.b6 !! 置王与后不顾，是精彩绝妙的一步棋。**Rxb6+** 除了吃兵，白方没有更多的选择，如果走1...Ra4+ 2.Kb5 Raa8 3.Qxa8 Rxa8 4.b7 Rb8 5.Ka6 Ke7 6.Ka7 Rd8 7.b8Q Rxb8 8.Kxb8 Kd6 9.Kb7，白胜。

2.Ka7!! 再次弃后，黑方陷入Zugzwang的状态，**Rxb7+**是别无选择的走法。**3.Kxb7 Ra8 4.Kxa8 Ke7 5.Kb8! Kd6 6.Kb7**，白胜。

九、关门捉贼

《三十六计·关门捉贼》云“小敌困之。剥，不利有攸往”，对弱小的敌人，要包围起来歼灭；对付零散小股、垂死挣扎的敌人，如果纵其逃而又穷追远赶，是很不利的。

关门捉贼指用围困的战术歼灭敌人，而不要急追使其逃脱，应截断他的去路，令其无法逃生。

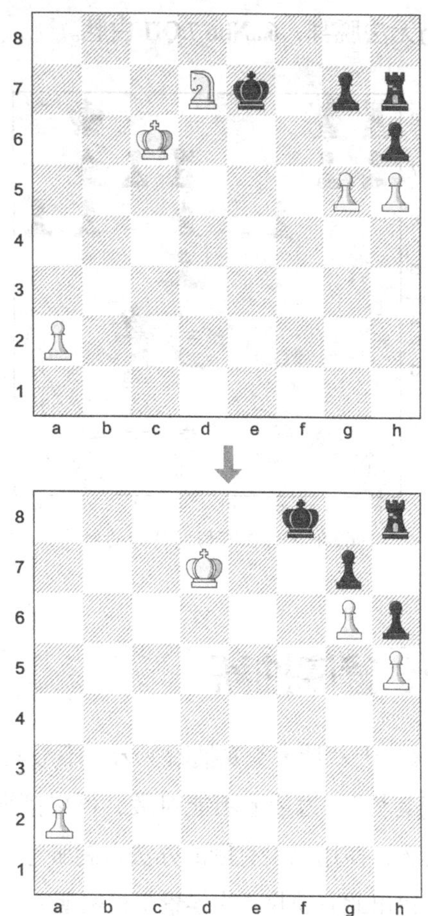

白方果断弃马并将黑子迅速控制在角落中。

1.Nf8 Kxf8

如果走1...hxg5 2.Nxh7 g4 3.Ng5 Kf6 4.Ne4+ Ke5 5.Ng3 Kf4 6.Nf1 Kf3 7.Nh2+ Kg3 8.Nxg4 Kxg4 9.a4，白胜；

2.g6 Rh8 3.Kd7黑方眼睁睁看着白兵升变，无计可施。

下一页左上图，黑后急于入侵白方阵地，但其实没有后援，凭一己之力毫无作用，反而让自己落入险境：**1.Nf5!! Rd7**不能吃马，否则2.g3捉死后，此时黑后已无退路。**2.Rad1** 白方在此并不急于求成，如果直接走2.g3反而被黑方Bc4，黑后脱身。为了解救后，黑方选择**2...Bc4 3.Qxc4 gxf5**［3...Rxd1 4.Bxd1］**4.Rxd7 Nxd7 5.g3 Qxf3 6.Bd1**再一次打击，黑后仍无法脱身，**6...Nb6 7.Qf1** 白胜。

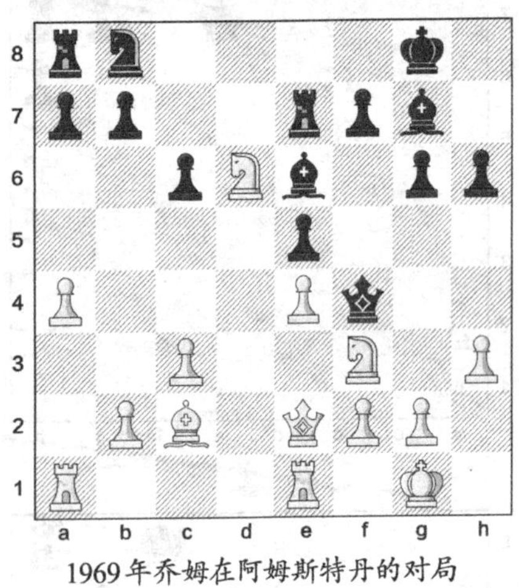

1969年乔姆在阿姆斯特丹的对局

十、釜底抽薪

《三十六计·釜底抽薪》云“不敌其力，而消其势”，力量上不能对敌，可以削弱它的气势，使用以柔克刚的办法来制服它。

语出北齐魏收《为侯景叛移梁朝文》:“抽薪止沸，剪草除根”，把柴火从锅底抽掉，才能使水止沸。釜底抽薪比喻从根本上解决问题，也指暗中进行破坏。

对弈中表现为用强制性手段攻击对方某些棋子或重要位置，从根本上瓦解对方的防御。

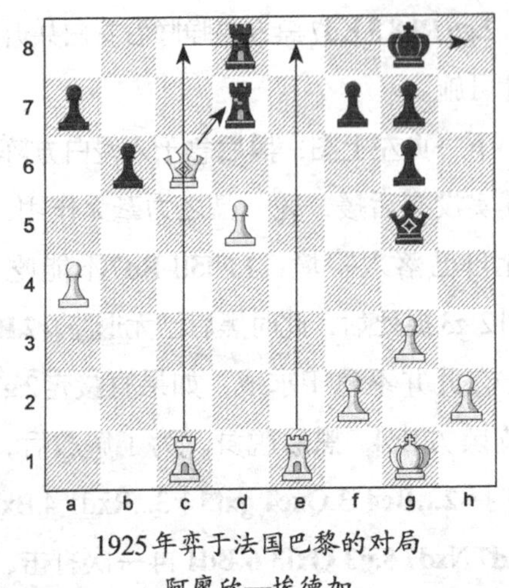

1925年弈于法国巴黎的对局

阿廖欣—埃德加

黑方底线是最薄弱的环节，迫使车离开底线，制造绝杀：**30.Qxd7!! Rxd7 31.Re8+ Kh7 32.Rcc8**，白方即使多子也无法防守Rh8的杀棋。

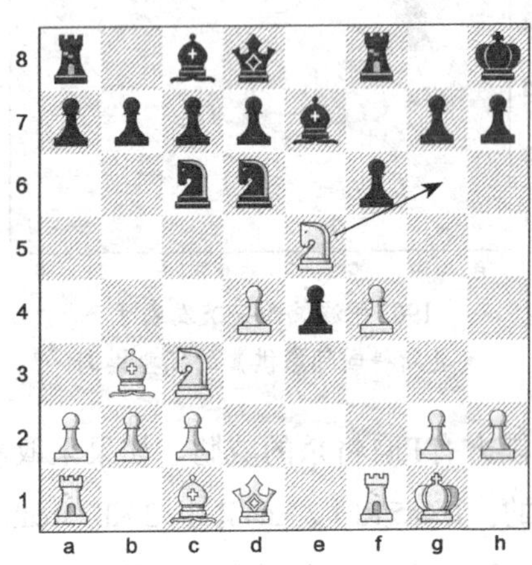

1905年弈于荷兰海牙舍维宁根的一盘名局

莱昂哈特—埃瑟

首先为了打开黑方王城，白方不惜弃子 **11.Ng6+! hxg6**。

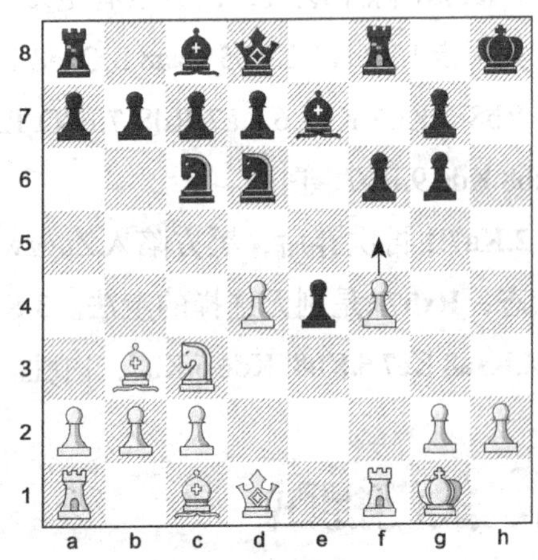

有了一条h开放线，白方应该怎么办？最糟糕的走法是：12.Qg4在Nf5之后，黑方守住了！白方白少一子。

现在对白方来讲最重要的是破坏g6这个根，以达到Qh5的目标。

12.f5! Nxf5

12...Nf7也不能防守。13.Bxf7 Rxf7 14.fxg6

Rf8 15.Qh5+ Kg8 16.Qh7，仍是将杀。

13.Rxf5 d5 14.Rh5+ Kg8 15.Rxd5 Qe8 16.Rd8 白胜。

十一、连环计

《三十六计·连环计》云“将多兵众，不可以敌，使其自累，以杀其势”，敌军兵强，不可硬拼，当用谋略使其自相钳制以累敌，从而攻之。

连环计，又称计中计。一计累敌，一计攻敌，数计并用，以使敌自累从而失败。

对弈中表现为使用战术组合，一个战术不一定能取胜，数个战术并用，一计连一计，方得成功。这需要精确的计算，假如连环计中其中一计不成功，对于整套策略的影响很是深远，甚至会以失败为告终。

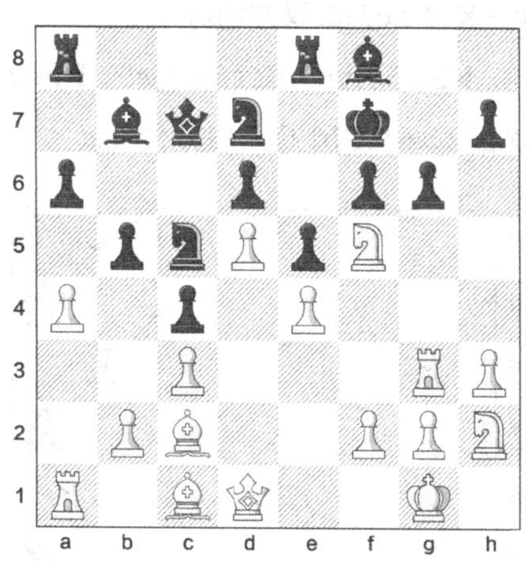

2006年弈于捷克城市帕尔杜比采的对局

祖巴列夫—吉里

第一计：白方在第22步走了出人意料的攻王之计 **22.Qh5!! gxh5**。

如果黑方应对22...Kg8，则23.Rxg6+ hxg6［23...Kh8 24.Bh6 hxg6 25.Bg7+ Kg8 26.Qxg6］24.Qxg6+ Kh8 25.Bh6，皆为白胜。

第二计：巧妙运用白格象。**23.Bd1!! Bxd5 24.exd5 Bg7 25.Rxg7+ Kf8 26.Bh6 Re7 27.Bxh5 Rxg7 28.Bxg7+Kg8**（接下来马和象继续攻王）**29.Ng4 h6 30.Bg6** 绝杀。

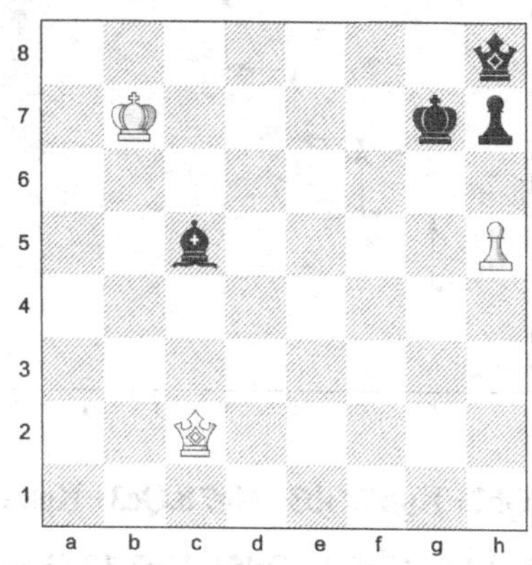

白方构思一个杀棋，必须完成两个任务：①黑王必须被黑子包围（阻挡），无路可走；②单后杀棋不太可能，必须要兵一起配合。

第一计：让黑王被自己的棋子围困。

由于有将军抽后的威胁，黑方所有的应着都是唯一的走法。

1.Qb2+ Kg8 2.Qa2+ Kg7 3.Qa1+ Kg8 4.Qa8+ Bf8

如果走4...Kg7，则5.h6将军抽后。

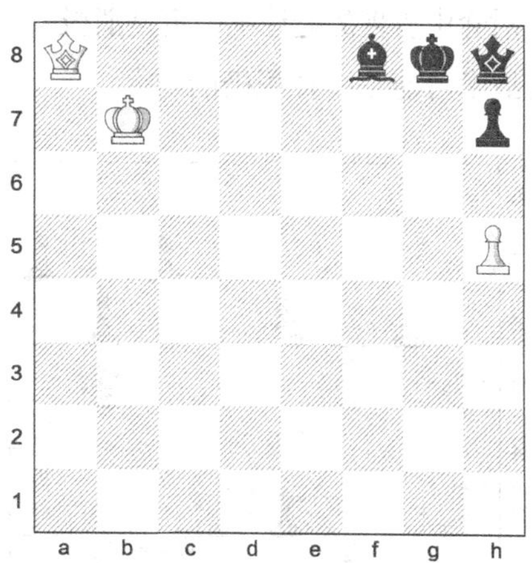

第二计：靠近黑王，缩小包围圈，用兵配合。

5.Qa2+ Kg7

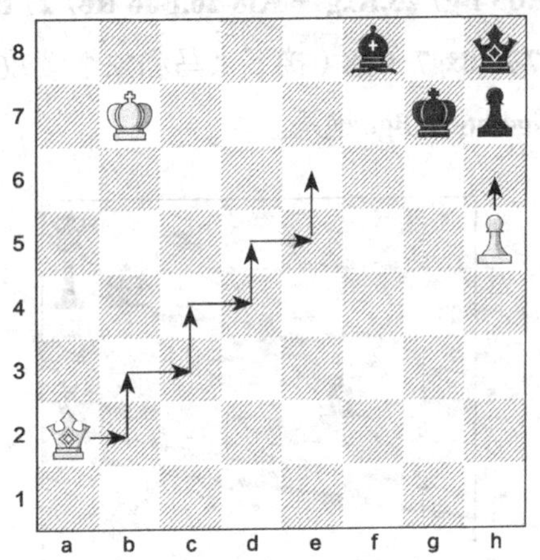

6.Qb2+ Kg8 7.Qb3+ Kg7 8.Qc3+ Kg8 9.Qc4+ Kg7 10.Qd4+ Kg8 11.Qd5+ Kg7 12.Qe5+ Kg8 13.Qe6+ Kg7 14.h6#

有趣的楼梯杀王。

十二、走为上计

《三十六计·走为上》云“全师避敌，左次无咎，未失常也”，全军退却，避开敌人，以退为进，待敌破机，这不违背正常的用兵法则。

对弈中表现的避让不一定是消极的走法，作为战术可能是一种积极的防御。

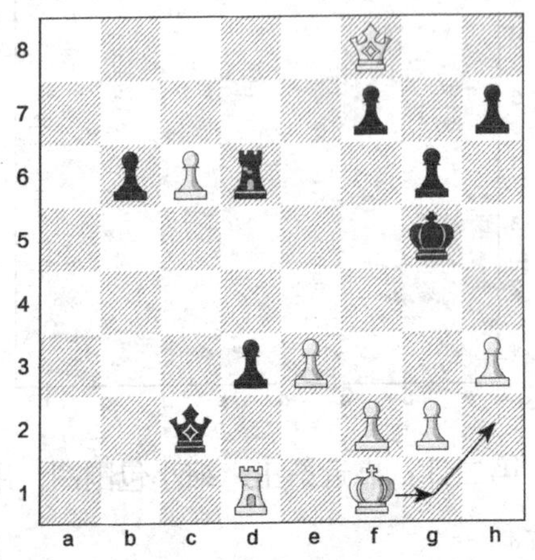

面临黑方吃车且将杀的威胁，白方找到一个绝妙的计划：王远离战场安全藏匿，白后与王翼兵配合攻王。

如果按常理白方躲开车，将马上输棋：1.Ra1 Rf6 2.f4+ Kh4 3.Qh6+ Kg3 4.Qg5+ Kh2，黑王有个巧妙的去处。

1.Kg1 让人惊叹的走法！当白王转移安全的时候，白方的威胁明显大于黑方。

1...Qxd1+ 2.Kh2 Rxc6 3.Qxf7 Rf6 4.f4+ Kh6 5.Qxf6 Qe2 6.Qf8+ Kh5 7.Qg7 h6 8.Qe5+ Kh4 9.Qf6+ Kh5 10.f5 gxf5 11.Qxf5+ Kh4 12.Qg6 白胜。

或黑方走：1...Rf6 2.f4+ Kh5 3.Qg7 白胜势。

黑方最佳走法是：**1...Rd5! 2.Kh2!** [2.Qxf7 Qxd1+ 3.Kh2 Rf5 4.Qe7+ Kh6 5.c7 Qc2 6.Qh4+ Kg7 7.Qd4+ Kh6 双方均势]

2...Kf6 [2...Qxd1 3.c7 Rc5 4.Qxf7 白胜]

3.e4 Rc5 4.Qd6+ [4.e5+ Kxe5 5.Re1+ Kd4 6.Qd6+ Kc3 7.c7 d2 双方均势]

4...Kg7 5.Rxd3 Rxc6 6.Qe5+ Rf6 7.Rf3 Qc6 8.g3 Qe6 9.Qb2 Qc6 白方稍优。

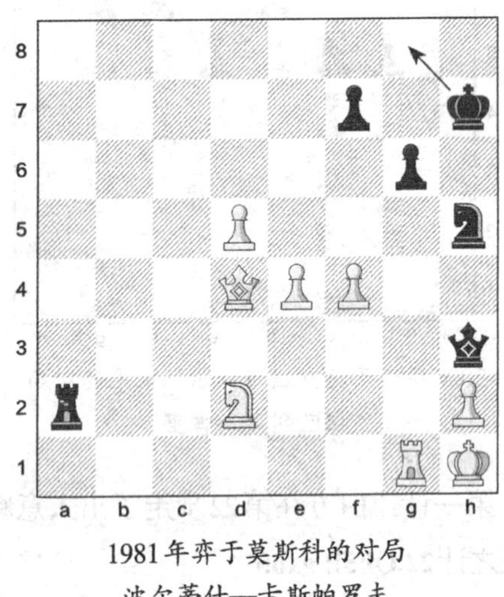

1981 年弈于莫斯科的对局

波尔蒂什—卡斯帕罗夫

1981年，距离卡斯帕罗夫获得第13位男子世界冠军称号的时间还有4年。本局棋，看似黑方呈现败势，少了两只兵，并且攻王的气势也被打消，但出人意料的是，卡斯帕罗夫选择了一步退王，意在何为？一个不知不觉的走为上计即将实施。

41...Kg8!! 为接下来的计划做准备。**42.d6**（白方此刻也没有更好的选择，因要顾及王的安全，子力不能随意走动）**Rxd2! 43.Qxd2 Qf3+ 44.Qg2 Ng3+!**

45.hxg3 Qh5+ 46.Qh2 如果一开始王还在h7格的时候就实施这个计划，此刻正好牵制黑后，使得黑后不能脱身，少子负。这就是为什么要退一步王。

46...Qf3+ 47.Rg2 Qd1+ 48.Qg1 Qh5+ 49.Rh2 Qf3+

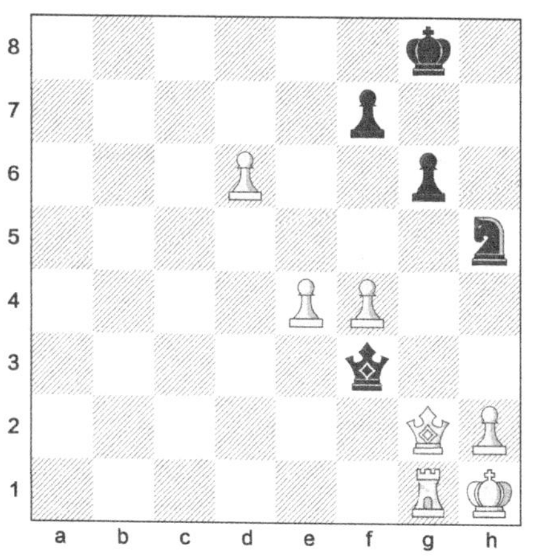

黑方无论如何都摆脱不了d1-f3-h5三个点来回长将和棋。

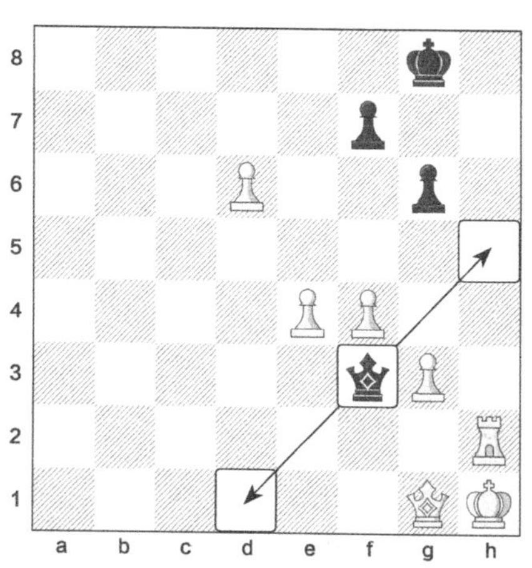

棋局的结果，取胜不是唯一目标。对弈应该根据实际情况，在劣势下赢得和棋也是成功的表现。

拓展知识

故知己之害而图彼之利者，胜。知可以战不可以战者，胜。识众寡之用者，胜。以虞待不虞者，胜。以逸待劳者，胜。不战而屈人者，胜。《老子》曰："自知者明。"（棋经十三篇自知篇）

清楚我方所常受到的威胁，再来谋划占对方的便宜，能够取胜。知道何时可以战、何时不可以战，能够取胜。清楚多子与少子的用场，能够取胜。做好充分的准备，迎战准备不充分的，能够取胜。采取守势，养精蓄锐，等到来攻的对手势头减弱后再出击，能够取胜。不在局部激烈争夺而从整体上压倒对方的棋势，能够取胜。《老子》说"自己了解自己的人是明智的"。

课程作业

1. 白先连将杀。

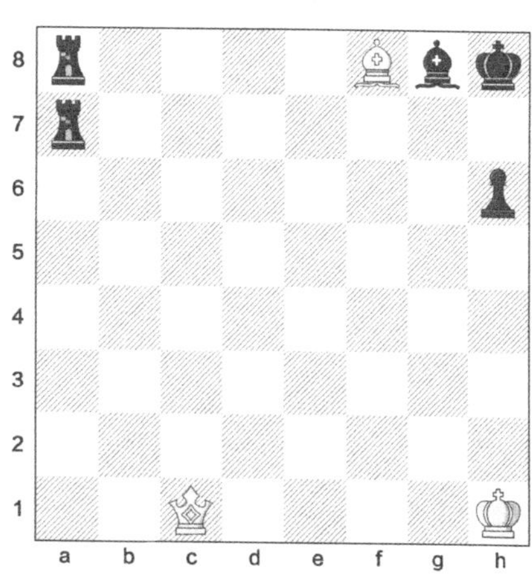

2. 白先胜（连将杀或得后）。

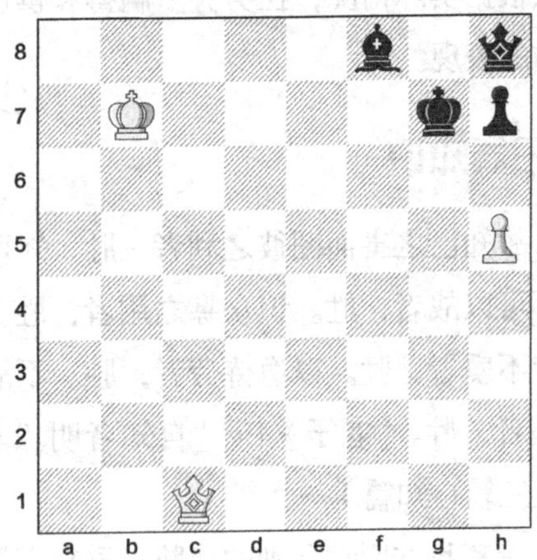

3. 白先连将杀。

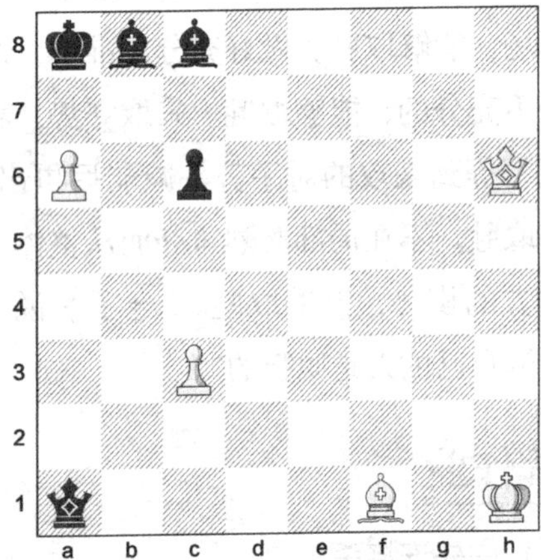

4. 白先胜。

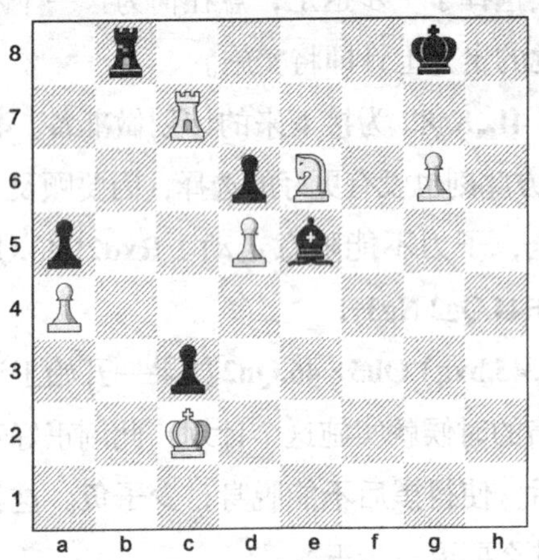

第十一讲

定式残局

重点难点

1. 重点：了解定式残局的基础知识，掌握单后杀王、单车杀王、双象杀王、马象杀王等杀法。

2. 难点：能够将残局基本理论应用至实战对弈。

知识内容

残局中的每一步棋都非常重要，因为接近关键时刻了。整盘棋的拼搏，最终胜负和即将分晓。普通棋手在残局中的错误也会明显增加，纠正它们的机会几乎没有，一步定胜负的例子举不胜举。

学习下棋应该从残局入手，这是职业棋手的共识。了解每个棋子的特性、棋子间的相互作用，能够精确地计算和判断，具备扎实的残局基本功，是成为高手的必然要求。

举一个有趣的例子。

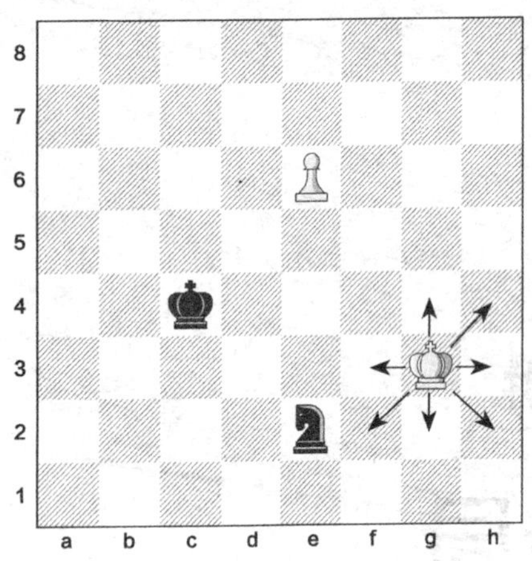

黑马将军，白王应该何去何从？

首先，白方肯定是要争取胜利。胜利的关键就是白兵可不可以冲下去升变。这个局面，除了f4格，王有7个位置可以选！应该选择哪个格？

下棋的走法不能靠猜，每走出一步棋都要考虑到将来可能面临的局面。黑王已无法防守，唯一有机会回防的就是马。所以白王的走向必须阻止黑马回防。

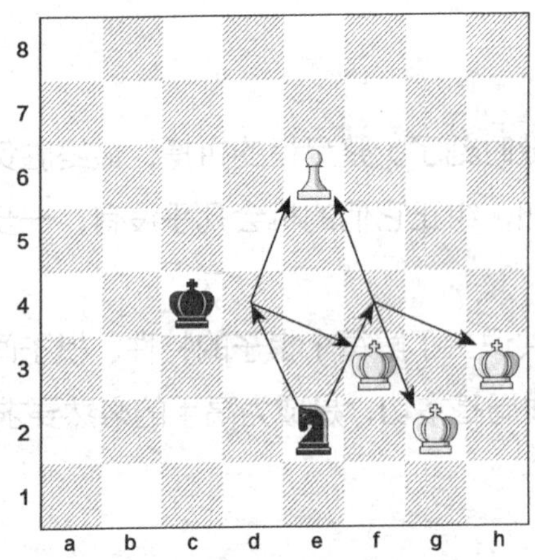

7个格中，首先淘汰的是王走到f3、g2、h3这三个格，因为黑马简单将军之后，白兵都被第一时间吃掉。

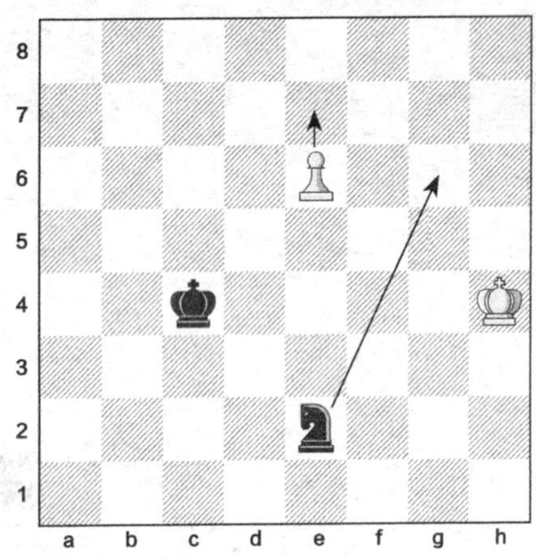

Kh4也不行，黑马走到Nf4强迫白兵e7，然后Ng6消灭白兵。

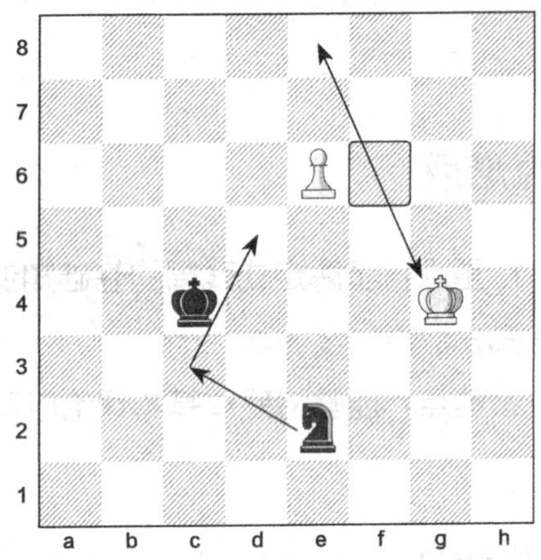

Kg4如何？我们观察到黑马如果在f6格就可以消灭升变的兵，这样就有一个防守：Nc3-d5-f6，仍然可以守住。

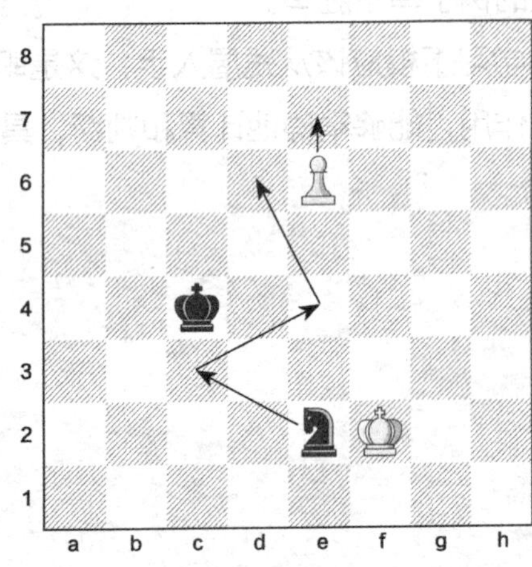

Kf2如何？黑马还是可以回防，通过c3-e4（注意这步棋是将军，赢得返回的时间）-d6，阻止了白兵升变。

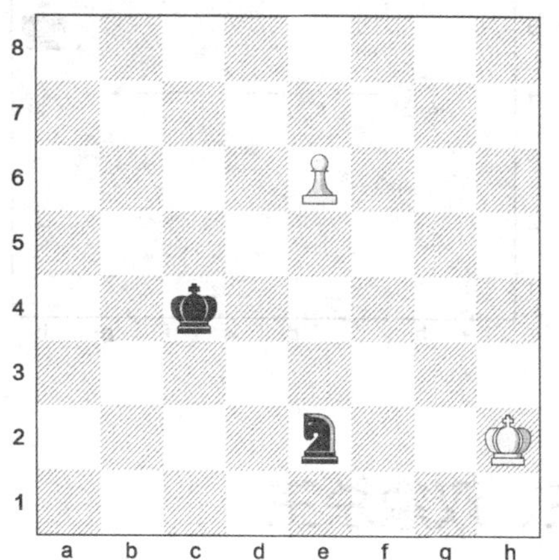

通过淘汰法的分析和计算最终找到答案：白王h2是唯一的选项，只有王走到h2才不受任何威胁，白兵得以升变。也可以试试在这个局面中，是否能为黑马找到回防的路。

由此可以看出，残局在计算上并不比中局少，甚至每一步面临的选择都要计算。这与中局不同，中局我们更需要的是择优计算，因为我们无法穷尽地去计算所有的变化，我们可以无视一些无用的低效的变化（当然择优计算也会常常出现漏算）。但残局不行，每一步棋可能都会带来不一样的结果。

学习残局，需要从最基础的、必掌握的残局开始。

一、单后杀王

单后杀王通常是在王兵残局中，兵的升变导致的。若单王处于棋盘的中心则没有办法对其进行将杀，将杀必须将王逼进边线或角落里。一个后可以完成这个任务，但最终的将杀必须有己方王的帮忙。

常用的方法是"马步型"缩小包围圈。

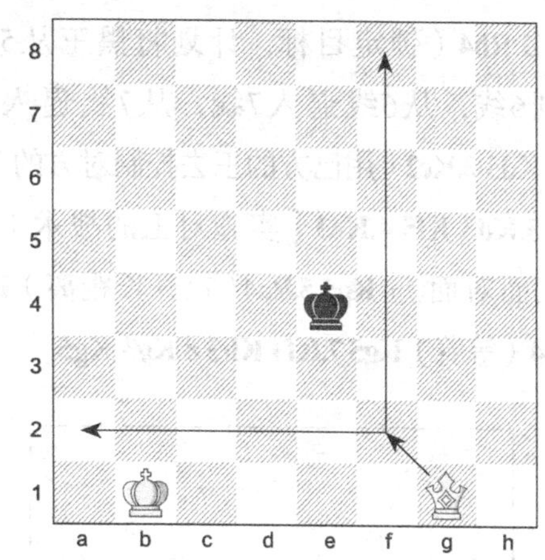

先设定一个目标，将对方的王控制在一个区域内。注意最后逼入角落时小心逼和。

1.Qf2 Ke5 2.Qf3 Kd4 3.Qe2 Kd5 4.Qe3 Kd6 5.Qe4 Kc5 6.Qd3 Kc6 7.Qd4 Kb5 8.Qc3 Kb6 9.Qc4 Kb7 10.Qc5 Kb8 11.Qe7 Kc8 12.Kb2 Kb8 13.Kb3 Kc8 14.Kb4 Kb8 15.Kb5 Ka8 16.Kb6 Kb8 17.Qb7#

二、单车杀王

单车杀王需要车与王配合，仍要把对方的王逼入底线。单车杀王的方法很多，也可以类似单后杀王，把王控制在一个范围内，缩小包围圈杀王。我们下面介绍的方法概念上更清晰。

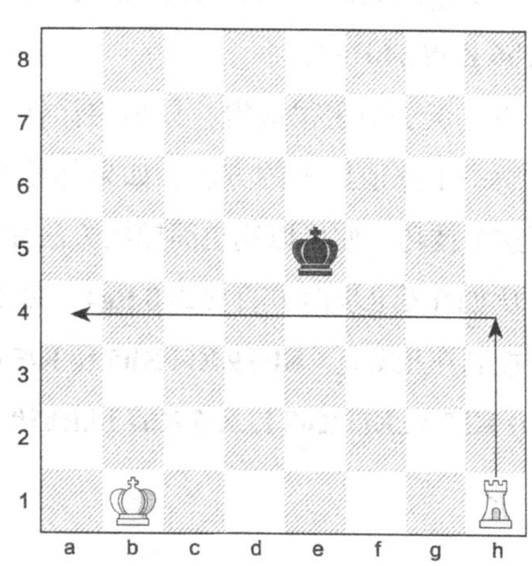

1.Rh4（锁定目标，计划将黑王从5线赶到6线，从6线逼入7线，从7线逼入底线）**Kd5 2.Kc2**（用己方的王去控制对方的王）**Ke5 3.Kd3 Kf5 4.Ke3**［实施对王的战术（王与王面对面）］**Kg5 5.Ra4**（拉开长距离）**Kf5 6.Rb4**（等着）**Kg5 7.Kf3 Kh5 8.Kg3 Kg5**

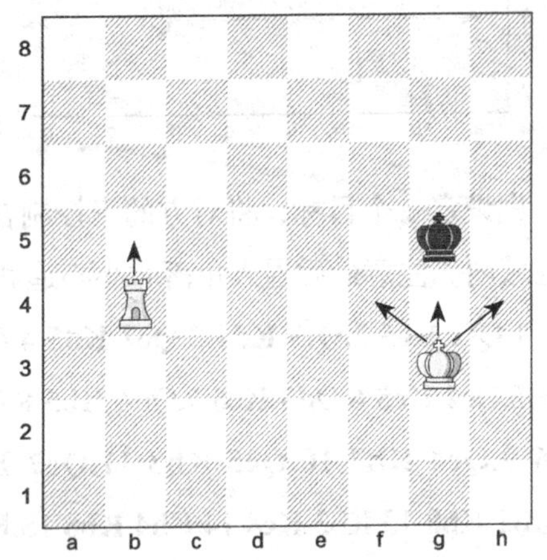

白王与黑王面对面，白王控制了黑王无法越过第4线，在车的攻击之下只能后退。

9.Rb5+Kf6 10.Kg4 Ke6 11.Kf4 Kd6 12.Ke4 Kc6 13.Rh5 Kd6 14.Rg5 Kc6 15.Kd4 Kb6 16.Kc4 Kc6 17.Rg6+Kd7 18.Kc5 Ke7 19.Kd5 Kf7 20.Ra6 Ke7 21.Rb6 Kf7 22.Ke5 Kg7 23.Kf5 Kh7 24.Kg5 Kg7 25.Rb7+Kf8 26.Kg6 Ke8 27.Kf6 Kd8 28.Ke6 Kc8 29.Rh7 Kd8 30.Rg7 Kc8 31.Kd6 Kb8 32.Kc6 Ka8 33.Kb6 Kb8 34.Rg8#

以上走法似乎很缓慢，只是想让你清晰地了解一下逼退黑王的方法。如果你熟练掌握了这个技巧，便可以用更简捷的方法赢棋。

比如在第8步白方直接走**8.Rg4**，黑王立即被控制在h线上，**Kh6 9.Kf4 Kh5 10.Kf5 Kh6 11.Rg1 Kh7 12.Kf6 Kh8 13.Kf7 Kh7 14.Rh1#**。

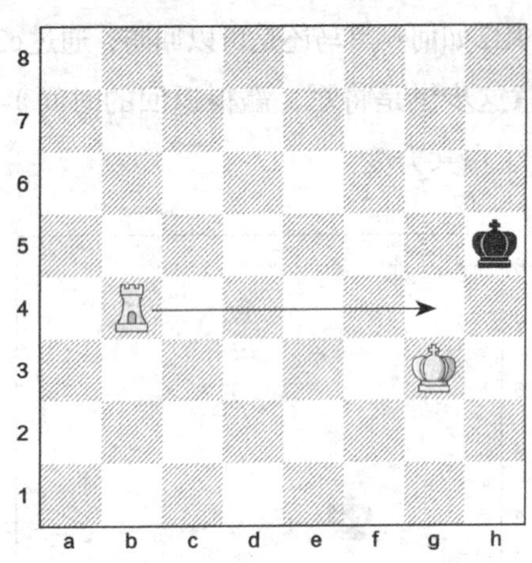

三、双象杀王

双象要并肩作战，摆在相邻的两条斜线上，形成防火墙。在己方王的帮助下，将对方的王逼向角落获胜。

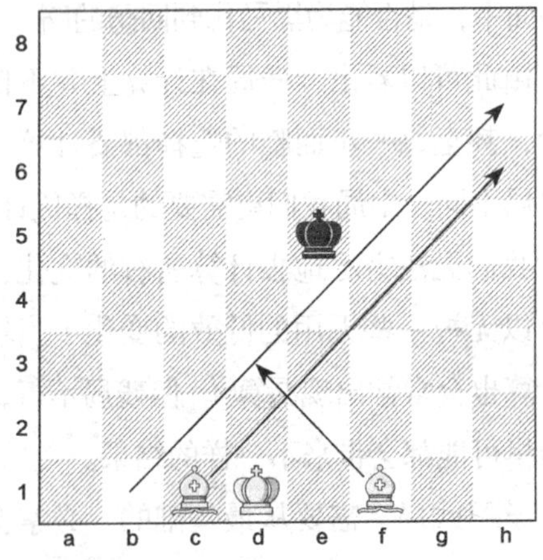

1.Bd3（现在白方控制了b1-h7、c1-h6的两条相邻的大斜线，对黑方实行封锁，目标将黑王逼入a8）**Kd4 2.Bb1 Ke5 3.Ke2 Kd4 4.Bb2+**（白方的计划：接下来控制a1-h8、a2-g8、a3-f8斜线，黑王的空间越来越小）**Kd5 5.Ke3 Ke6 6.Kf4**（双象逼退黑王的时候，白王的作用不可忽视。白王始终控制黑王，避免黑王越过封锁线）**Kd5 7.Ba2+ Kd6 8.Ke4 Ke7 9.Kf5 Kd6 10.Ba3+ Kd7 11.Ke5 Kc6 12.Bb3 Kd7 13.Ba4+ Kc7**

14.Kd5 Kb6 15.Bb4 Kc7 16.Ba5+ Kb7 17.Bb5 Kc8 18.Kd6 Kb7 19.Kd7 Kb8 20.Ba6 Ka7 21.Bc8 Kb8 22.Kd8 Ka7 23.Kc7（在角落杀王的时候，己方的王应该放在与角落格马步型的位置。比如准备在a8格杀王，己方王应该站在c7或b6格上）**Ka8 24.Bb7+ Ka7 25.Bb6#**

四、马象杀王

作为初级棋手，马象杀王似乎不需要学习，因为遇到一盘这样的残局概率非常低。但这样的学习对你理解基础棋理意义非凡。

马+象的威力大过车，但实行杀棋的时候却不如一只车简单。马象杀王变化比较多，难度比较大，我们不再拓展讲解，仅学习一个简单的定式，目的是更好地了解马与象这两个棋子的特性。

我们首先对马和象做清晰的分工：

①象控制象的颜色格、马控制另一种颜色格；②王要控制对方的王，不能相距过远；③马与象最好在己方王的两侧，一个向左走一个向右走，不要挤在一边互相妨碍；④三个子配合，把单王逼赶到棋盘边线上；⑤再把单王驱赶到与象同色格的棋盘角上；⑥最后己方的王要站在与角落格马步型的位置（比如准备在h8格杀王，己方王应该站在f7或g6格上）。

1.Ba7［将黑王逼入h8（和象的颜色相同的角落格），在看似更近的a8格杀王不太可能，甚至有可能逼和］**Kd8 2.Nd5 Ke8**

王有两个位置选择，如果走2...Kc8，3.Ne7+ Kd8 4.Kd6 Ke8 5.Ke6 Kd8 6.Bb6+ Ke8 7.Nf5 Kf8 8.Bc7 Ke8 9.Ng7+ Kf8 10.Kf6 Kg8 11.Kg6 Kf8 12.Bd6+ Kg8 13.Nf5 Kh8 14.Bc5 Kg8 15.Nh6+ Kh8 16.Bd4#。

3.Kd6 Kf7 4.Ne7 Kf6 5.Be3（用马控制g6和f5两个白格，用象控制黑王出逃的路g5格）**Kf7 6.Bd4 Ke8 7.Ke6 Kd8 8.Bb6+ Ke8 9.Nf5 Kf8 10.Bc7 Ke8 11.Ng7+ Kf8 12.Kf6 Kg8 13.Kg6**（把王走到与角落格马步型的位置）**Kf8 14.Bd6+ Kg8 15.Bc5 Kh8 16.Nf5 Kg8 17.Nh6+ Kh8 18.Bd4#**

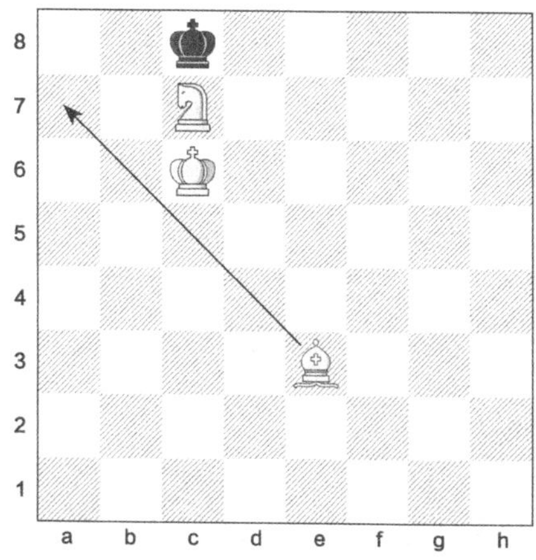

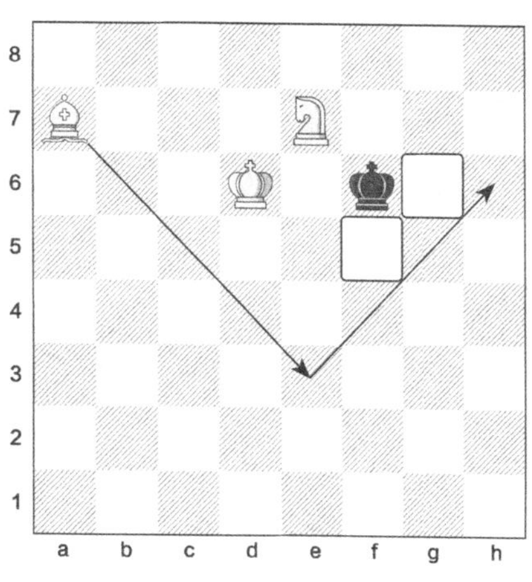

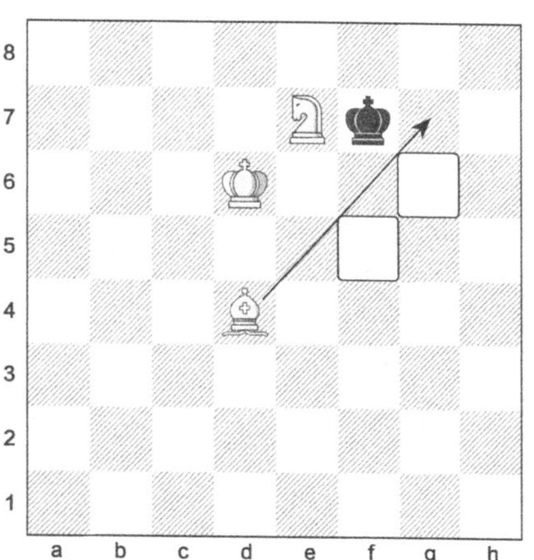

课程作业

每两个同学一组，练习：

1. 练习单后杀王；
2. 练习单车杀王；
3. 练习双象杀王；
4. 练习马象在底线的定式杀王。

第十二讲

基础残局

重点难点

1. 重点：了解残局中对王、通路兵、方形区法则、兵的突破等原理。
2. 难点：能够将残局基本原理应用于实战对局，做出正确行棋选择。

知识内容

王兵残局是所有残局的基础。其他残局在子力进行兑换后，最大的可能是转为王兵残局。学习和理解王兵残局可以让你了解棋局的终极模式。在大多数的对局当中，兵始终担当着重要的角色。开局兵形布阵、中局冲锋陷阵、残局力争升变！一盘棋的胜负往往与兵有密切的联系。此刻的王也成为棋盘中的指挥官。

兵残局的主要原则是：王要参与战斗，兵要努力争先。

一、对王

通过对王战术抢占兵的关键格，使兵能够升变，从而获得胜利。

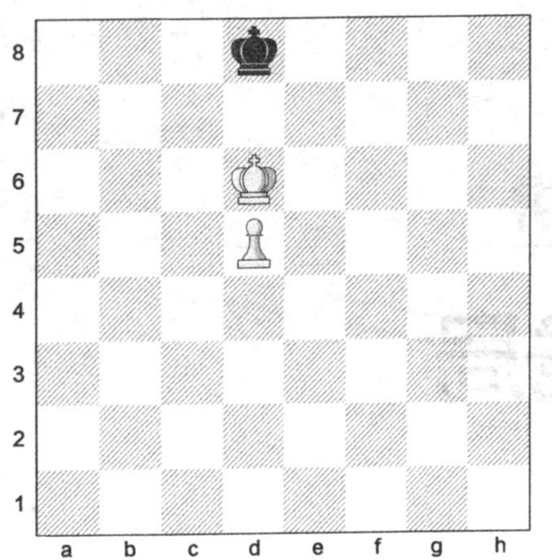

白王位于兵前，黑王位于底线，无论谁先走均为白胜。

1.Ke6 Ke8 2.d6 Kd8 3.d7 Kc7 4.Ke7 白胜。

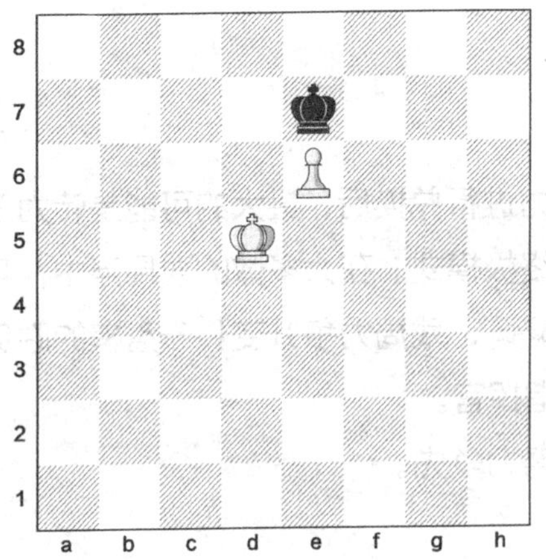

当黑王位于白兵之前，白王位于兵后，利用对王可以保证和棋。

1.Ke5 Ke8 2.Kd6 Kd8（对王）**3.Kd5 Ke7 4.Ke5 Ke8 5.Kf6 Kf8**（对王）**6.e7+Ke8 7.Ke6** 和棋。

出人意料的是，这个局面先走方被动。黑王有了活动的空间，若白先走，则黑方掌握对王手段，白兵无法升变。

1.Ke3 Ke5 2.Kd3 Kd5 3.Kc3 Kc5 4.d4+ Kd5 5.Kd3 Kd6 6.Ke4 Ke6 7.d5+Kd6 8.Kd4 Kd7 9.Kc5 Kc7 10.d6+Kd7 11.Kd5 Kd8 12.Ke6 Ke8 13.d7+Kd8 14.Kd6 和棋。

假如轮到黑方走，则它将失去对王状态，白王将逼退黑王，使白兵升变。

1...Ke5 2.Kc4 Kd6 3.Kd4 Kc6 4.Ke5 Kd7 5.Kd5 Ke7 6.Kc6 Kd8 7.Kd6 Ke8 8.d4 Kd8 9.d5 Ke8 10.Kc7 Ke7 11.d6+ 白胜。

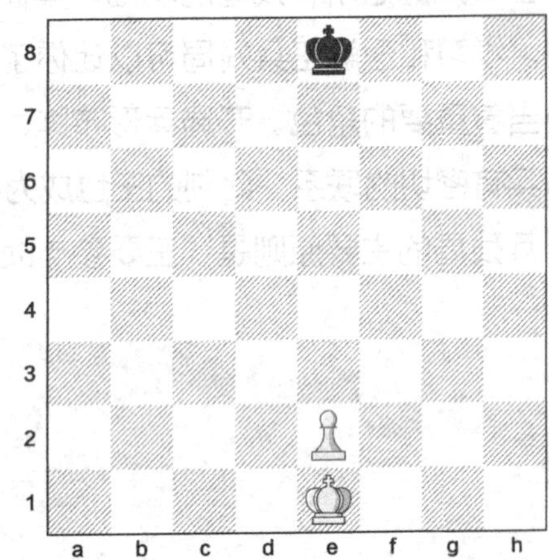

白王首先应该走到兵前方，再利用一步兵的等着，掌握对王逼迫黑王让步。

1.Kd2 Kd8 2.Ke3 Ke7 3.Ke4 Ke6 4.e3!

（等着）**Kd6 5.Kf5** 白胜。

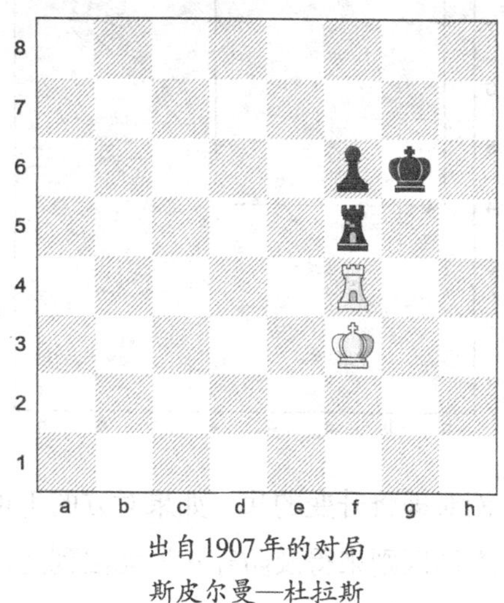

出自1907年的对局
斯皮尔曼—杜拉斯

白方的最后一步棋，轻易地走出了Rf4的败着，被黑方Kg5，白方被迫吃车，形成对王轮到白方走棋的必败局面。

二、通路兵

通路兵指的是所在直线和相邻直线前面没有对方兵的兵。通路兵在战场上通常是一支善战的军队，或是直接冲锋升变，或是引离对方的王，从而让对方失去防守。谁拥有通路兵，谁就占上风，时间和速度决定一切。

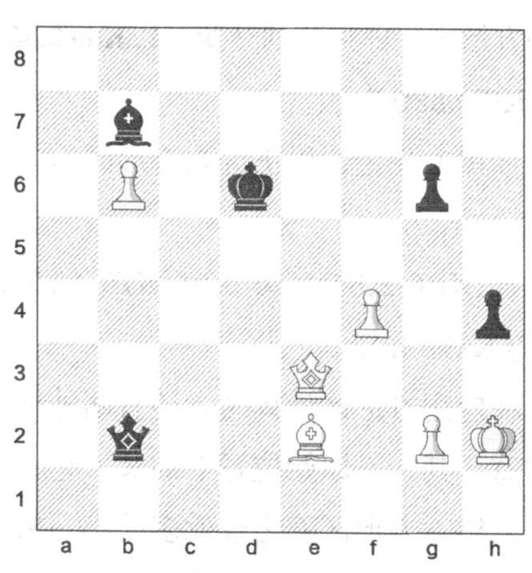

1965年弈于古巴哈瓦那的对局
盖勒—费希尔

白方迅速转为王兵残局，用b6远方通路兵引离黑王，使得白王可以连续攻击黑兵获胜。

53.Bf3 Bxf3 54.Qe5+ Qxe5 55.fxe5+ Kxe5 56.gxf3 Kd6 57.f4 Kc6 58.Kh3 Kxb6 59.Kxh4 Kc6 60.Kg5 Kd6 61.Kxg6 Ke7 62.f5 Kf8 63.Kf6 Ke8 64.Kg7 Ke7 65.f6+

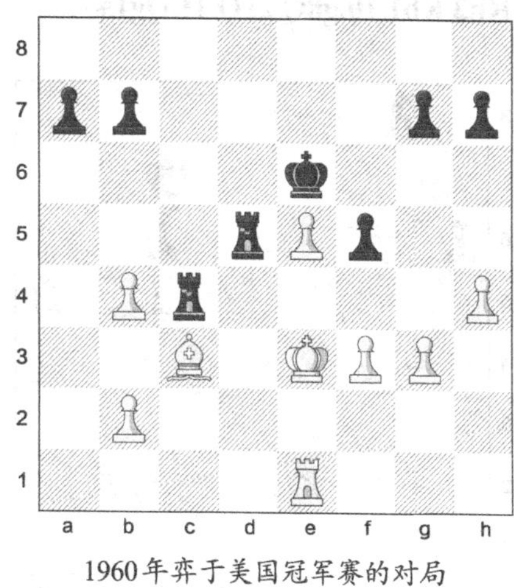

1960年弈于美国冠军赛的对局
朗巴迪—费希尔

黑方有子力优势，但在白方不小心走了Re1之后，黑方果断地转入王兵残局，利用a线通路兵迅速赢得了胜利。

1...Rxc3+ 2.bxc3 Rxe5+ 3.Kd2 Rxe1 4.Kxe1 Kd5 5.Kd2 Kc4 6.h5 b6 7.Kc2 g5 8.h6 f4 9.g4 a5 10.bxa5 bxa5 11.Kb2 a4 12.Ka3 Kxc3 13.Kxa4 Kd3 14.Kb4 Ke3

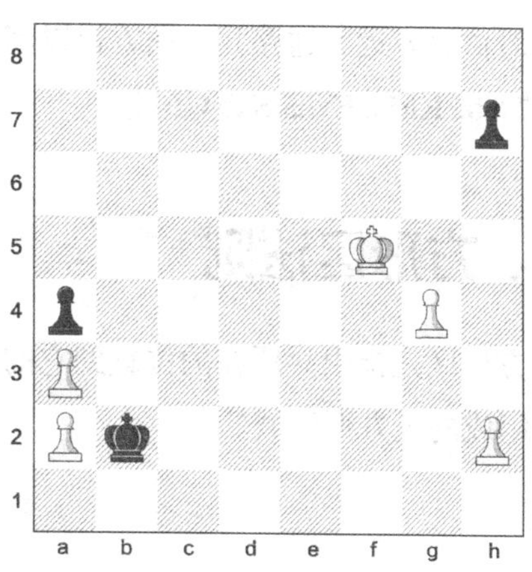

白方没有急于发挥王翼通路兵（两兵对一兵）的优势，如果走h4冲兵的话，将演变成双方兵同时升变的和棋局面。白方选择回王，先控制黑王，a线黑兵无法冲下去。再利用王翼远方通路兵取胜。

1.Ke4!! Kxa3 2.Kd3 Kxa2 3.Kc2 a3 4.g5 Ka1 5.Kb3 a2 6.Kc2 h5 7.g6（小心逼和）**h4 8.g7 h3 9.Kb3 Kb1 10.g8Q a1Q 11.Qg1#**

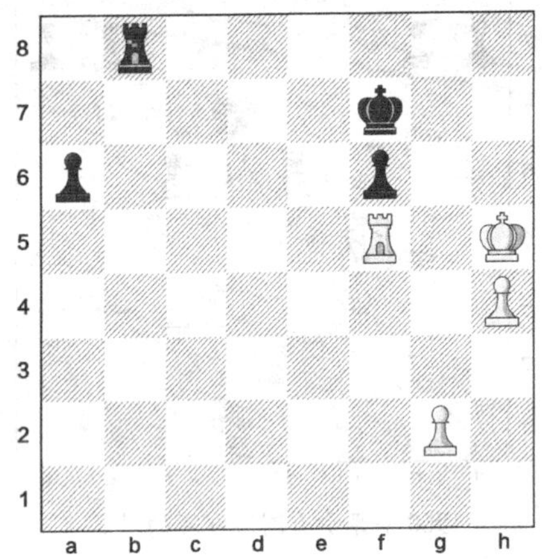

1911年著名棋手尼姆佐维奇和塔拉什在多诺斯蒂亚的对局：

黑方有一只远方通路兵，最大的障碍就是白车的防御。兑换白车，是黑方的简捷胜法：**1...Rb5! 2.Kg4**［兑换黑车，白王回不到方形区（详见下面的介绍），无法阻止a兵升变］**Rxf5 3.Kxf5 a5 4.Ke4 f5+! 5.Kd4**（不能吃f5的兵，否则阻挡不了a兵）**f4 6.Kc4 Kg6**（白方去对付黑方远方通路兵，黑方得以消灭白兵）**7.Kb5 Kh5 8.Kxa5 Kxh4**黑胜。

三、方形区法则

方形区是指由兵所在的位置到它的升变格所组成的正方形区域。

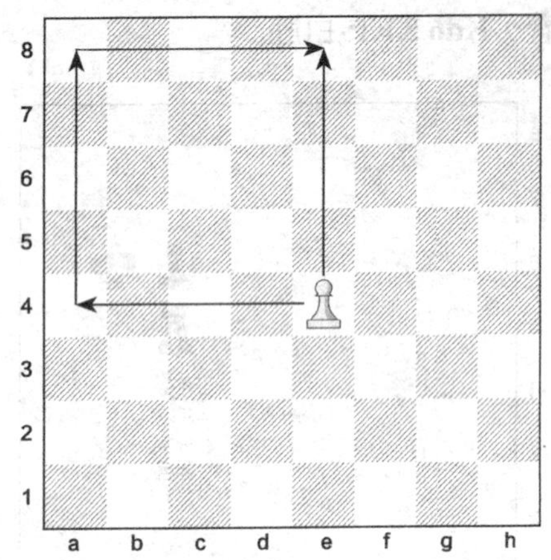

面对即将升变的兵，如果对方的王可以到达方形区则来得及防守；若无法到达，则无力阻止兵的升变。

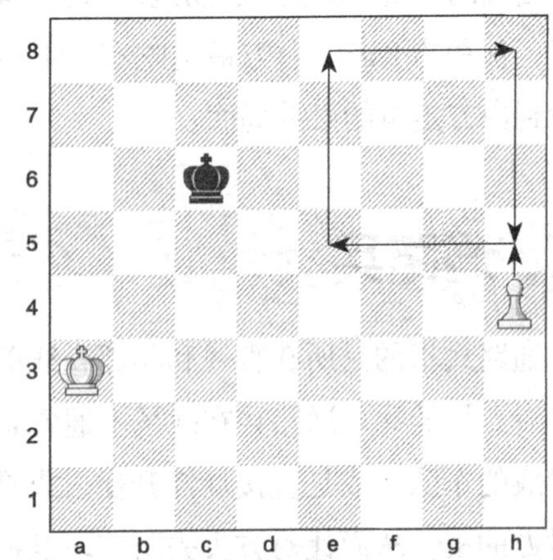

如上图若白方走棋，**1.h5**之后黑王无法赶到方形区，白兵顺利升变。**1...Kd6 2.h6 Ke7 3.h7 Kf7 4.h8Q**白胜。

如黑方先走，黑王进入方形区追上白兵和棋：

1...Kd6 2.h5 Ke6 3.h6 Kf6 4.h7 Kg7 5.h8Q Kxh8和棋。

在应用方形区计算时，还有两种情况需要注意：其一，原始位置上的兵，它一步可以走两格，方形区随之也就多缩小一格；其二，王在方形区里，但在追赶兵的途中有了障碍，王就难以阻止兵的升变。

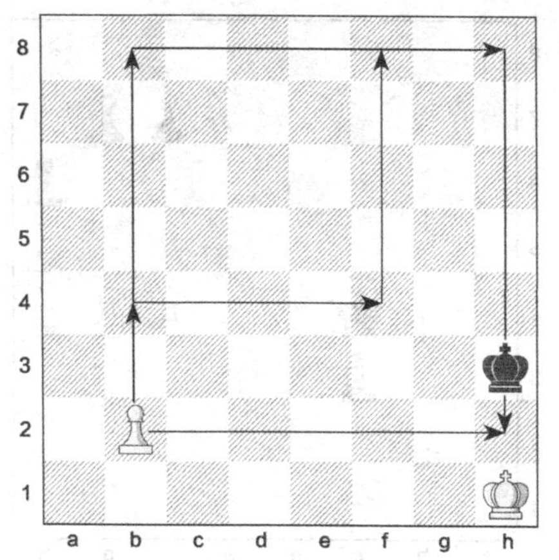

黑王看上去在兵的方形区内，但在白兵一步冲了两格之后，黑王无法进入方形区，无法阻止白兵升变。

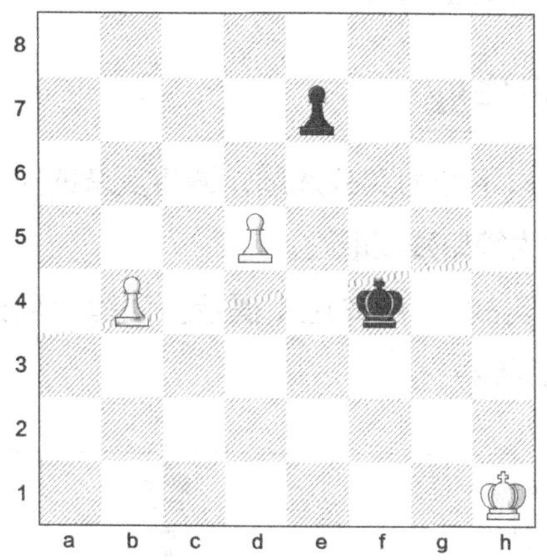

如果直接冲b4兵，黑王将回到方形区守和。

1.d6! exd6 2.b5 Ke5 3.b6 黑王回程遇到障碍，无法回到方形区，白兵升变。

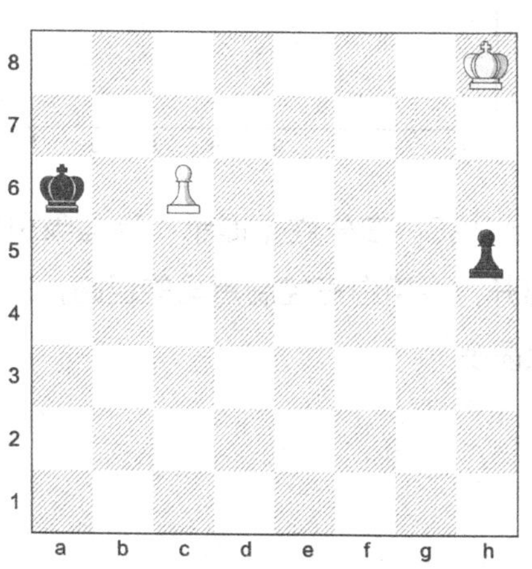

这是一个令人难以置信的例子。白王距离黑兵很遥远，似乎追不上黑兵，黑王对付白兵易如反掌。有趣的是白王回防的过程中以双重威胁的方式——或守护兵升变或进入黑兵方形区，达到和棋目的！

1.Kg7 h4 如果1... Kb6 2.Kf6 h4 3.Ke5 h3 4.Kd6 h2 5.c7，和棋。

2.Kf6 Kb6 如果2...h3 3.Ke7 Kb6 4.Kd7 h2 5.c7，和棋。

3.Ke5 Kxc6 4.Kf4 进入方形区，和棋。

四、兵的突破

突破就是为了制造通路兵升变。大多兵的突破都以弃兵或兑子为代价。

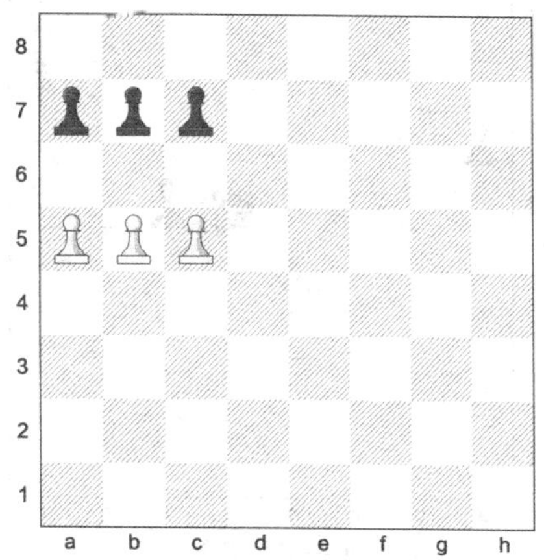

白方的优势在于兵的位置更高，离底线更近。在双方兵的位置看似对称时，哪一方的突破都有可能带来致命进攻。

1.b6 axb6（1...cxb6 2.a6 bxa6 3.c6 白胜）**2.c6 bxc6 3.a6** 白方的兵升变无法阻挡。

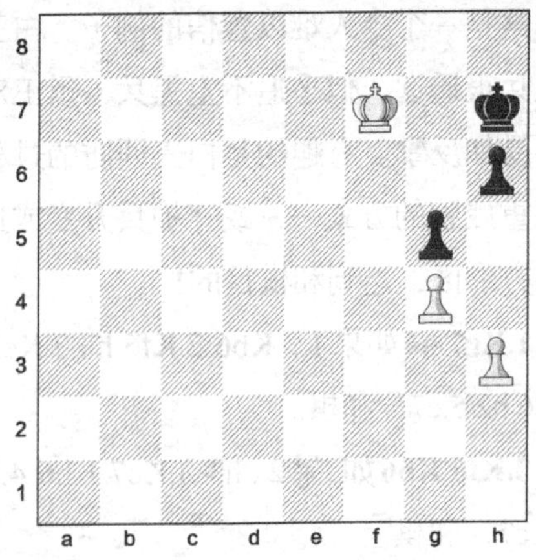

黑方走出**1...h5**是唯一的走法，否则黑方将失去双兵。期待兵的交换达到和棋的目的。

2.h4!（2.Kf6? hxg4 3.hxg4 Kh6 4.Kf5 Kh7! 5.Kxg5 Kg7和棋）**2...Kh6 3.Kf6 gxh4 4.g5+Kh7 5.Kf7 h3 6.g6+**白胜。

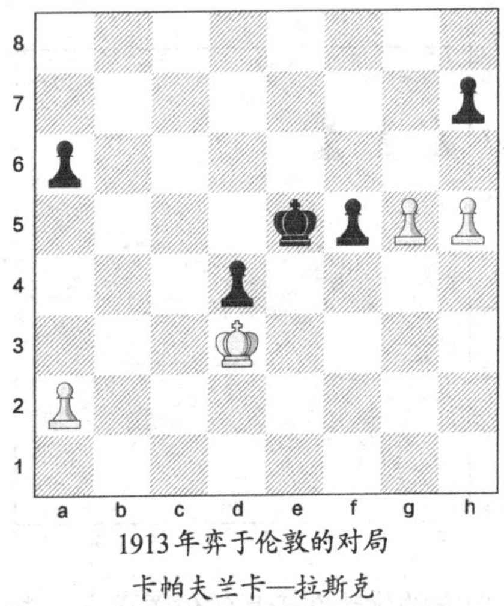

1913年弈于伦敦的对局
卡帕布兰卡—拉斯克

白方利用王翼通路兵以及兵的突破，顺利冲了下去：

1.h6无论黑方走什么，下一步**2.g6**必让黑方防守不住。

1904年弈于柏林的对局
拉斯克—莫尔

1.f6! gxf6 2.g5! 两次突破，黑方不可避免地失去对h线的防守。

课程作业

以下均为实战残局，请将复杂的实战残局转为简单残局取胜。

实战1：白先胜（提示：让黑后离开防守的斜线）

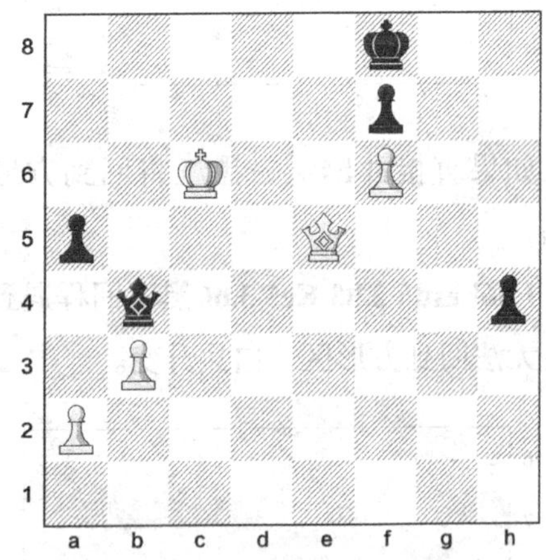

实战2：白先胜（提示：弃马吸引对方马离开，再用白王控制黑马的退路，远方通路兵赢棋）

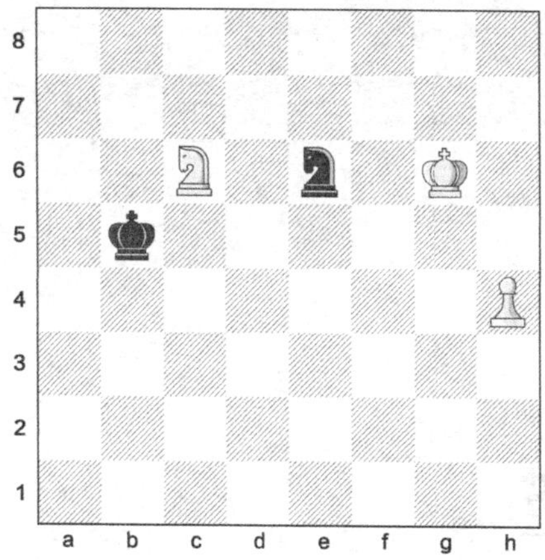

实战3：白先胜（提示：交换子力取胜）

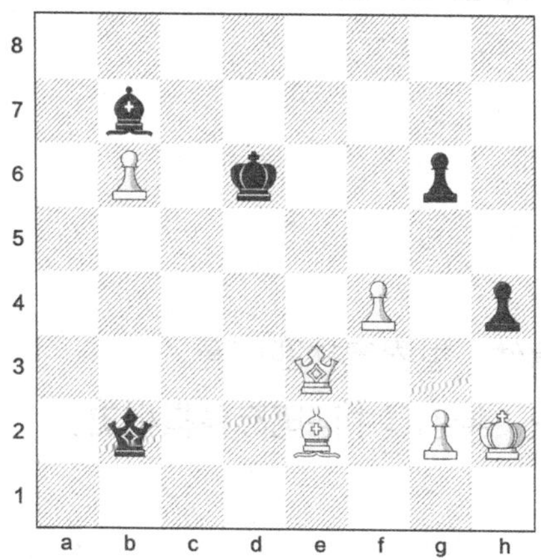

实战4：黑先Be8和Be6哪个正确?

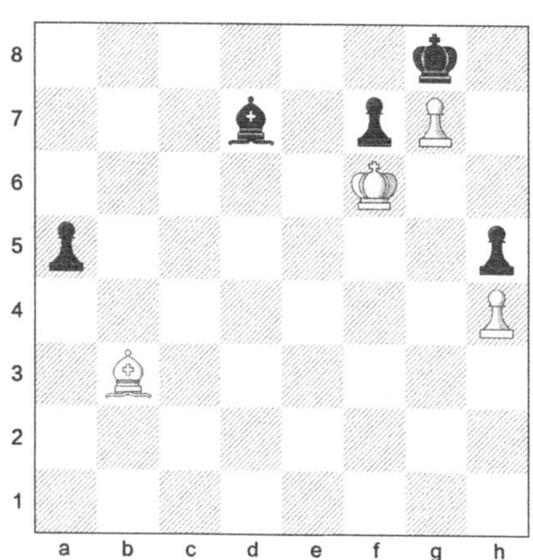

思考题

1. 白先三步杀。

2. 白方在少两兵的情况下，利用等着将封闭的黑王将杀。

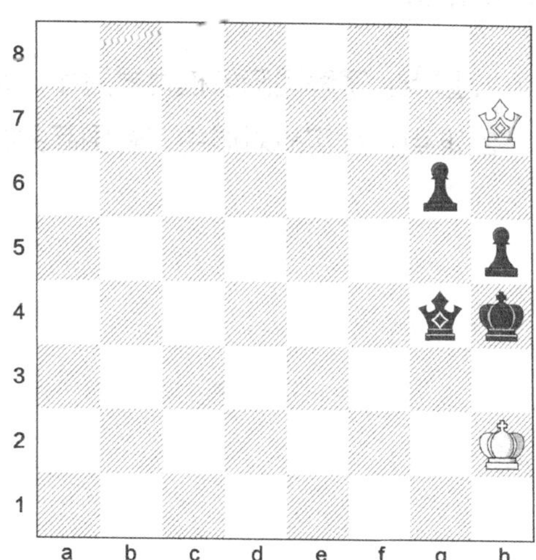

第十三讲

国际象棋历史

重点难点

1. 重点：了解国际象棋世界冠军、重大历史事件、世界奥林匹克赛。
2. 难点：从实战对局中了解国际象棋百年棋史，特别是中国国际象棋棋史。

一、世界冠军赛开创之前

据可靠的文字记载，国际象棋距今已有1500多年的历史。尽管国际象棋的发源地和诞生年代至今仍有争论，但“国际象棋源于亚洲、兴于欧洲，至15世纪末16世纪初定型为现制”这一说法基本得到了公认。国际象棋通过贸易、战争、宗教和外交由东方向西方传播，11世纪末遍及欧洲。14世纪末已经出现了以欧洲国家名称命名的开局。1550年，世界上第一个国际象棋俱乐部在意大利成立。弈棋规则，例如由谁先走、王车易位、小兵升变等等，在这几百年间不断被规范和确认。进入18世纪，出现了越来越多的优秀棋手和棋艺理论家，例如菲利道尔、莫尔菲等。

以下对局被认为是拿破仑在1802年巴黎下的。

1.e4 Nf6 2.d3 Nc6 3.f4 e5 4.fxe5 Nxe5 5.Nc3 Nfg4 从这里看出执黑的拿破仑在下棋中表现得非常急躁。我们通常说不打无准备之战，显然黑方并没有准备好就急于求成。

6.d4好棋，白兵进攻连环马，黑方必失子。

6...Qh4+ 7.g3 Qf6黑方的进攻起不到任何的效果，反而两只马都在白方的攻击之下，眼看要少子，但局面急转而下。

8.Nh3败着！正确的走法是8.Bf4防守反击，白方将多子取胜。白方现在走Nh3为了防守f2格，忽略了黑方Nf3的入侵，顾此失彼！胜败就是在一步之间。

接下来黑方用了六连将的连珠妙着结束了对局：

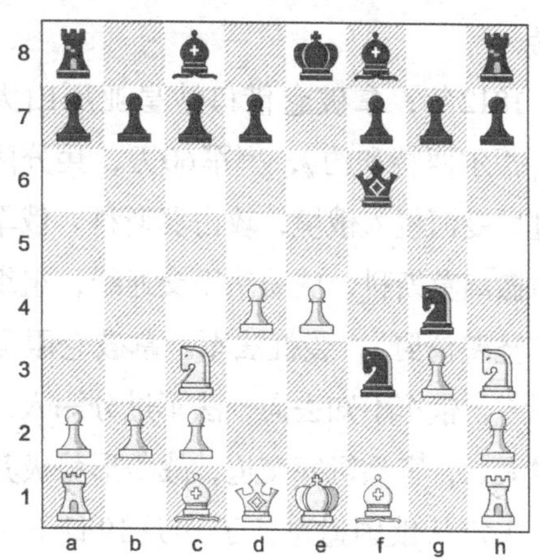

8...Nf3+ 9.Ke2 Nxd4+ 10.Kd3 Ne5+ 11.Kxd4 Bc5+ 12.Kxc5 Qb6+ 13.Kd5 Qd6#杀王黑胜。

拓展知识

排局欣赏：模拟俄国1812年卫国战争

彼得罗夫创作的“拿破仑的莫斯科大撤退”国际象棋排局，讲述了俄国1812年卫国战争的故事。

亚历山大·彼得罗夫（Alexander Petrov）是早期俄罗斯国际象棋棋手，是国际象棋俄罗斯学派的奠基人之一，他和雅尼什一起分析并奠定了“彼得罗夫防御”，又称“俄罗斯防御”（C42），即1.e4 e5 2.Nf3 Nf6。

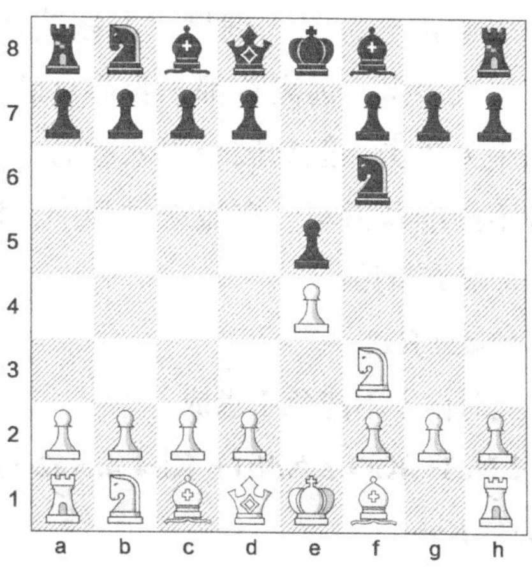

彼得罗夫还创作了许多国际象棋排局，其中，最著名的是“拿破仑的莫斯科大撤退”

排局。

1812年，拿破仑借口沙皇亚历山大破坏《蒂尔西特和约》，率军60万，兵分两路渡过尼曼河侵入俄境，攻占莫斯科。俄军把主力撤离莫斯科，威胁法军交通线，组织军民“坚壁清野”，袭扰法军。拿破仑眼见前线飘雪，俄军不知去向，法军过分深入，补给线太长，官兵饥寒交迫，战争形势极其不利，决定从俄国撤军，于10月19日下达撤退令。

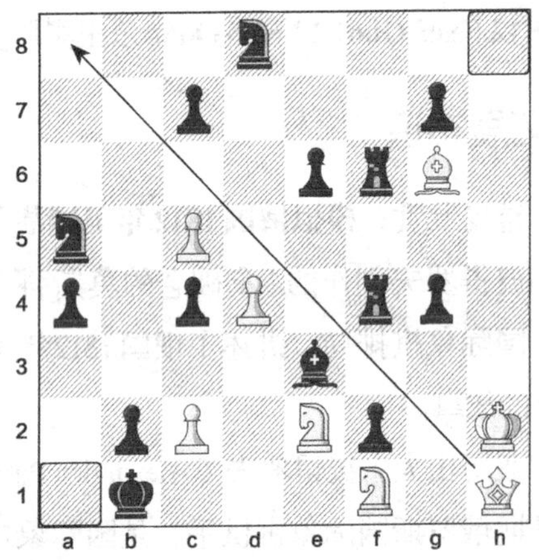

排局选择的时间点就是拿破仑决定撤军的时刻。棋盘上的h1-a8斜线为法俄军事分界线，a1格为莫斯科，h8格为巴黎。黑王代表拿破仑，深入俄境，占领莫斯科。白王代表沙皇，远离首都，躲避拿破仑大军的主力攻击。但拿破仑深入敌后，发现形势不妙准备撤军。在撤退过程中，俄军善用哥萨克骑兵：

1.Nd2+ Ka2

此时白方不能急于求成。

2.Nc3+ Ka3 3.Ndb1+ Kb4 4.Na2+ Kb5 5.Nbc3+ Ka6

白棋双马即沙皇的哥萨克骑兵，不断尾随、追击、骚扰和消灭在撤退中的法军。

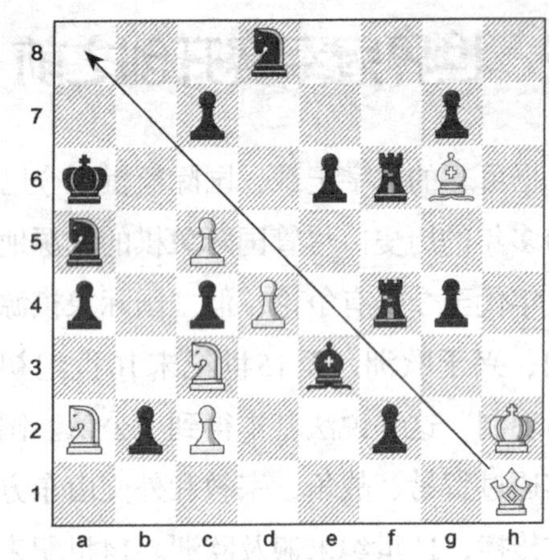

法军行至别列津纳河附近，俄军设下一个“口袋”阵，准备一举歼灭法军。但俄将奇恰戈夫被法军佯动所迷惑，违反库图佐夫司令命令，把本部主力南调到扎博舍维奇，为拿破仑所利用。拿破仑带领法军于11月底搭桥抢渡别列津纳河，随即毁桥，逃脱俄军追杀。在别列津纳河战役中，拿破仑损兵4.5万人。

这里，白后俄军本可以长驱直入a8格，一举杀王，但是，由于他的失察，错过了这一绝佳的机会。

6.Nb4+? Ka7 7.Nb5+ Kb8 8.Na6+ Kc8 9.Na7+ Kd7 10.Nb8+ Ke7 11.Nc8+ Kf8 12.Nd7+ Kg8 13.Ne7+ Kh8 14.Kg2#

历史上，拿破仑逃过一劫，于12月6日逃回巴黎。但是，在棋盘上，黑方还是被将杀了。

19世纪，天才的美国棋手保罗·摩菲（Paul Morphy）弈出很多精彩对局，被世人称道。尤其是1858年，保罗·摩菲在对阵阿道夫·安德森的比赛中取得了令人信服的胜利，他被认为是19世纪中叶最强大的棋手，当时被称为无冕之王。

18世纪末至19世纪80年代是国际象棋的浪漫主义时期。浪漫主义运动由欧洲在18世纪晚期至19世纪初期出现的许多艺术家、诗人、作家、音乐家，以及政治家、哲学家等各种人物自发开展。浪漫主义强调直觉、想象力和感觉，也被一些人批评为“非理性主义”。

棋界也出现这股思潮，跨越的时间更长。在弈棋上的表现为弃兵弃子，重视直觉和计算，没有理论基础和完整的开局体系，人们下棋随心所欲的即兴成分更多一些。当然这与棋艺水平的发展有很大关系。尽管最早的开局名称可以追溯到五六百年前，但真正对开局的研究直到19世纪末才有实质进步。

二、第一位世界冠军诞生

19世纪末，棋艺理论日渐成熟。1886年是国际象棋历史上最重要的一年，这一年开创了正式的世界冠军赛。1886年3月29日，在赢得与祖凯尔托特20场对抗赛的胜利后，出生于波希米亚（现在是捷克共和国的一部分）的施泰尼茨成为棋名上第一位正式的世界冠军。

施泰尼茨同时也是国际象棋理论史上第一位试图揭示棋艺的客观法则及其内在逻辑的人。他在一系列著作中提出了棋艺的基本原则和方法。他的对局和著作，使他成为现代局面型弈法的创始人。

施泰尼茨—巴尔捷列宾，1895年

意大利开局

1.e4 e5 2.Nf3 Nc6 3.Bc4 Bc5 4.c3 Nf6 5.d4 exd4 6.cxd4 Bb4+ 7.Nc3 d5 8.exd5 Nxd5 9.0-0 Be6?

黑方忽略了早易位的重要性，应该9...Bc3之后0-0。

10.Bg5! Be7 11.Bxd5 Bxd5 12.Nxd5 Qxd5 13.Bxe7 Nxe7 14.Re1 f6 15.Qe2 Qd7 16.Rac1 c6 17.d5!

黑方想通过Kf7、Rhe8，勉强进行王车易位。白方腾挪d4格给马，让马在中心发挥最大威力。

17...cxd5 18.Nd4 Kf7 19.Ne6 Rhc8 20.Qg4!

双重威胁：瞄准后以及指向王城。

20...g6 21.Ng5+! Ke8 为防守后，这是唯一的应着。

22.Rxe7+!!

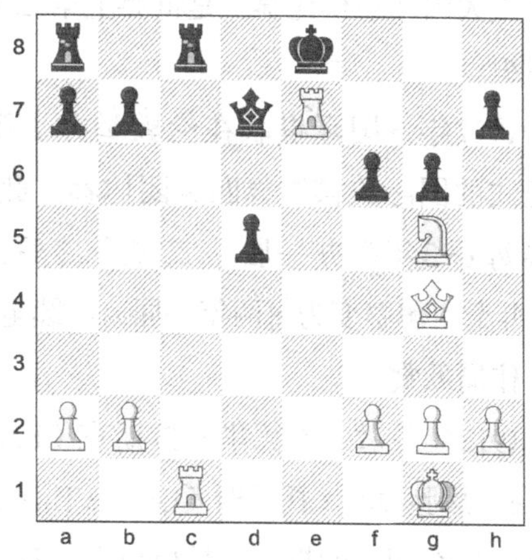

白方出手的时机成熟了。弃车换马，精妙绝伦。黑方自然不能走22...Qxe7 23.Rxc8+，或22...Kxe7 23.Re1+ Kd6 24.Qb4+，都是白胜。

22...Kf8!

出人意料的应着，之所以被认为是好棋是因为黑方在所有应着中选择了最精确的走法。一盘佳局，不仅一方走得精彩！

23.Rf7+!! Kg8! 24.Rg7+!! Kh8! 25.Rxh7+

这时，巴尔捷列宾走出比赛大厅，久久不归。在裁判判黑方输棋之后，施泰尼茨当即向在场观众揭示了对局的未弈部分——长达10个回合的连珠妙着：**25...Kg8 26.Rg7+!! Kh8 27.Qh4+ Kxg7 28.Qh7+ Kf8 29.Qh8+ Ke7 30.Qg7+ Ke8 31.Qg8+ Ke7**

32.Qf7+ Kd8 33.Qf8+ Qe8 34.Nf7+ Kd7 35.Qd6#，如此精妙的杀局！

三、国际棋联成立

世界国际象棋联合会（法语：Fédération Internationale des Échecs，又称FIDE），简称国际棋联，是负责联系世界各国的国际象棋联合会的组织。截至2023年12月，国际棋联拥有201个成员协会，负责组织全球及洲际的重大国际象棋比赛，是世界上第二大单项组织。

1927年，国际棋联在伦敦举办了第一届正式的国际象棋奥林匹克团体赛。此后，奥赛每1~3年举办一届。"二战"之后，从1950年起，奥赛变为每两年一届，延续至今。

佳局欣赏

1912年伦敦，爱德华·拉斯克（Edward Lasker）战胜乔治·托马斯（George Thomas）。这盘仅18个回合的棋局，是棋史上一盘万古长青之局！

拉斯克—托马斯，伦敦1912年

荷兰防御

1. d4 f5 2. e4 fxe4 3. Nc3 Nf6 4. Bg5 e6 5. Nxe4 Be7

6. Bxf6 Bxf6 7. Nf3 0-0

黑方的错误从易位开始，他没有意识到，白方的子力已窥视着王翼。

8. Bd3 b6 9. Ne5 Bb7 10. Qh5! Qe7

黑方以为上后可以防守，比如在11.Nxf6之后应gxf6，第七横排的后正好守住h7格，没想到……

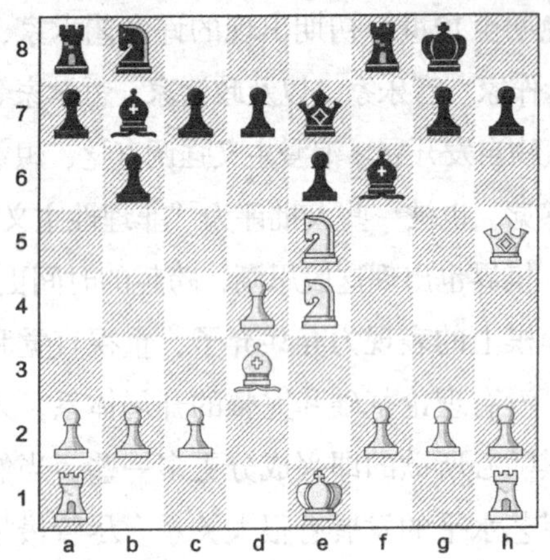

11. Qxh7+!!

直接弃后攻王。

11...Kxh7 12. Nxf6+ Kh6 13. Neg4+ Kg5 14.h4+ Kf4 15. g3+ Kf3 16. Be2+ Kg2 17. Rh2+ Kg1 18. 0-0-0#

进入20世纪，国际棋坛更是人才辈出，出现埃马努埃尔·拉斯克、何塞·卡帕夫兰卡、亚历山大·阿廖欣、马克斯·尤伟等几位世界冠军。

20世纪下半叶从1948年到2007年，国际象棋这项运动的世界冠军称号几乎都落入苏联和之后的俄罗斯棋手手中。米哈伊尔·博特温尼克、瓦西里·斯梅斯洛夫、米哈伊尔·塔尔、季格兰·彼得罗相、鲍里斯·斯帕斯基等苏联棋手相继赢得世界冠军称号。

唯独有一年例外。1972年，美国棋手费希尔获得向苏联棋手第10位世界冠军斯帕斯基挑战的资格。在当时该比赛得到了世界空前的关注，被称为国际象棋的世纪之战。最终费希尔赢得了胜利，获得棋史上第11位世界冠军的称号。

但在3年后，1975年，费希尔放弃了世界冠军头衔，世界冠军称号又回到苏联棋手手中。

费希尔—雷谢夫斯基，纽约1958年

1.e4 c5 2.Nf3 Nc6 3.d4 cxd4 4.Nxd4 g6 5.Nc3 Bg7 6.Be3 Nf6 7.Bc4 0–0 8.Bb3 Na5 9.e5 Ne8

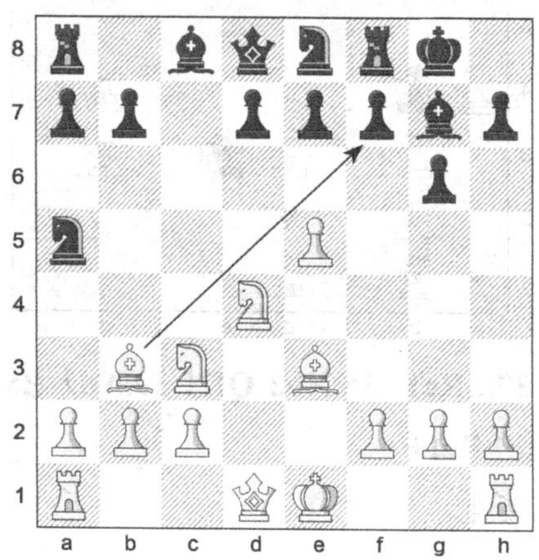

10.Bxf7+ Kxf7 11.Ne6 dxe6

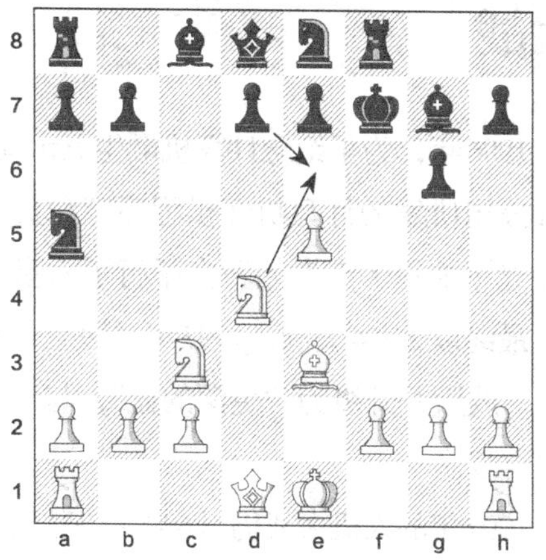

如果黑方走11...Kxe6则12.Qd5+ Kf5 13.g4+ Kxg4 14.Rg1+ Kh5 15.Qd1+ Kh4 16.Qg4#。

12.Qxd8白胜

四、20世纪80年代双卡之战

1984—1985年，第12位世界冠军阿纳托利·卡尔波夫（Anatoly Karpov）和挑战者加里·卡斯帕罗夫（Garry Kasparov）双方激战5个月，历时159天进行了一场旷日持久的比赛，最终国际棋联以棋手健康为由中止赛事，并宣布择期重新举行对抗赛。该赛事以高票入选西方通讯社评出的“20世纪80年代十大要闻”，成为传奇一战。1985年，棋联更改赛例，限制对战局数，卡斯帕罗夫终于以13∶11击败卡尔波夫，成为历史上最年轻的世界冠军。

1985年对抗赛的第16局被公认为最精彩的一盘对局，卡斯帕罗夫在开局中走了出人意料的弃兵并成功地转入积极主动的进攻模式，整盘棋以压倒性优势取胜。

卡尔波夫—卡斯帕罗夫，莫斯科1985年

西西里防御泰马诺夫变例

1.e4 c5 2.Nf3 e6 3.d4 cxd4 4.Nxd4 Nc6 5.Nb5 d6 6.c4 Nf6 7.N1c3 a6 8.Na3 d5!

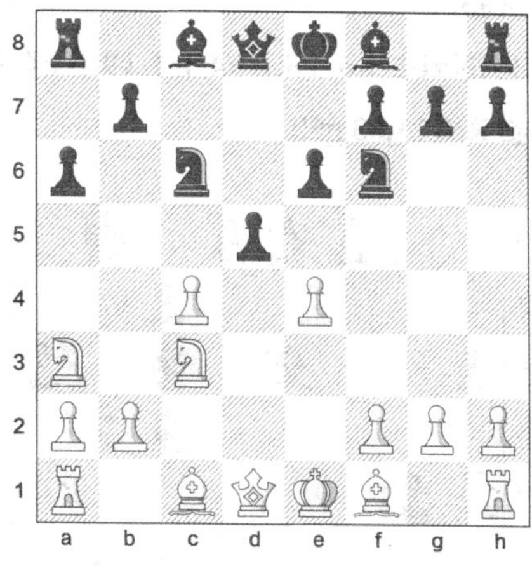

给d5打好棋的原因是佩服小卡（即卡斯帕罗夫）的胆量！由此局也可以看出年轻的小卡咄咄逼人的气势。在这个西西里保尔森体系（或称为泰马诺夫变例）中，正规的谱着是8...Be7 9.Be2 0–0 10.0–0 b6双方早易位正常出子，局面经常出现拉锯战。

小卡将这步新着用在这么重要的比赛上，似乎胸有成竹！在之前第12局也出现过，当时双方走出11.Bc4 Bg4 12.Be2 Bxe2的变化，对局仅18步很快成和。这盘老卡（即卡尔波夫）改进了。

小卡走出此着后（其实这着棋1965年就出现过，但没引起关注）棋界展开了激烈的讨论，最终还是认为这步棋很勉强，机会是白方好。

9.cxd5 exd5 10.exd5 Nb4 11.Be2!? Bc5 12.0-0?!

随后几个月（1986年）在布鲁塞尔卡尔波夫对范德维尔走出 12.Be3! Bxe3 13.Qa4+ Nd7 14.Qxb4 Bc5 15.Qe4+ kf8 16.0-0，黑方面临着一个很艰难的局面，所以9...d5的新着也就少有人问津了。

12...0-0 13.Bf3 Bf5! 14.Bg5 Re8 15.Qd2 b5 16.Rad1 Nd3!

黑方的棋子位置越来越积极，对白方有诸多威胁。

17.Nab1 h6 18.Bh4 b4 19.Na4 Bd6 20.Bg3 Rc8 21.b3 g5!!

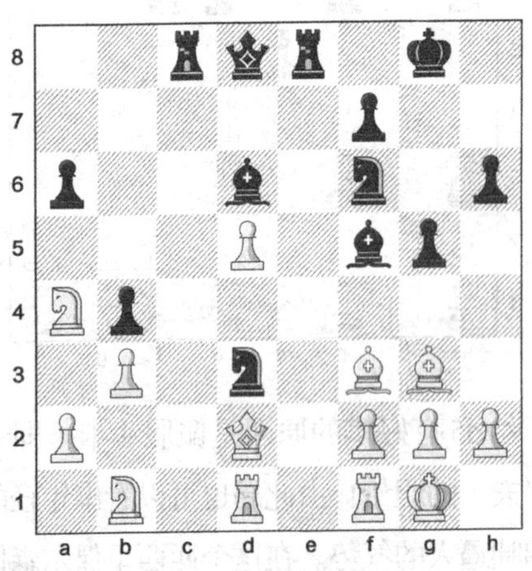

小卡用凛冽的攻势继续扩大空间优势。

22.Bxd6 Qxd6 23.g3 Nd7! 24.Bg2 Qf6! 25.a3 a5 26.axb4 axb4 27.Qa2 Bg6 28.d6 g4! 29.Qd2 Kg7 30.f3 Qxd6 31.fxg4 Qd4+ 32.Kh1 Nf6 33.Rf4 Ne4 34.Qxd3 Nf2+ 35.Rxf2 Bxd3 36.Rfd2 Qe3 37.Rxd3

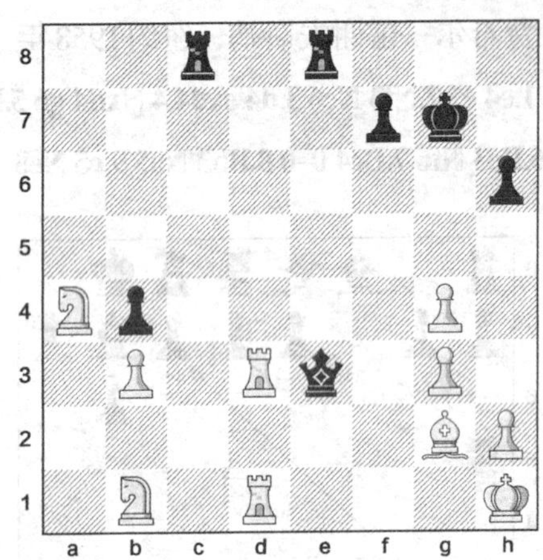

37...Rc1! 38.Nb2 Qf2! 39.Nd2 Rxd1+ 40.Nxd1 Re1+

黑胜。

五、计算机时代——人机大战

1996年，为了纪念计算机诞生五十周年，IBM公司研发的计算机弈棋程序“深蓝”与世界冠军加里·卡斯帕罗夫举行了六盘对抗赛，最终以2比4失利。1997年“深蓝”卷土重来，改版并升级为“更深的蓝”，与卡斯帕罗夫再战。

1997年的人机大战仍以6局棋决胜负。在进行到第5局时，双方下成2.5：2.5打平，最后一盘成为对抗赛的关键！最终计算机战胜了人脑，成为20世纪90年代非常引人关注的事件。

更深的蓝—加里·卡斯帕罗夫

1997年弈于纽约人机大战第六盘

1.e4 c6 2.d4 d5

卡斯帕罗夫采用几乎没有下过的卡罗-卡恩防御令人费解，或许他想让计算机无所准备？

3.Nc3 dxe4 4.Nxe4 Nd7 5.Ng5 Ngf6 6.Bd3 e6 7.N1f3 h6?

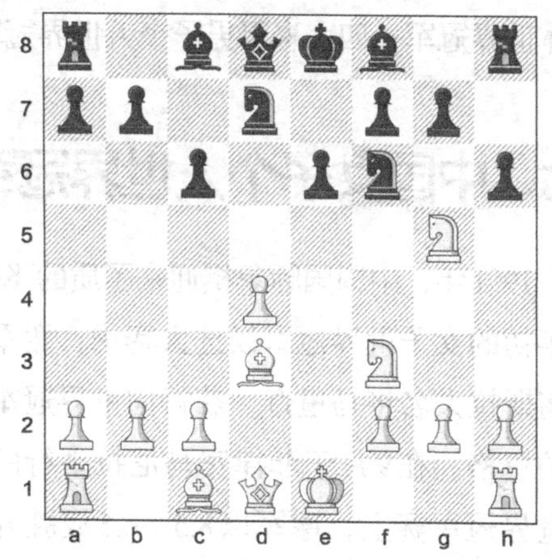

8.Nxe6 Qe7? 9.0-0 fxe6

10.Bg6+ Kd8 11.Bf4 b5?12.a4! Bb7

13.Re1 Nd5 14.Bg3 Kc8 15.axb5 cxb5 16.Qd3 Bc6? 17.Bf5! exf5

18.Rxe7 Bxe7 19.c4

白胜。

卡斯帕罗夫最终输掉了这场人机大战。这是历史上第一次计算机在对抗赛上打败人类棋王。对计算机领域来说，这是十分振奋人心的。然而对国际象棋界来说，个中滋味就难以言喻了。

六、国际象棋在中国的发展

现代国际象棋大约在19世纪传入中国。

据棋界元老谢侠逊先生编纂的《象棋谱大全》记载，1903年上海成立万国象棋会（当时国际象棋被称为万国象棋）。

国际象棋在上海传播，引起了当时世界棋坛的注意。1933年，世界冠军阿廖欣曾访问上海。谢侠逊是当时中国水平最高的棋手，在与阿廖欣的盲棋车轮战中，谢侠逊曾弈和阿廖欣。谢侠逊为国际象棋在中国的传播做出了极大贡献。

1956年，国际象棋和象棋、围棋一起，被列为体育竞赛项目。这是一个重要的里程碑，标志着包括国际象棋在内的棋类项目开始纳入国家体育运动的范畴，由国家开始倡导和开展。从此，国际象棋在中国的传播、发展和提高，出现了新的局面，进入了新的阶段。上海、广东、安徽、黑龙江等多个省市组建省队，国际象棋由自发性活动发展为有组织的活动。1986年，中国国际象棋协会成立。

20世纪50年代，中国国际象棋的国际交流很少，仅限于中苏两国之间的交流。苏联棋手曾于1958年、1963年、1965年三次来访。中国队曾在1964年回访苏联。中苏国际象棋的交流，促进了中国国际象棋的发展与提高。

1975年中国国际象棋恢复国际交往，国际棋联副主席坎波马内斯率领菲律宾代表团访问中国，随后国际棋联主席、前世界冠军尤伟也来访中国。中国也在这一年加入了国际棋联会籍。

1978年，中国男队前往阿根廷布宜诺斯艾利斯，完成世界奥林匹克团体赛首秀。戚惊萱坐镇一台，取得6胜2和5负的佳绩，引起国际棋界注目。刘文哲更是以精巧的构思和犀利的弃后，20回合妙胜荷兰特级大师唐纳，此对局被南斯拉夫《政治报》誉为一首优美动听的诗歌。

刘文哲－唐纳

Liu,Wenzhe(2200)－Donner,Jan Hein (2490) [B07]

1978年弈于布宜诺斯艾利斯

1.e4 d6 2.d4 Nf6 3.Nc3 g6 4.Be2 Bg7 5.g4!? h6 6.h3 c5 7.d5! 0-0? 8.h4! e6 9.g5 hxg5 10.hxg5 Ne8 11.Qd3 exd5 12.Nxd5 Nc6 13.Qg3 Be6 14.Qh4 f5黑方似乎还认为王可以逃亡。接下

来白方用了精彩的连将杀结束了战斗。

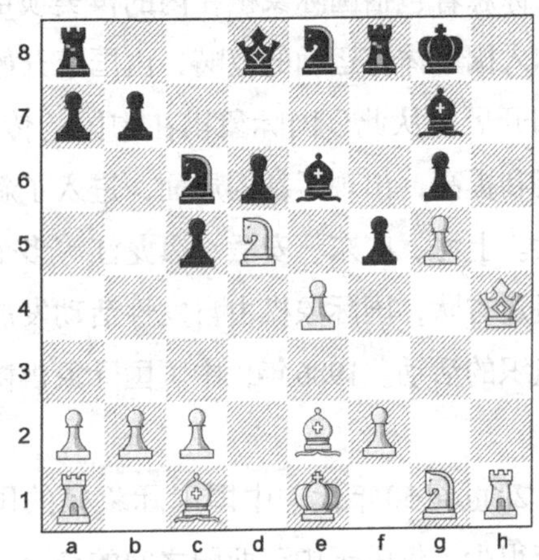

15.Qh7+ Kf7 16.Qxg6+!! Kxg6 17.Bh5+ Kh7 18.Bf7+ Bh6 19.g6+ Kg7 20.Bxh6+ 白胜。

多年后，刘文哲先生著书《国际象棋中国学派》，阐述了中国棋手的成就以及对世界棋坛的贡献。

两年后的1980年，中国女队在马耳他也完成了奥赛首秀。刘适兰、吴敏茜、安艳凤、赵兰齐心协力顽强拼搏，获得第六名，引起国际棋坛轰动。

此后，中国棋手在国际比赛屡有佳绩，梁金荣、刘文哲、戚惊萱和李祖年成为国际大师，刘适兰则在1982年成为亚洲首位女子特级大师。

1983年至1990年，中国国际象棋在普及和提高方面继续有着快速而惊人的发展。中国与世界的交往也在逐渐增多，中国棋手在国际比赛中的好成绩也越来越多。其中，在1983年美国芝加哥举行的世界青年团体锦标赛中，李祖年力克苏联名将尤苏波夫，引起棋界瞩目。

20世纪90年代中期，时任中国棋院院长的陈祖德便为中国国际象棋提出了“四步走”的战略规划：一、夺得女子个人世界冠军；二、夺得女子团体世界冠军；三、夺得男子团体世界冠军；四、赢得男子个人世界冠军。

七、中国女子个人世界冠军

1991年，中国国际象棋迎来了质的飞跃。在年初的女子世界冠军候选人赛中，谢军战胜南斯拉夫名将马里奇，获得向世界冠军挑战的资格。在9月于菲律宾马尼拉举行的女子世界冠军赛上，谢军以8.5∶6.5战胜齐布尔达尼泽，成为国际象棋历史上第七位女子世界冠军，打破了欧洲人垄断女子世界冠军的历史，为中国在世界棋坛的新纪元翻开了最新最美的一页。由此，中国国际象棋事业开始走向辉煌。

中国男女队在奥赛上也步步高升。1984—1988年奥赛，中国女队两次获得第四名。中国男队则两次进入前八。1990年奥赛，中国女队获得第三，首次登上领奖台，创下亚洲队伍在奥赛上的历史最好成绩。与此同时，谢军突出重围，在女子世界冠军候选人赛中获得头名。

谢军的历史性胜利，给国际象棋在中国的普及与发展注入了“强心针”，中国国际象棋人口猛增。

在谢军的带领下，中国女棋手开始光荣绽放，诸宸、许昱华、侯逸凡、谭中怡和居文君相继登上世界棋后宝座，中国的这六位世界棋后先后14次获得女子世界冠军。

八、中国女队登顶世界奥林匹克团体冠军

1998年10月12日，俄罗斯埃里斯塔传来喜讯：中国女队在第33届世界国际象棋奥

林匹克团体赛中荣获冠军，以第一位女子国际象棋世界冠军名字命名的“维拉·明契克流动奖杯”终于来到中国。

代表中国参赛的四位女棋手谢军、诸宸、王频和王蕾以优异战绩提前一轮锁定冠军。这是中国女队首次获得奥赛冠军!

中国女棋手的团体成绩越来越突出，1990—1994年，中国女队三次获得奥赛季军，1996年首获奥赛亚军。1998—2004年，中国女队完成奥赛四连冠! 2016年和2018年，又连续两次获得冠军。

可以说从20世纪90年代起，中国女子国际象棋逐渐进入世界前列，开启了全方位的领跑。在2024年1月的国际棋联最新公布的等级分榜中，侯逸凡高居榜首。

女棋手光荣绽放的同时，中国男子国际象棋也在迈着坚实稳健的步伐，朝世界顶尖水平前行。20世纪90年代，叶荣光、叶江川、徐俊、汪自力、彭小民、梁金荣、吴少彬等人相继获得特级大师称号。

此后，一批又一批优秀棋手层出不穷，逐渐崭露头角。其中包括章钟、张鹏翔、余少腾、卜祥志、倪华、王玥、李超、王皓、丁立人、余泱漪、韦奕等。人才的出现，也让中国男子国际象棋越来越有竞争力。2006年都灵奥赛，中国男队史无前例地获得亚军，创造了亚洲队在奥赛上的历史最佳战绩。

九、中国男队登顶世界奥林匹克团体冠军

2014年8月14日，第41届国际象棋奥林匹克团体赛在挪威落幕。中国男队在收官战中以3比1大胜波兰男队，从而以11轮比赛八胜三平场分19分的优异表现夺冠。这是中国男队首次获得世界冠军称号，打破了欧美国家对这个项目长达87年的垄断。

代表中国参赛的五位男棋手是王玥、丁立人、余泱漪、倪华和韦奕。他们相继战胜了欧洲冠军阿塞拜疆队、欧洲亚军法国队、欧洲劲旅匈牙利队、塞尔维亚队和波兰队，打平了赛会头号种子俄罗斯队、二号种子乌克兰队以及荷兰队。中国队是全场唯一保持不败的队伍。

2015年和2017年世界团体锦标赛，中国男队两度夺冠。

十、世界奥林匹克赛中国男女队获双冠

2018年，第43届世界国际象棋奥林匹克团体赛在格鲁吉亚城市巴统举行。中国在男子赛和女子赛中都获得了金牌。奥赛有史以来仅苏联在1986年获得过如此殊荣。中国成为继苏联之后第二个获得双冠军的国家，再次证明自1978年中国第一次参加奥林匹克赛之后40年，中国成为国际象棋项目水平最高的国家之一。

十一、中国男子个人世界冠军

经过一代又一代国际象棋选手坚持不懈的努力与奋斗，进入2023年，20世纪90年代提出的战略规划全部完成。2023年4月30日，中国男子国际象棋选手丁立人赢得了历史性胜利，成为国际象棋历史上第17

位男子世界冠军。

以丁立人、余泱漪和韦奕为代表的中国新生代棋手引人瞩目，韦奕成为世界上突破2600分和2700分大关最年轻的棋手，余泱漪也斩获奥赛最佳男棋手奖。

丁立人的夺冠使中国国际象棋站在了世界之巅。

丁立人—卡尔森

2022年Meltwater冠军网络巡回赛第二站–慈善杯赛预赛

时间：2022年3月19日

丁立人绝杀世界冠军卡尔森的对局，王与车马兵漂亮的配合：

1.Kd3 Bf6 2.Ke4 Be5 3.Kf5 Rb8 4.Kg5 Ra8 5.Kh6 Re8 6.g7 Rb8 7.Kg6 Re8 8.Rf7 Rc8 9.Rf8+ Rxf8 10.gxf8 Q#

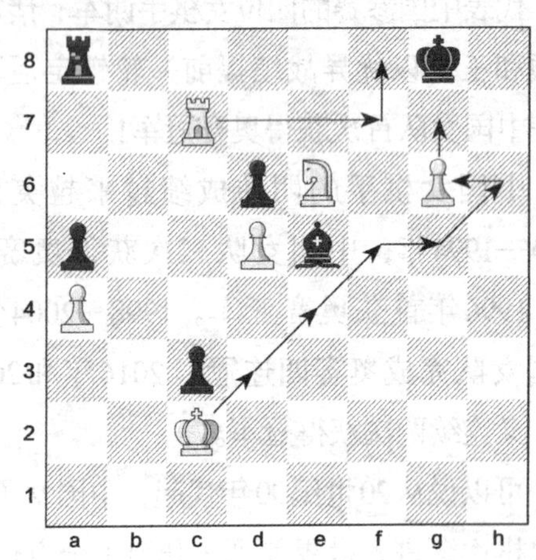

第十四讲

裁判基础知识

重点难点

1. 重点：了解对违规行为的定义及处罚条款。掌握如何在比赛过程中合理合规地提议和棋。区分何为三次重复和棋，何为50步限着和棋等。

2. 难点：了解裁判在比赛中的任务和职责。掌握国际象棋的各种和棋形式在规则中的定义及执行流程。

一、规则简史及裁判在比赛中的角色与职责

1. 规则简史

1924年7月20日国际棋联在法国巴黎成立。其主要职责就是制订国际象棋的正式竞赛规则。第一本国际象棋的法文官方竞赛规则于1929年出版，1952年经过国际棋联汇编修正后第一次修订版出版，修订版仍使用法文编写。

其后在1966年出版了带有注释的版本。第一本英文版本的国际象棋规则于1974年，由规则制订委员会制订并出版，其对之前的法文版国际象棋规则进行了重新编译和修订。在之后数年里，规则制订委员会根据一些比赛中得到的经验，对国际象棋规则不断进行完善。其后在1997年对国际象棋规则进行了最大的一次调整。整个规则被划分为三大部分，即行棋基本规则、比赛规则和附则。

2016年，国际象棋规则分为5个部分：国际象棋基本规则、竞赛规则、附则、指南和国际象棋规则术语表。

2017年，国际象棋基本规则有一些重大修改，其中违规着法以及和棋部分加入了一些新规则。这些改动非常具有挑战性，以至于将来需要进一步完善和再次改动。这些规则在2018年7月1日生效。

第一部分第1至第5条——对所有下国际象棋的人来说都很重要，是所有棋手都需要知道的基本规则。第二部分第6至第12条——主要适用于国际象棋比赛。第三部分包含快棋、超快棋、代数制记录法和视觉残障比赛规则等内容。第四部分包含封棋、960国际象棋、无加时比赛和加速结束制比赛指南。第五部分是国际象棋规则术语表。

从1997年开始，国际棋联规则制订委员会通常每隔四年对国际象棋规则进行一次大的修订，并于当年7月1日开始执行。

国际棋联大会于2022年8月批准了新的国际象棋规则，该规则已于2023年1月1日起生效。

2. 裁判在比赛中的角色与职责

在一场比赛中，裁判能起到沟通棋手与组委会的作用。

他们的作用不仅仅局限于监督对局过程，确保国际象棋规则得到遵循，他们还要确保维持良好的赛场竞赛秩序，使参赛者不受外界因素打扰，顺利进行比赛。所以裁判应该细致检查比赛场地、设施、器材和环境等赛场整体情况。另外，还要注意避免棋手出现作弊行为。

裁判在一场比赛中的具体职责如下。

（1）确保国际象棋规则得到严格遵守。

（2）确保公平竞赛。比赛中要细致观察，避免棋手作弊。

（3）维护竞赛利益，维护良好竞赛环境，确保棋手不受到打扰，监督比赛进程。

（4）监督对局过程，尤其当棋手处于用时紧迫阶段。执行所作决定，对于违规情况作出合理判罚。

为此，裁判需要具备必要的业务能力，审慎判断以及做到绝对客观。

不同比赛所需裁判数量不一，取决于比赛的类别（团体赛或个人赛），赛制（循环赛、瑞士制、淘汰赛、对抗赛）以及参赛棋手数量和比赛级别。

一般来说，需要指派一名裁判长、一名副裁判长及一些裁判员（大概每20到25名棋手配备一名裁判员）。特殊情况下会任命助理裁判员（比如加赛时需要每局棋都有人监督）。

此外，以下几条要求在比赛中对于裁判员十分重要。

（1）对于参赛棋手、队长和观众，应表现出足够的尊重和必要的尊严。应负责处理比赛中出现的任何争端和维护比赛的良好形象。

（2）每轮比赛监管尽可能多的对局。裁判必须照管好所负责的对局，监督比赛进程（尤其在棋手出现用时紧迫的问题时）。裁判不得因吸烟或和朋友、观众、官员及他人谈话而离开比赛场地，不得擅离职守，不得到其他赛区观看比赛。不得坐在椅子上读书看报（棋类书也不可），或是躲在一旁上网。裁判也不得在比赛期间于赛场内接打电话。国际象棋规则中有关移动电话方面的规定不仅适用于参赛棋手、领队和观众，也同样适用于裁判。比赛中若裁判不在场或是注意力不集中，往往会导致他不了解事发的真正原因，从而产生严重问题。如果裁判心不在焉，如何在双方棋手因摸子未走（一方棋手不同意另一方棋手在摸子之前说过"我摆正下棋子"而产生矛盾）而产生争执的情况下做出公平判断？如果不知道真实情况，裁判做出正确决定的概率只有一半，其可靠程度大大降低，这样就会失去棋手的信任。

当然，人非圣贤孰能无过。但作为裁判必须尽自身最大能力避免此类情况发生。

（3）履行执裁任务时认真负责。裁判应在当轮比赛开始前到达比赛场地，听从裁判长的指示，这是确保比赛能够顺利进行的工作之一。

（4）要富有团队精神，与其他裁判通力合作。

裁判员的工作主要是团队合作性质的，在比赛中应尽量互帮互助，以避免比赛期间出现任何问题。如果裁判员对于自己负责监督的对局所作出的裁决拿不准，就要咨询裁判长的意见。

（5）仔细研究比赛规程，如果国际象棋规则和竞赛规程出现任何变化，要及时更新及时了解。

裁判要了解国际象棋规则和竞赛规程，这样才能在需要时迅速做出决定，因为对局要继续，不能让参赛棋手等待太长时间。

（6）熟练掌握电子棋钟的使用。不可以让正在比赛的棋手长时间等待裁判校正电子棋钟。

（7）遵守比赛着装要求。裁判员要着装得体，提高国际象棋在体育运动中的形象。

二、重点竞赛规则举例

1. 对各种违规行为的定义

对于比赛中可能出现的各种违规行为及着法，在国际象棋规则中被统一划归在第七条。为方便读者对照检索，下面按照规则原文顺序（7.1至7.6）罗列，并对其中重点规则做相应解读。

7.1 如果对局过程中出现违规行为，且对局必须恢复到违规行为发生前的局面。裁判应充分利用他的判断力，以确定棋钟上应表明的时间。这包括不改变棋钟时间的权利。如有必要，他还应调整时钟的步数记录器。

7.2 初始局面错误

7.2.1 如果在对局过程中发现棋子的原始位置摆错了，对局应该作废重下。

解读：棋子初始位置摆错，必须在对局结束之前发现。否则对局结果将成立。如果比赛采用了电子棋盘进行录制的话，在出现不符合规则的着法后，程序会停止录制。这时候计算机操作人员应该通知裁判，而裁判则应立刻检查该对局的错误是如何造成的。

7.2.2 如果在对局过程中发现棋盘的放置颠倒（与第2.1条款规定的正好相反），应将此时的局面转移到正确放置的棋盘上再继续对局。

7.3 如果对局开始后发现双方棋子颜色颠倒，如不足10个回合应作废重下，10个回合以后，对局应该继续进行。

解读：10个回合或之后，对局继续进行。如果对局不足10个回合将恢复正确的棋色重下，无论现在棋盘上的局面如何，无论还有多少棋子或有多少棋子之前被吃掉。

如果一场少于10个回合的，颜色用反的比赛以正常的方式结束（例如将死、认输或协议和棋），则结果成立。

7.4 棋子位置错误

7.4.1 如果一方使一个或者更多的棋子错位，他必须使用自己的时间使局面复位。

7.4.2 如果必要的话，无论是行棋方或者是其对手均可停钟，并向裁判寻求帮助。

7.4.3 裁判可以处罚使棋子错位的棋手。

解读：在处理这一条款时，裁判应非常小心。比如棋手A是行棋方，棋手B意外碰倒了棋子，需要摆正。这时，棋手A立刻开动了棋手B的棋钟，这样做是不正确的。如果棋手A认为自己受到了干扰，他可以按停棋钟并寻求裁判的帮助。裁判可以根据具体情况酌情给A加时或给B减时。如果A错误地开启B的棋钟，会导致加时以及步数记录器的一系列错误。

大多数问题发生在快棋或超快棋中。应按照第12.9条款的规定处罚。棋手不应因不小心碰倒棋子而被判负。如果他故意这样做以争取时间，或者是多次这样做，那就不一样了。

7.5 违规着法

7.5.1 一旦棋手按下棋钟，则视为不符合规则的着法完成。一旦对局中不符合规则的着法完成，应立刻将局面恢复到出现不符合规则的着法之前的形势。如果这一最近的不合规则的形势不能确认，那么向前顺移至能够确认的尽可能近的形势，用合乎规则的着法替代不符合规则的着法的时候援用第4.3和4.7条款，之后对局继续。

解读：在违规行为出现的早期就发现并纠正是至关重要的。如果对局结束，双方签字，那么违规将不再纠正，结果已经成立。

一旦对局中不符合规则的着法完成，应立刻将局面恢复到出现不符合规则的着法之前的形势。这时候应该按照行棋规则处理，如果可能，应该走第一个触碰的棋子，无论这个棋子走了不合规则的着法或者已被吃掉。如果这一违规是由于忽略对方的将军造成，那么如果可能的话，现在应该用触摸的棋子进行格挡或者吃掉对方将军的棋子。

直到棋手按停他的棋钟才能宣布不符合规则的着法成立。因此，只要他没有按动棋钟，棋手可以在不被处罚的情况下纠正自己的动作，即使他已经在棋盘上释放了棋子。当然，他必须遵守第4条款的相关规定。

如果裁判发现不符合规则的着法，他应立即干预，而不应等待棋手提出诉求。

7.5.2 如果棋手将兵移动到对方底线，按下棋钟，但没有将兵更换为新的棋子，则视为违规。兵将被一个与兵颜色相同的后所取代。

7.5.3 没有走棋就按钟，视为违规而被处罚。

解读：如果棋手重新开启了对方的棋钟，而非按停棋钟。在某些情况下，裁判可以视为意外而适当降低处罚尺度。

比如棋手B走出不符合规则的着法，棋手A本应按停棋钟，但是他错误地开启了B的棋钟。这种情况是否应该按照第7.5.3条款进行判罚呢？如果棋手A并非故意开启B的棋钟，裁判应判断是否因此导致违规或是干扰对方，应当根据实际情况灵活处理。

7.5.4 如果用两只手走棋（如易位、吃子或升变时）并按钟，应视为违规进行处罚。

解读：按下棋钟之前对局就结束了，不适用这一条。

7.5.5 按照第7.5条款执行的时候，一个棋手第一次走出不符合规则的着法，则给其对手棋钟上加时2分钟。如同一棋手第二次出现违规行为则裁判应判其负。但是，如果一方通过任何可能的合乎规则的着法都无法将死对方的王，则对局结果作和。

解读：如果棋手触犯以上任何一项不符合规则的着法中的两项（2），他将被判负。然而，当一步棋中同时出现有两个（2）不符合规则的着法（例如用两只手完成非法王车易位；用两只手完成非法升变或是吃子），他们将被视为一次（1）不符合规则的着法，不可判负，除非第二次这样做。

吃对方的王为不符合规则的着法，将受到相应处罚。

7.6 如果在对局过程中发现棋子放错了位置，应将局面恢复到棋子错位之前的形势。如果这一最近的不合规则的形势不能确认，那么向前顺移至能够确认的尽可能近的形势，然后按照恢复的局面继续对局。

解读：毋庸置疑，双方棋手在恢复正确局面，检查应该从哪个局面继续对弈的时候，需要在裁判的监督下进行。

2. 规则中对和棋的定义

在三项棋类当中，国际象棋出现和棋的可能性最大，包括理论和棋、逼和、重复和棋、限着和棋以及协议和棋。所以关于和棋的规则也相对复杂，在国际象棋规则中它们被统一划归在第九条。为方便读者对照检索，下面按照规则原文顺序（9.1至9.6）罗列并对其中重点规则做相应解读。

9.1 提议和棋与比赛规定

9.1.1 赛前制订的细则中可以特别规定，棋手在一定步数或对局全过程内不得提出或接受和棋协议。这项规定不必事先得到裁判允许。

解读：如果比赛打算使用这一条规定，那么应在比赛邀请函中详细注明限制议和着数或是全程禁止议和。在赛前的技术会上裁判最好将具体规定再次重申。需注意的是本条规定只是限制协议和棋。规则第9.2、9.3和9.6条款在比赛全过程中仍然适用，让他们在少于限制和棋的步数内，构成和棋，这必须被裁判接受。例如，在一场有30回合之前限制和棋的比赛中，如果两名棋手在第20步后三次重复局面，那么裁判必须允许和棋。如果两名棋手都没有提出三次重复局面和棋，之后重复局面发生了五次，那么裁判必须介入并宣布和棋结果，见第9.6.1条款。

9.1.2 如果比赛允许议和，那么下面的具体规定将适用。

9.1.2.1 一方想提议和棋必须首先走出一着棋，然后提出和棋建议，再按停己方的棋钟，并启动对方的棋钟。对局过程中其他任何时间提议和棋也都有效，但不能违反第11.5条款的规定。提和不能有任何附加条件。对方对于提和建议可以接受，也可以口头拒绝或者以触摸一个棋子意在走子或吃子的方式表示拒绝。在对方接受或拒绝和棋建议及对局以其他途径结束之前，该方所提出的和棋建议不能撤回并始终有效。

9.1.2.2 提和时每个棋手应在记录纸上记上如下符号：(=)。

解读：此条规则对裁判很有价值，值得推广使用。如果棋手申诉对方屡次提和，干扰了自己思考，那么可以从记录纸上看到很多均势的标记。

9.1.2.3 按照第9.2或9.3条款提出和棋要求者，应被视为提议和棋。

解读：正确的提和顺序如下。

1. 走一步棋。

2. 提和。

3. 按钟。

如果一方提和顺序错误，他的提和仍然有效，不过裁判可以根据第12.9条款，对错误提和的一方进行处罚。提和不能有任何附加条件，比如一方提和但强迫对方必须在两分钟内作出答复。还有在团体比赛中，一方提和但同时要求对手的其他台次的对局认输或者必须同时都和棋。在这两个例子中的提和都是有效的，但其附加条件都被视为无效。

根据第9.1.2.3条款：一方提和，如对手立即同意，裁判无须检查其提和依据是否有效。但要注意，如果赛前制订过限制提和规定（比如在双方走满30回合之前不允许议和），而且提和的行为又发生在被限制步数以内。此时，即便对手已经同意和棋，裁判仍需检查提和依据是否有效。

9.2 当一个对局中第三次出现完全相同的局面（不一定是连续重复着法），行棋方一旦提出，对局结果作和。这可以有以下两种情况。

9.2.1 相同局面即将至少第三次出现，行棋方先在记录纸上写下着法（不能更改），然后向裁判声明，他准备走出该着法，或者

9.2.2 相同局面已经至少第三次出现，而且轮到提和方行棋。

9.2.3 这两种情况的局面都被视为相同局面。所谓相同局面是指每次都轮到同一方行棋，同种同色的棋子都占据同样的格子，而且双方所有棋子的可能着法都是相同的局面。因此，下面的情况不属于相同局面。

9.2.3.1 在之前的局面一方原可以吃过路兵，而后来相同的局面却不能吃了。

9.2.3.2 在之前的局面一方原可以王车易位，而后来相同的局面因为王或车移动过而永久性丧失了易位权利。

解读：只有棋钟在走着的行棋方，才可以据此提和。

检查提和的有效性，正确的做法是在当事者双方面前进行。另一个建议是进行复盘，不要只依赖于记录纸。如果比赛采用了电子棋盘，也可以在计算机上进行这种验证。

9.3 如果行棋方在如下两种情况之下提出和棋，对局结果作和。

9.3.1 行棋方在走棋之前先在记录纸上写下着法，然后向裁判声明他准备走出该着法（不可更改），将造成最近连续50回合内，双方没有走动任何一兵，也没有吃过任何一子。

9.3.2 最近连续50回合内，双方没有走动任何一兵，也没有吃过任何一子。

解读：参看第9.2条款的注释。

9.4 如果棋手触摸了棋子（参看第4.3条款），那么他就失去了根据第9.2或者9.3条款提和的权利。

解读：当然，棋手触摸子后只是失去了当着提和的权利。在后续对局过程中，他仍然拥有根据实际情况提和的权利。

9.5 提议和棋

9.5.1 如果行棋方按照第9.2条款或者第9.3条款提出和棋要求，他或者裁判将停止棋钟（参看第6.12a或6.12b条款），他的提和要求不可撤回。

9.5.2 如经审查，提和理由成立，对局即告判和。

9.5.3 如经审查，提和理由不成立，裁判应在其对手所余时间上加上两分钟，然后继续对局，提和方必须根据行棋规则（第3条款、第4条款）在棋盘上走出宣布准备走的着法。

解读：这种情况并不视为违规。

宣布要走的着法如果不合规则，那么必须走该子符合规则的另一种着法，这里第4条款的其他细节规定也都有效。

9.6 如果下面的一种或是两种情况发生，那么对局判作和棋。

9.6.1 如同第9.2.2条款提及的方式，双方局面重复至少五次。

9.6.2 任何连续75回合内，双方没有走动任何一兵，也没有吃过任何一子的情况。如果最后一步导致将杀，那么将杀成立。

解读：在第9.6.1条款的情况下，五次重复不需要连续。在第9.6.1和9.6.2条款两种情况下，裁判都必须介入并停止对局，宣布对局为和棋。

（注：本书印刷时，国内比赛尚未启用国际棋联2023年1月生效的新规则，仍在使用经过中国国际象棋协会审定的2020版规则，因此本讲列举的是2020版规则的重点内容）

第十五讲

等级称号

重点难点

1. 重点：了解不同等级称号的排序和称号有效期的知识。

2. 难点：区分国际棋联认可的专业称号和国内业余等级称号。掌握获取等级称号所需达到的各种先决条件。

一、国际棋联（FIDE）国际称号条例节选

以下规定只能由国际棋联理事会在资格委员会（QC）的建议下进行修改。此类更改应适用于从其生效之日起或之后开始的比赛。

国际棋联国际称号由资格委员会保护认证，资格委员会是最终评定单位。这些称号适用于面对面比赛。国际称号如下：

特级大师（GM）、国际大师（IM）、棋联大师（FM）、候补大师（CM）、女子特级大师（WGM）、女子国际大师（WIM）、女子棋联大师（WFM）、女子候补大师（WCM）。

国际称号自获得日开始，终身有效。

违反国际棋联称号或等级评分系统的道德原则，可能导致棋手被取消国际称号，取消称号由资格委员会和道德委员会提出建议，并由国际棋联理事会采取最终行动。

国际称号只能在它得到确认后开始的比赛中用于对手成绩的计算。

当界定获得称号的年龄时，应以获得最后一次标准分并同时满足等级分要求时为准，若两者非同时获得则以较晚的日期为准。

棋手获得称号后，如果发现他在据以申报的一个或多个比赛中，曾经有过违反反作弊条例的行为，资格委员会有权撤销其称号。棋手所在的协会在接到称号的书面通知后30天内可以对国际棋联主席团的决定提出申诉。

表现等级分是基于棋手的成绩和对手的平均等级进行计算的。

称号表现分指根据该称号所定义的对手平均等级分的最低值。

特级大师成绩是，对手平均等级分为≥2380时，取得表现等级分≥2600。

国际大师成绩是，对手平均等级分≥2230时，取得表现等级分≥2450。

女子特级大师成绩是，对手平均等级分≥2180时，取得表现等级分≥2400。

女子国际大师成绩是，对手平均等级分≥2030时，取得表现等级分≥2250。

直接授予的称号 是在比赛中因取得某个名次或成绩直接获得的称号。例如，在比赛中胜出或取得得分大于50%成绩的棋手，根据棋手所在棋协的申请和资格委员会的批准认可，这类称号由国际棋联自动授予。

为了获得直接授予的称号，称号申请者必须已达到的最低等级分规定如下：

GW	2300	WGM	2100
IM	2200	WIM	2000
FM	2100	WFM	1900
CM	2000	WCM	1800

如果申请者的等级分低于直给称号规定的最低等级分，称号可先暂行授予，然后当他一经达到规定的最低等级分后即由其所在协会申报授予正式称号。任何拥有临时称号的棋手达到低一级称号所需要的最低等级分时，可先申请授予低一级称号。

二、国际棋联（FIDE）裁判称号条例节选

（一）总则

可授予的头衔有：

国际棋联裁判（FA）

国际裁判（IA）

本称号条例描述了获得裁判称号所需的资格和过程。

称号自授予或注册之日起终身有效。

评审单位是国际棋联裁判委员会。

理事会在与裁判委员会主席协商后，可确认国际裁判称号。

裁判委员会可通过通信或在线投票方式推荐称号。

（二）裁判标准分

评估裁判表现的证书可从国际棋联评级赛事中获得。这种证书被称为“裁判标准分”证书。

原则上，希望获得标准分的裁判应全程出席整个比赛，除非在规定中另有明确说明。

官方裁判标准分证书分为国际棋联裁判标准分报告表（FA1）和国际裁判标准分报告表（IA1）两种。

申请FA和IA称号应包括4个标准分。从2024年7月1日起，IA头衔申请应包括5个标准分（1个来自培训班）。

（三）标准分授予赛事类型

1. 国际棋联评级赛事

在国际棋联计算等级分的赛事可用于裁判标准分，包含以下赛制：

瑞士制

循环赛

双循环赛

团体赛（联赛）

淘汰赛

其他赛事（需经裁判委员会审核）

2. 计算等级分的半线上赛事

只有之前得到国际棋联资格委员会和国际棋联裁判委员会认可的赛事才可用于颁发裁判标准分。

3. 裁判培训班

三、国内棋手称号

国际象棋运动员技术等级标准

一、国际级运动健将

凡符合下列条件之一者，可申请授予国际级运动健将称号：

（一）世界杯（个人）前8名；

（二）世界锦标赛（团体）、世界奥林匹克团体赛前6名；

（三）世界大学生运动会个人前6名，团体第1名。

二、运动健将

凡符合下列条件之一者，可申请授予运动健将称号：

（一）世界杯（个人）第9~16名；

（二）世界锦标赛（团体）、世界奥林匹克团体赛第7~12名；

（三）世界大学生运动会个人第7~16名，团体第2~6名；

（四）亚运会、亚洲室内运动会个人前16名，团体前6名；

（五）全国智力运动会团体前6名，少年个人前6名，少年团体前3名；

（六）全国锦标赛（个人）前24名；

（七）全国锦标赛（团体）前6名；

（八）全国青少年锦标赛（个人）青年组、甲组前3名；

（九）全国青少年锦标赛（团体）青年组、甲组前2名。

三、一级运动员

凡符合下列条件之一者，可申请授予一级运动员称号：

（一）全国智力运动会团体第7~10名，少年个人第7~12名，少年团体第4~6名；

（二）全国锦标赛（个人）参赛人数44人（含）以上，录取总成绩册名次第25~32名；

（三）全国锦标赛（团体）第7~12名；

（四）全国青少年锦标赛（个人）青年组、甲组第4~8名，乙组前6名，丙组前3名；

（五）全国青少年锦标赛（团体）青年组、甲组第3~6名，乙组前3名，丙组第1名。

四、二级运动员

凡符合下列条件之一者，可申请授予二级运动员称号：

（一）全国智力运动会团体第11~12名，少年个人第13~18名，少年团体第7~10名；

（二）全国锦标赛（个人）参赛人数60人（含）以上，录取总成绩册名次第33~48名；

（三）全国锦标赛（团体）第13~16名；

（四）全国青少年锦标赛（个人）青年组第11~18名，甲组第9~16名，乙组第7~16名，丙组第4~8名，丁组第1名；

（五）全国青少年锦标赛（团体）青年组、甲组第7~10名，乙组第4~6名，丙组第2~3名，丁组第1名。

五、三级运动员

凡符合下列条件之一者，可申请授予三级运动员称号：

（一）全国锦标赛（个人）参赛人数72人（含）以上，录取总成绩册名次第49~60名；

（二）全国锦标赛（团体）第17~30名；

（三）全国青少年锦标赛（个人）青年组第17~24名，甲组第17~24名，乙组第17~22名，丙组第9~16名，丁组第2~3名；

（四）全国青少年锦标赛（团体）青年组、甲组第11~16名，乙组第7~10名，丙组第4~6名，丁组第2~3名；

（五）省（区、市）体育行政部门、市（地、州、盟）体育行政部门主办的个人锦标赛前16名，团体锦标赛前6名；

（六）省（区、市）体育行政部门、市（地、州、盟）体育行政部门主办的少年个人冠军赛甲组、乙组前8名，丙组、丁组前3名；少年团体冠军赛甲组、乙组前3名，丙组、丁组前2名。

注：1. 可授予等级称号的小项（以下小项外的其他小项不得授予等级称号）：

男子、女子：个人、团体

2. 上述比赛各小项须至少8人（队）上场比赛方可授予等级称号。

3. 上述比赛未明确级别的，则仅最高水平组别可授予等级称号。

4. 全国锦标赛（团体）申请等级称号的参赛棋手的出场率不低于50%，胜率不低于55%。全国青少年锦标赛（团体）申请等级称号的参赛棋手的胜率不低于55%。其他团体项目申请等级称号的参赛棋手的出场率不低于50%。相关证明由比赛组委会提供。

5. 可授予等级称号的比赛，省级和地方性比赛不得少于7轮棋，每轮棋每方用时不得少于60分钟；全国比赛不得少于9轮棋，除全国智力运动会外，其他全国比赛每轮棋每方用时不得少于60分钟。

6. 全国和地方比赛的分组：甲组为16岁组，乙组为14岁组，丙组为12岁组，丁组为10岁组。

7. 全国锦标赛（个人）包括个人甲组、个人乙组，以全国锦标赛（个人）的总成绩册为申请等级称号的依据。

中国国际象棋协会棋士等级称号条例

一、中国国际象棋协会棋士等级称号的设置

中国国际象棋协会（以下简称“本协会”）棋士等级称号共设17个等级和荣誉棋协大师称号。17个等级从低到高依次为棋协十五级至一级棋士、候补棋协大师、棋协大师称号。

二、中国国际象棋协会棋士等级称号的产生

（一）本协会以及各省、自治区、直辖市、计划单列市国际象棋主管部门（以下简称“省级管理部门”）、省辖市一级国际象棋主管部门（以下简称“市级管理部门”）、县级国际象棋主管部门（以下简称“县级管理部门”）主办的国际象棋比赛，根据比赛级别及棋手所取得的成绩，均可授予棋手相应的棋士等级称号。

（二）对积极支持国际象棋运动发展且有重大贡献者，可授予荣誉棋协大师称号（具体见本条例第六条）。

（三）获得一级运动员、二级运动员等级称号者，均可申报棋协大师称号。

（四）晋升本协会候补棋协大师和棋协大师等级称号的比赛轮次不得少于9轮，比赛双方每局用时总和不少于120分钟，比赛每日对局数不得超过4轮。

（五）晋升本协会六级至一级棋士等级称号的比赛轮次不得少于7轮，比赛双方每局用时总和不少于50分钟。

（六）晋升本协会十级至七级棋士等级称号的比赛轮次不得少于5轮，比赛双方每局用时总和不少于50分钟。

（七）本协会十五级至十一级棋士等级称号可采用以下任意一种方式授予相应等级。

1. 根据考核直接授予，具体指导标准如下。

十五级棋士：掌握国际象棋规则，能下完一盘棋。

十四级棋士：15分钟内解答10道一步杀棋题。

十三级棋士：20分钟内解答15道一步杀棋题。

十二级棋士：25分钟内解答10道一步杀棋题、5道两步杀棋题。

十一级棋士：30分钟内解答15道一步杀棋题、10道两步杀棋题。

2. 采用比赛的形式

晋升本协会十五级至十一级棋士等级称号的比赛轮次不得少于5轮，比赛双方每局用时总和不少于40分钟。

（八）各地各级比赛应根据参赛人数和赛制，确定具体比赛轮次和用时，使之更加符合竞赛原则和公正性。

三、中国国际象棋协会棋士等级称号晋升得分率表格

（一）根据棋手在比赛中取得的成绩（得分率），参照晋升等级的对照表，可申报本协会各级别棋士等级称号。

棋士等级称号晋升对照表如下：

各级晋升得分率 原有级别	棋协大师	候补棋协大师	棋协一级棋士	棋协二级棋士	棋协三级棋士	棋协四级棋士	棋协五级棋士	棋协六级棋士	棋协七级棋士	棋协八级棋士	棋协九级棋士	棋协十级棋士	棋协十一级棋士	棋协十二级棋士	棋协十三级棋士	棋协十四级棋士	棋协十五级棋士
候补棋协大师	65%																
棋协一级棋士		65%															
棋协二级棋士			55%														

续表

各级晋升得分率 原有级别	棋协大师	候补棋协大师	棋协一级棋士	棋协二级棋士	棋协三级棋士	棋协四级棋士	棋协五级棋士	棋协六级棋士	棋协七级棋士	棋协八级棋士	棋协九级棋士	棋协十级棋士	棋协十一级棋士	棋协十二级棋士	棋协十三级棋士	棋协十四级棋士	棋协十五级棋士
棋协三级棋士				55%													
棋协四级棋士					50%												
棋协五级棋士						50%											
棋协六级棋士							50%										
棋协七级棋士								40%									
棋协八级棋士									40%								
棋协九级棋士									70%	40%							
棋协十级棋士										50%	30%						
棋协十一级棋士											50%	30%					
棋协十二级棋士												50%	30%				
棋协十三级棋士													40%	20%			
棋协十四级棋士														40%	20%		
棋协十五级棋士															40%	20%	
无等级棋手																40%	20%

表中得分率计算：得分率=得分 ÷ 轮次 × 100%

（二）按年龄分组的比赛，根据赛事类型和级别，可申报本协会相应棋士等级称号。

1. 全国国际象棋少年冠军赛。8岁组及以上组别最高可申报棋协大师称号。

2. 其他类型的全国赛事如按照年龄分组，则8岁组最高可申报候补棋协大师称号；10岁组及以上组别最高可申报棋协大师称号。候补棋协大师和棋协大师的晋升，达到胜率的同时，还须进入年龄组前八名，两个条件同时满足才可以晋升。

（三）全国国际象棋棋协大师赛、全国国际象棋青少年公开赛等按照级别分组的比赛，达到胜率则可以晋升相应级别。

（四）全国中学生国际象棋锦标赛、全国大学生国际象棋锦标赛按照年龄分组或按照级别分组，达到胜率要求最高均可晋升棋协大师称号。

（五）各地业余成年赛最高可以晋升至三级棋士，最低从六级棋士开始晋级，即达到晋级六级棋士的相应胜率可直接从无等级棋手晋级为六级棋士；如在主要为青少年儿童参加的比赛中，单独设立业余成年组，也可最低从六级棋士开始晋级，晋升至三级棋士为止。

四、中国国际象棋协会棋士等级称号的审批

（一）本协会可批准授予棋协大师、候补棋协大师以及荣誉棋协大师称号。

（二）省级管理部门可批准授予本协会一级至十五级棋士等级称号。

（三）市级管理部门可批准授予本协会三级至十五级棋士等级称号。

（四）县级管理部门可批准授予本协会五级至十五级棋士等级称号。

（五）本协会棋士等级称号实行属地管理，各级审批单位不得接受非属地棋手的称号晋级申请（属地棋手指有本地户口，或者有正式学籍者）。

（六）棋协大师和候补棋协大师证书由本协会办理，一级（含）以下棋士等级证书由属地办理。

五、中国国际象棋协会棋士等级称号的证书管理

（一）证书颁发机构

1. 本协会为国家级管理颁发机构。

2. 各省级管理部门为一级管理代发机构。

3. 各市级管理部门为二级管理代发机构。

4. 各县级管理部门为三级管理代发机构。

5. 各地一级管理代发机构在条件成熟的情况下应发展二级管理代发机构，二级管理代发机构在条件成熟的情况下应发展三级管理代发机构。各级管理代发机构应在上一级管理代发机构的指导下开展工作。

6. 各级管理代发机构,应按照本协会棋士等级称号证书的统一标准收费,不得自行提高收费标准。

7. 本协会每年征收一次一级管理代发机构的棋士等级证书订单。一级管理代发机构须于每年规定时间内，向本协会递交证书订单。

8. 棋协大师和候补棋协大师证书的办理，由比赛组委会负责收齐所有资料，于赛后将资料邮寄至本协会。本协会不接收个人办证申请。

（二）棋士等级证书由本协会统一制作和颁发。

六、中国国际象棋协会荣誉棋协大师称号的审批

（一）本协会对有特殊贡献的人士颁发荣誉棋协大师称号，可以由本协会直接授予或地方推荐，经本协会批准后授予荣誉棋协大师称号。

（二）地方推荐荣誉棋协大师称号的申报程序：由申报单位填写申报表，推荐至省级国际象棋主管部门审核盖章，报本协会批准，核发荣誉棋协大师证书。

（三）可申报本协会荣誉棋协大师称号的单位

1. 各省、自治区、直辖市、计划单列市国际象棋主管部门。

2. 具有独立法人资格的各地俱乐部和其他培训机构。

七、本条例的解释权和修改权归本协会所有。

八、本条例自公布之日起实施,原《中国国际象棋协会棋士等级称号条例(2018版)》同时废止。

四、中国国际象棋协会裁判员管理办法(2018版)

第一章 总则

第一条 为保证国际象棋比赛公平、公正、有序进行，规范竞赛裁判员资格认证、培训、考核、注册、选派、处罚等监督管理工作，加强国际象棋裁判队伍的建设，根据2015国家体育总局令第21号《体育竞赛裁判员管理办法》和《中国国际象棋协会章程》，特制定本办法。

第二条 国际象棋竞赛裁判员（以下简称“裁判员”）实行分级认证、分级注册、分级管理。

第三条 中国国际象棋协会对全国各级国际象棋裁判员的管理工作进行监管。

第四条 中国国际象棋协会（以下简称“本协会”)、各级地方政府体育主管部门负责本地区相应技术等级裁判员的资格认证、培训、考核、注册、选派、处罚等（以下简称“技术等级认证”）监督管理工作。

第五条 本协会裁判员的技术等级分为国家级、一级、二级、三级。获得世界国际象棋联合会（FIDE）有关裁判资格认证者，统称为国际级裁判员。

第六条 本协会负责我国国际级裁判员注册和日常管理工作，并对我国国际级裁判员在国内举办的体育竞赛中的执裁工作进行监管。

第七条 本协会负责国际象棋项目各级裁判员的技术等级认证等工作的管理，具体负责对国际象棋国家级裁判员进行技术等级认证等管理工作，负责对国际象棋一级（含）以下裁判员的技术等级认证等工作进行管理和业务指导。

第八条 承接省、自治区、直辖市政府体育主管部门一级裁判员技术等级认证工作职能的省级国际象棋协会或棋类协会，可负责本地区一级（含）以下裁判员的技术等级认证等管理工作。承接地（市)、县级政府体育主管部门二、三级裁判员技术等级认证工作职能的同级地方国际象棋协会或棋类协会，负责二级、三级裁判员的技术等级认证等管理工作。

第九条 解放军体育主管部门、全国行业体育协会负责本系统、本单位国际象棋运动项目的一级以下裁判员的技术等级认证等管理工作。

第十条 地方棋类协会组织不健全的，应由相应的地方政府体育主管部门按照总局第21号令《体育竞赛裁判管理办法》的各项规定，负责本地区裁判员的有关监督管理工作。

第二章 竞赛裁判委员会

第十一条 本协会成立竞赛裁判委员会（以下简称“竞委会”），是本协会分支机构。竞委会在本协会领导下，具体负责裁判员的技术等级认证等监督管理工作。

第十二条 竞委会设主任1人，副主任2至4人，常委（或执委）和委员若干人。竞委会由本协会专职人员和注册的国际级、国家级裁判员组成。本协会专职人员在竞委会常委会（或执委会）任职人数不超过五分之一。每届竞委会任期不超过4年。

第十三条 竞委会委员由上一届竞委会常委会（或执委会）差额提名推举名单，经新一届竞委会无记名投票选举产生，并报本协会核准。竞委会主任、副主任由本协会提名推荐，由竞委会常委无记名投票，三分之二以上常委表决同意。竞委会主任、副主任、常委人选需报本协会核准，名单向社会公布。

第十四条 本协会竞委会负责制定裁判员发展规划；制定裁判员管理的相关规定和实施细则；组织裁判员培训、考核；国家级、国际级裁判员资格认证、注册；对裁判员的奖惩提出意见；执行世界国际象棋联合会的竞赛规则和裁判法规；研究制定国内竞赛规则和裁判法规的补充规定。

第十五条 各省、自治区、直辖市政府体育主管部门或地方国际象棋协会（或棋牌协会）应当结合本地区国际象棋开展情况成立地方裁委会。地方裁委会名单应当向本协会备案，并向社会公布。地方裁委会应由不少于三名一级（含）以上技术等级的裁判员组成。

第三章 注册

第十六条 本协会对国际象棋裁判员实行注册制度。

第十七条 各级裁判员须在本协会官网注册成为本协会裁判员。

第十八条 国际级、国家级裁判员每2年向本协会进行注册；每双数年的12月1日至次年1月31日为国际象棋裁判员的注册期。一级（含）以下裁判员注册可由各省、自治区、直辖市体育行政部门或地方协会作出规定。

第十九条 裁判员须持有注册有效期内的相应裁判员技术等级证书方能参加各级国际象棋比赛的执裁工作。

第四章 裁判员技术等级认证

第二十条 裁判员技术等级认证考核内容分别为：国际象棋竞赛规则、国际象棋技术水平、裁判法规、临场执裁考核以及职业道德考察。晋升国家级裁判员需加试英语或相应的国际工作语言，作为资格认证的参考。

第二十一条 三级裁判员

（一）年满18周岁中国公民，具有高中（含）以上学历。

（二）掌握和运用国际象棋竞赛规则和裁判法规。

（三）遵守裁判员守则，能承担区、县级国际象棋竞赛的裁判工作，具备一定的组织、管理能力，懂得基本的国际象棋竞赛编排原则。

第二十二条 二级裁判员

（一）任三级裁判员满1年，具备2次在市级以上国际象棋比赛中担任裁判工作经历，掌握基本的国际象棋竞赛编排方法。

（二）熟练掌握和正确运用国际象棋竞赛规则和裁判法规。

（三）具有本协会六级（含）以上棋士称号。

（四）符合以上条件的三级裁判员可参加二级裁判员培训，考试合格后可申请二级裁判员证书。

第二十三条 一级裁判员

（一）获得二级裁判员证书满2年、期间有2次担任市级比赛裁判长或省级比赛裁判员的经历。

（二）熟练掌握和准确运用国际象棋竞赛规则和裁判法规；具有丰富的临场执法经验，能完成简单赛事编排工作。

（三）掌握基本国际象棋英语术语。

（四）具有本协会四级（含）以上棋士称号。

（五）符合以上条件的二级裁判员可参加一级裁判员培训，考试合格后可申请一级裁判员证书。

（六）获得国际大师或女子国际大师称号的棋手可直接参加一级裁判员培训，考试合格后可申请一级裁判员证书。

第二十四条 国家级裁判员

（一）年龄在55周岁以下，具备大专以上学历。获得一级裁判员证书满2年、期间担任省级赛事副裁判长2次（含）以上。

（二）具有较高的裁判理论水平和丰富的竞赛经验，能够独立组织和执裁竞赛的裁判工作；具有组织国际象棋竞赛工作的能力；能准确、熟练运用国际象棋竞赛规则、编排规则合国际象棋国际工作术语。

（三）具有培训一级以下裁判员的工作能力。

（四）能熟练运用基本国际象棋英语术语并有一定的听说能力。

（五）符合以上条件的一级裁判员可参加国家级裁判员培训，考试合格后及时填写并递交实习赛事表,参加由协会指派的全国性赛事一次，经赛事裁判长给予合格评语之后方可申请国家级裁判员证书。

（六）获得国际特级大师或女子国际特级大师称号的棋手可直接参加国家级裁判员培训。考试合格后可申请国家级裁判员证书。

凡是符合申报国家级裁判员资格的裁判员应于每年10月20日之前递交申报国家级裁判所需资料。经协会审核,年底前将国家级裁判员名单进行公示及发放证书。

第二十五条 国际级裁判员

持有世界国际象棋联合会颁发的国际裁判、棋联裁判证书者（以下简称“国际裁判员”）。

第二十六条 各省、自治区、直辖市国际象棋体育行政管理部门或地方协会，不得跨地区、跨项目认证裁判员技术等级。裁判员由于工作调动，可持本人注册说明和裁判员证书到所在地方相应的注册单位申请变更注册单位。国家级裁判员变更注册单位，须报本协会备案。

第二十七条 各省、自治区、直辖市政府体育主管部门或同级地方协会可根据本地区开展裁判员技术等级认证的条件，每2年组织一次一级（含）以下的裁判员技术等级认证、考核等工作。

第二十八条 本协会统一制作裁判员各级技术等级证书。

第五章 国际赛事执裁资格认证

第二十九条 裁判员须通过本协会向国际棋联申请国际赛事执裁资格认证（以下简称"国际认证"）后，才具备执裁国际赛事的资格。

第三十条 裁判员国际认证的条件为申请人须具有国家级裁判员资质。

第三十一条 申报国际认证的申请人须提前一个月向本协会提交申请表及相关资料。

第六章 裁判员选派

第三十二条 由本协会主办赛事的裁判长由本协会选派，其余赛事由赛事注册单位负责聘请本协会相应级别的注册裁判员。

第三十三条 全国锦标赛系列的裁判长、副裁判长须由国际级、国家级裁判员担任，其他裁判员的技术等级应为一级以上。

第三十四条 在国内举办的国际性赛事，按照世界国际象棋联合会的要求选派裁判员，未对赛事裁判员提出要求的，应当选派国际级、国家级裁判员担任主要裁判。

第三十五条 各省、自治区、直辖市举办的同级以下的各类国际象棋竞赛的裁判长、副裁判长、其他裁判员的选派条件，由各省、自治区、直辖市政府体育主管部门或地方协会做出规定。

第三十六条 裁判员选派遵循的原则

（一）公开原则

全国锦标赛系列赛事由本协会于比赛举办前，在本协会官方网站公示裁判员名单。

（二）择优原则

根据比赛重要程度，优先选派技术等级高、职业道德良好、在以往重要比赛中未出现过明显错判、漏判等重大工作失误的裁判员执裁。

（三）回避原则

1. 裁判员与任何一方参赛棋手（队）有相应关系（同一单位、亲属关系等）的实行临场回避，裁判员本人也应当主动提出回避请求；

2. 被三分之一以上参赛单位提出回避要求的裁判员不得担任该场次临场裁判工作；

3. 竞赛裁判委员会根据裁判员以往工作失误记录或比赛关系敏感度，要求相关裁判员实行临场回避。

（四）就近原则

在同等条件下应优先就近选派裁判员担任裁判工作。

（五）均衡原则

在就近原则条件下，避免在同一项赛事中过多选派来自同一注册单位的裁判员。

第三十七条 协会裁判员出国执裁须由邀请方发函至中国国际象棋协会，并经协会审核批准。

第七章 裁判员选派程序

第三十八条 本协会提出选派裁判员的等级、标准、条件和程序，并推荐赛事仲裁委员会成员、裁判长、技术代表、比赛监督等人选。

第三十九条 承办单位需按照赛事等级和规模选派裁判员。

第四十条 竞赛裁判委员会对各单位推荐裁判员人选进行审核，将选用的裁判员名单报本协会批准。竞赛裁判委员可在各单位推荐人选之外，补充推荐少量人选。

第四十一条 本协会在官网上公示各项赛事拟选用的裁判员名单。各参赛单位可对公示名单提出意见，并可对公示的裁判员有条件提出回避要求。

第四十二条 本协会责成裁判长于赛前认真审核裁判员证书的注册登记情况。如裁判员未能出示符合规定的裁判员证书，竞赛组委会有权停止其裁判工作。

第八章 裁判员权利和义务

第四十三条 各级裁判员享有以下权利：

（一）参加相应级别的国际象棋竞赛裁判工作；

（二）参加本协会裁判员学习和培训；

（三）监督本级裁委会的工作开展，对于不良现象进行举报；

（四）享受参加竞赛时的相关待遇；

（五）对做出的有关处罚，有申述的权利。

第四十四条 各级裁判员应当承担下列义务：

（一）自觉遵守有关纪律和规定，廉洁自律，公正、公平执法；

（二）主动学习研究并熟练掌握运用国际象棋最新竞赛规则和裁判法规；

（三）积极参加培训，并服从或指导培训其他裁判员；

（四）主动承担并参加各类裁判工作，主动配合有关部门组织相关情况调查；

（五）主动服从管理，并参加相应技术等级裁判员的注册。

第九章 培训与考核办法

第四十五条 本协会每年至少主办一次国家级裁判员培训班，国家级裁判员由本协会培训认证。

第四十六条 有承办国家级裁判员培训班意向的承办单位须提前2个月向本协会提交承办培训班的申请书。

第四十七条 国家级裁判员培训班授课讲师由本协会委派。拥有以下资历的裁判可担任主讲师：

（一）拥有国际级裁判B级（含）以上资质的裁判员。

（二）在国内外大型比赛中曾有裁判长执裁经历。

（三）熟练掌握国际棋联最新国际象棋规则。掌握比赛编排方法并熟悉各种相关软件使用。掌握至少一门国际棋联官方语言。

第四十八条 三级裁判员培训时间不少于15课时；二级裁判员培训时间不少于20课时；一级裁判员培训时间不少于25课时；国家级裁判员培训班时间不少于30课时。

第四十九条 培训结业时需按照本协会指定的培训内容进行考核。

第五十条 培训结束后，承办单位须在10个工作日内向本协会报送相关资料。

第五十一条 考试合格者获得由协会颁发的《中国国际象棋协会裁判合格结业证书》。

第五十二条 合格结业证书四年内有效，过期仍未申报国家级裁判员的学员需重新参加培训学习。

第十章 裁判员管理和处罚

第五十三条 本协会通过官网建立裁判员信息库，公布以下信息：

（一）裁判员姓名、年龄、技术等级、注册申报单位；

（二）裁判员获得相应技术等级资格认证的时间以及参加相应等级竞赛裁判工作记录；

（三）竞委会对裁判员裁判工作的考评意见；

（四）赛事组委会对注册裁判员的评价意见。

第五十四条 对裁判员执裁工作的监督

（一）本协会竞赛裁判委员会对比赛裁判长、仲裁、裁判员的执裁过程进行监督。

（二）各级国际象棋比赛的裁判长，应当在赛事结束后对裁判工作进行总结。

（三）本协会可采取无记名投票方式征求各参赛单位对临场主要裁判员执裁工作的意见，并做出量化评价。

第五十五条 公开裁判员执裁工作记录

本协会将通过官网向各参赛单位和注册裁判员公示以下内容：

（一）全体裁判员姓名、技术等级、注册申报单位；

（二）裁判员参加相应等级竞赛培训和执行裁判工作场次的记录；

（三）本协会对裁判员总体评价和处罚的不良记录；

（四）参赛单位对裁判员的总体评价。

第五十六条 对裁判员的考评

本协会将根据年度裁判员工作记录和相应方面的意见对裁判员做出考评，并将考评结果记入裁判员注册管理系统，同时在官网予以公示，作为评选和选派裁判员的主要依据。

第五十七条 对违规违纪裁判员的处罚分类

（一）警告：在赛区工作期间，不遵守赛区纪律的；经竞赛裁判委员会或赛事仲裁委员会认定在临场执法中出现明显漏判、错判的。

（二）取消若干场次裁判执裁资格：在赛区有酗酒滋事等不良行为的；凡在同一比赛中

受到两次警告的。

（三）取消裁判执裁资格1~2年：经竞赛裁判委员会或赛事仲裁委员会认定在执裁中多次出现明显错判、漏判等较大工作失误，造成不良社会影响的。

（四）降低技术等级资格：经竞赛裁判委员会或赛事仲裁委员会认定多次出现明显反判、错判或漏判等重大失误，造成较大社会不良影响的。

（五）撤销技术等级资格：经竞赛裁判委员会或赛事仲裁委员会认定多次出现异常反判、错判或漏判等重大失误，比赛场面严重失控，造成恶劣社会影响的。

（六）终身禁止裁判执裁资格：经纪检监察部门或司法机关查实参与假赛、暗箱交易，操控比赛，行贿受贿等违法违纪行为的。

第五十八条 对违规违纪裁判员的处罚程序

（一）对裁判员的警告由比赛裁判长做出，并报备竞赛裁判委员会。

（二）取消若干场次裁判执裁资格的处罚，由裁判长与赛事竞赛仲裁委员会共同提出，经竞赛裁判委员会同意并报本协会批准。

（三）取消裁判执裁资格1~2年、降低或撤销技术等级资格、终身禁止执裁资格的处罚由竞赛裁判委员会和赛事仲裁委员会共同提出，并报本协会批准，同时通报该裁判员资格认证单位办理相关手续。

（四）对违规违纪裁判员做出取消若干场次裁判执裁资格以上处罚的，本协会须事先通知被处罚的裁判员进行申诉的权力及相关事项。

（五）除警告处罚外，上述处罚内容将在本协会官网予以公示。

第五十九条 对违规违纪选派裁判员的处罚

（一）选派单位如有违反本办法的要求选派裁判员、选派监督工作管理混乱的，本协会对相关部门和人员进行批评教育，限期整改，并做出书面检查。本协会可对有关人员调整或调离现工作岗位。如涉嫌操纵比赛、权钱交易等违法行为，移交纪检监察部门和司法机关审查处理。

（二）对违规违纪裁判员未在1个月内做出相应处理的，本协会对选派单位进行通报批评，并责成其限时处理。

（三）赛事仲裁委员会成员、裁判长、技术代表、比赛监督等裁委会授权监督临场执裁工作的人员，未能履行职责，对裁判员违规违纪行为未能及时提出处理意见的，须做出书面说明和检查，并接受批评教育和处分。

第六十条 本协会将畅通申诉举报渠道，明确申诉、举报程序和联系方式，受理有关申诉、举报案件，并严格依据国家体育总局党组《关于严禁收受与行使职权有关联单位和个人以任何名目发放或赠送现金、支付凭证或有价证券的通知》（体党字〔2014〕62号）的规定，做出调查处理。

第六十一条 申诉、举报程序

各参赛单位和个人均可向本协会进行申诉和举报。要有书面材料和签名，要写明违纪行为发生的时间、地点、违纪事项、主要证据、涉及人员等。

协会及时受理有关申诉、举报案件，并严格依据国家体育总局相关规定，做出调查处理。

第六十二条 本协会、各地方协会负责对相应等级的违规违纪裁判员做出处罚。地方协会不健全的，由当地政府体育主管部门向上级协会提出处罚意见，由上级协会对违规违纪裁判员进行处罚。

第十一章 附则

第六十三条 各省、自治区、直辖市政府体育主管部门或地方协会应当依据本细则制定相应的裁判员管理办法的实施细则，并向社会公布与实施。

第六十四条 本管理办法的解释权和修改权归中国国际象棋协会所有。

第六十五条 本办法自 2018年1月1日起实施。

第十六讲

大学生国际象棋组织与赛事活动概述

重点难点

1. 重点：熟悉大学生国际象棋组织和赛事活动的参与方式及设计模式。

2. 难点：学以致用，结合所在高校的实际情况，探索开展深受同学们欢迎的国际象棋活动，并在多次实践中不断创新，提升大学校园国际象棋活动的人气值和魅力值。

一、大学生国际象棋组织

子力的协同与联合作战，通常优于单兵行动。有组织化的学棋方式一般也强于个体化的棋艺学习。因此，建设好大学生国际象棋组织对于大学生国际象棋运动的发展具有重要意义。大学生国际象棋组织是大学推广普及国际象棋运动、策划和组织大学生国际象棋赛事活动的重要平台和力量，是大学生国际象棋爱好者的对弈乐园和联结纽带。

（一）大学生国际象棋组织的主要指导与支持单位

1. 中国大学生体育协会棋类分会

中国大学生体育协会（Federation of University Sports of China，FUSC）是由全国高等学校和省（自治区、直辖市）大学生体育协会及全国高等学校在校学生、体育教师、体育工作者及热心大学生体育事业的社会人士自愿组成的全国性、专业性、非营利性社会组织。中国大学生体育协会是代表中国加入国际大学生体育联合会和亚洲大学生体育联合会的唯一合法组织。中国大学生体育协会是根据法律、法规授权和行政机关委托，管理全国大学生体育竞赛的唯一合法组织。

中国大学生体育协会棋类分会是中国大学生体育协会的分支机构。自2021年9月起，首都体育学院获准担任中国大学生体育协会棋类分会挂靠单位。2021年12月，中国大学生体育协会第八届理事会召开了第六次会议，审议决定由首都体育学院副院长、四届女子国际象棋世界冠军谢军担任中国大学生体育协会棋类分会主席。

中国大学生体育协会每年联合中国国际象棋协会主办全国大学生国际象棋锦标赛，深受大学生国际象棋运动员和爱好者的欢迎。中国大学生体育协会棋类分会是这一赛事的执行单位，负责指导承办单位做好赛事活动的组织实施工作。

2. 中国国际象棋协会

中国国际象棋协会（Chinese Chess Association，CCA），成立于1986年，是推动国际象棋运动发展、促进技术水平提高的全国性体育社会团体，也是代表中国加入国际棋联的唯一合法组织。国家体育总局棋牌运动管理中心是中国国际象棋协会的业务主管单位。中国国际象棋协会日常工作机构为国家体育总局棋牌运动管理中心国际象棋部。

中国国际象棋协会常设青少年工作委员会，负责指导和支持各级学校开展国际象棋推广普及工作。除了每年联合中国大学生体育协会主办全国大学生国际象棋锦标赛以外，近年来还支持实施了首都高校国际象棋推广工程、上海高校国际象棋推广工程、西部大学国际象棋推广工程等重点项目，有力地促进了我国大学生国际象棋运动的普及发展。

3. 高校负责智力运动项目的主管机构

大学生智力运动组织的主管机构一般是高校的体育教学机构，或者同时接受大学共青团组织（或课外活动指导机构）的管理和支持。

（二）大学生国际象棋组织的基本类型

1. 高校大学生国际象棋运动队

竞技性是国际象棋的重要属性。部分国际象棋运动开展较好的高校组建了学生国际象棋运动队，纳入高水平运动队建设体系之中。学校体育教研部、团委、招生工作办公室等有关方面承担学生国际象棋运动队的日常训练指导、参赛管理、思想教育、引才建设、保障激励等相关工作。

自20世纪90年代以来，北京大学、清华大学、南开大学、上海财经大学等国内名校组建了国际象棋运动队。2020年以来，深圳大学也启动了国际象棋运动队建设。大学生国际象棋运动队成员主要有三个来源：一是通过国家体育总局、教育部关于高水平运动员免试入学政策进入大学读书的高水平棋手，可称作运动员大学生；二是享受高考降分录取政策进入大学读书的、具有一定等级称号的国际象棋特长生；三是普通大学生中具有一定水平的国际象棋爱好者。

2. 高校大学生国际象棋协会

高校中的大学生国际象棋协会是由大学生国际象棋爱好者自发组建、自主开展活动的学生团体，是在大学校园中推广和普及国际象棋运动、弘扬国际象棋文化的重要力量和重要途径。

20世纪90年代，在中国棋手谢军多次夺得女子国际象棋世界冠军的积极影响下，国内掀起了一轮大学生学习国际象棋的热潮。据记载，北京大学、清华大学、复旦大学、北京师范大学、南开大学、上海财经大学等名校是国内率先成立学生国际象棋社团的大学，大多已有三十年左右的历史。近年来的有关调查显示，已有数十所国内高校成立了学生国际象棋社团组织，其中，一部分社团隶属于高校学生棋类（或棋牌类）协会，以支社建制存在。

从世界范围看，一些著名的世界一流大学也有学生国际象棋运动队和俱乐部，例如哈佛大学、耶鲁大学、牛津大学和剑桥大学等。

案例：北京大学学生国际象棋协会

北京大学学生国际象棋协会组建于1991年5月，由一些爱好国际象棋的学生发起成立，是我国高校中最早成立的大学生国际象棋社团之一，累计吸纳会员数千名，在校会员常态规模超百人。协会长期秉持“演练智慧体操，弘扬世界文化，融通棋道人生，促进全面发展，加强棋艺交流”的宗旨，获得学校的认可和重视，得到校内外有关方面的合力支持，在社团指导教师长期悉心指导和带领下，经过一批又一批社团骨干的持续探索和努力，取得了一些具有推广示范意义的成果，涌现了不少“德才兼备、弈学双优、全面发展”的优秀学生典型，多位优秀会员曾获“北京大学学生五四奖章”。

北大国际象棋运动队、本科生国际象棋公共选修课、“北大杯”国际象棋赛、北大同国内外部分名校间的国际象棋交流赛、全国高中生棋牌文化营之国际象棋比赛、首都高校国际象棋推广项目、“北大好棋”微信公众平台、“北大新棋才”培育计划、“雏鹰社”国际象棋公益课堂、国际象棋图书编译项目、国际象棋趣味体验及展演推广项目、“双象棋”文化交流活动及留学生棋类参与计划、北大国际象棋社会合作系列项目等，都是以国际象棋社团为根基，逐渐探索创建的有效机制、特色项目或品牌系列，其中不少项目长期实施，不仅得到校内外大学生的喜爱和好评，而且获得社会认可和称赞。此外，一些在北大读书的冠军国手不仅在国际赛场上屡创佳绩、为国争光，而且也曾参加到社团活动中，为普通学生中的国际象棋爱好者指导棋艺。

世界棋王卡尔森曾于2015年的维克安泽大赛期间，与北大学子侯逸凡、丁立人合影留念，并在友好交流中赞扬了北京大学国际象棋运动的发展贡献，欣然题写寄语，还委托当时的世界棋后侯逸凡将寄语转送北京大学学生国际象棋协会。

3. 大学生国际象棋相关的非正式组织

除了大学生国际象棋运动队、协会等正式组织以外，在高校开展国际象棋推广和普及活动中，还自然产生了一些具有一定组织功能的非正式组织，例如大学生国际象棋课程教学活动中临时组建的学习对弈小组，以及因为社内交流、赛事举办等原因组建的大学生国际象棋网络交流群组，等等。

（三）大学生国际象棋组织的运行特点

大学生国际象棋组织特别是国际象棋社团，是以爱好联结而成的兴趣类学生自治团体。广大学生国际象棋爱好者利用课余时间集聚在一起，以棋会友，乐在棋中，共享国际象棋带来的乐趣和收获。经过有关调研发现，我国大学生国际象棋社团建设和运行普遍呈现至少两方面的特点及问题。

1. 组织建设相对薄弱，核心骨干作用关键

尽管每学年1~2次的集中招新活动可以帮助社团吸引一定数量的学生国际象棋爱好者加入组织，但是由于棋类社团的组织架构通常比较简单，日常管理较为松散，所以成员的流动性较强。核心骨干作为“领头雁”的凝聚和带动作用对于组织建设十分重要，具有较强综合能力、个人魅力和担当精神的社团负责人是学生国际象棋组织实现人气满满、蓬勃发展的关键因素。此外，有稳定的社团指导教师的学生国际象棋协会的发展状况明显优于没有固定指导教师的同类社团的发展状况。

2. 活动内容相对单调，创新设计激发活力

社团成员日常参与活动的积极性一般与活动的策划创意、实施质量成正相关。一些大学生国际象棋社团的活动仅以入门讲座、常规对弈为主，缺少创新性和必要的趣味元素，活动设计感和吸引力的欠缺会影响成员对于社团活动乃至国际象棋运动的长期参与兴趣。好的社团组织应当是具有创新使命、创造活力的组织，是能够在校园内甚至是全社会展现青年学子的青春创意、智慧激情的组织。

国际象棋是一个充满智慧和乐趣、展现个体和团队风采、促进全球青年学子有益交流的国际化项目，也是一个孕育丰富精神食粮、有待广大学子一起探寻挖掘的大宝藏。高校的大学生国际象棋组织将是同学们开阔大视野、通向大宝藏的有效路径和平台，期待新时代的大学生国际象棋组织建设不断加强，展现新面貌、新气象。

二、大学生国际象棋赛事活动

大学生国际象棋组织是开展大学生国际象棋运动的根基所在，但是只有组织设置还不够，要想让组织充满活力，真正推动大学生国际象棋运动之花在校园盛开，枝繁叶茂、结出硕果，还需要策划和组织各类国际象棋赛事活动，提供大学生国际象棋运动和文化兴盛的活力源泉，帮助更多学子长久保持对于国际象棋的兴趣，获得良好的参赛体验，在赛事活动中身临其境地感受国际象棋运动的多元魅力，将日常对于国际象棋的知识学习转化为赛场应用，从而更好地领会棋理，锻炼心智，磨炼意志，提高实战能力和竞技水平。

除了各类比赛活动以外，大学生也需要了解和感悟国际象棋文化，并将棋道精神、棋文化知识的学习融入关于世界和人生的学习思考之中。因此，有关大学生国际象棋文化传播类的活动同样具有重要价值。此类活动有助于引导和帮助大学生弘扬国际象棋文化，广泛传播国际象棋正能量，示范和带动全社会更多青少年参与国际象棋运动，并因为与国际象棋相伴，获得更好的成长。

（一）大学生国际象棋比赛的主要类型

大学生国际象棋比赛类型的划分可以有不同的方式和维度，既可以按照比赛参与范围划分为国际比赛、国内比赛和校内比赛等，也可以遵循互联网时代的常规分类法，划分为线下比赛和线上比赛两大类，还可以根据竞赛规则、比赛用时或具体形式进行细分，例如团体赛与个人赛，传统时限（慢）棋赛、快棋与超快棋赛，联棋赛、费希尔制任意制国际象棋赛等多种形式的比赛。在此，仅选取主要的国际象棋赛事类型做简要介绍。

1. 主要国际比赛

世界大学生运动会的常设比赛项目不包括国际象棋，但是在2011年深圳第26届世界大学生运动会和2013年喀山第27届世界大学生运动会中，都设有国际象棋比赛。中国大学生国际象棋队两次夺得混合团体赛冠军，当年在上海财经大学读书的谭中怡和在北大学习的赵雪分别在两届比赛中获得女子组冠军。

世界大学生国际象棋锦标赛由国际大学生体育联合会主办，始于1990年，每两年举办一次。中国队曾多次参加这一赛事并取得优异成绩，其中，上海财经大学、南开大学的高水平国际象棋运动员多次夺得比赛的团体和个人冠军。

世界大学生智力运动会（线上）国际象棋比赛于2020年举行，上海财经大学、首都体育学院、北京大学、深圳大学、浙江大学经过国内选拔赛的激烈角逐获得组队参赛资格。在中国大学生体育协会棋类分会的组织下，以高水平运动员组成的上海财经大学代表队作为中国一队，以优异表现顺利夺得世界大学生团体冠军。以大学生运动员为主的首都体育学院和北京大学联队作为中国二队，也发挥出色，取得了晋级四分之一决赛的优异成绩，同样展现了中国大学生的智慧和风采。

首届世界大学国际象棋网络锦标赛由国际棋联于2021年举办，上海财经大学、北京大学等高校选派学生参加，在快棋赛和超快棋赛中取得了较好成绩。

首届亚洲大学生国际象棋锦标赛在2015年由亚洲大学生体育联合会主办、中国大学生体育协会和首都体育学院承办。这是亚洲大学生体育联合会教育发展中心于2014年落户首都体育学院后，举办的首项亚洲范围内的高水平顶级赛事。

首都体育学院副校长谢军是首届亚洲大学生国际象棋锦标赛的主要策划者之一。

北京大学－哈佛大学国际象棋团队精英赛自2004年创建以来，一度形成了团队互访交流机制。女子国际象棋世界冠军许昱华在北大读书期间曾率队参加过首届比赛。北大国际象棋队在五届比赛中的总战绩领先于哈佛大学国际象棋队。

“百年南开”国际象棋世界名校邀请赛于2019年在南开大学举行，此次赛事由国家体育总局棋牌运动管理中心、中国国际象棋协会、天津市体育局、南开大学联合主办，吸引了多伦多大学、哈佛大学、伦敦大学学院、密苏里大学、莫斯科国立大学、普林斯顿大学、日本大学联队、圣路易斯大学、新南威尔士大学、牛津大学、南开大学等来自7个国家的12所世界顶尖学府的50余名精英棋手参加。南开大学、密苏里大学、圣路易斯大学分别获得本次团体比赛冠、亚、季军，南开大学二队、莫斯科国立大学、哈佛大学分别获得本次比赛团体第四、五、六名。

首届“深大杯”世界名校国际象棋邀请赛于2021年举行。这一赛事由中国国际象棋协会和深圳大学主办，深圳大学师范学院承办，北京大学、剑桥大学、哈佛大学、莫斯科国立大学、牛津大学和深圳大学参加了此次比赛。团体冠军最终由四届女子国际象棋世界冠军侯逸凡担任领队的深圳大学国际象棋代表队获得。

2. 主要国内比赛

全国智力运动会是国内顶级智力运动综合赛事，自此赛事2011年举办第二届起，国际象棋项目常设大学生团体组别。各省市区对这一比赛给予高度重视，通常会精心选拔优秀的大学生国际象棋运动员进行集训并组队参赛。

全国大学生国际象棋锦标赛是由中国大学生体育协会和中国国际象棋协会联合主办的国内顶级大学生国际象棋赛事，由中国大学生体育协会棋类分会担任赛事的执行单位。此项赛事早已成为备受大学生喜爱的品牌赛事，通常每年举办一届，多在暑假举行，由国内高校轮流承办，国内许多名校都长期组队参赛并获得优异成绩。近二十年来的各届比赛均分设等级组和棋士组，具有等级称号的棋手（运动健将、一至三级运动员及棋协大师、候补棋协大师）参加等级组；棋协一级棋士（含）以下及无等级称号的棋手参加棋士组。比赛各组设置团体和男女个人奖项。

除了全国范围的主要传统赛事外，国内大学生国际象棋赛事还存在多种形式。一是由不同区域或不同省（市、区）高校参加的赛事。例如：2009年在南京举办的中国南北大学生国际象棋对抗赛；2015年由北京大学牵头策划开展的首都高校国际象棋联赛；不定期举办的地方性大学生国际象棋赛，在北京、上海、广东等地均有举办此类赛事的传统；2021年依托中国国际象棋协会的西部高校国际象棋推广工程举办的西部大学生国际象棋赛。二是2020年以来举办三届的全国大学生国际象棋网络赛。三是国内名校间的传统赛事。其中，历史悠久、颇具影响力的是北京大学和清华大学两校主办的“京华杯”棋牌赛中的国际象棋比赛。国际象棋于1992年被列入“京华杯”赛的正式比赛项目。诸宸、许昱华、侯逸凡、丁立人、王皓、韦奕、赵雪、黄茜、沈阳、郭琦等一批在两校学习过的国手冠军都参加过此项赛事。

3. 常见校内比赛

国际象棋开展情况较好的高校一般都定期举办学生国际象棋比赛。以北京大学和清华大学为例，自2001年以来，北大团委或学生会每年都会联系学生国际象棋协会举办“北大杯”国际象棋个人赛、“新生杯”国际象棋个人赛等；清华大学则依托“马约翰杯”体育赛事平台，打造了由各院系组队参加的校内团体赛，体现了学校特色。此外，近年来，一些高校还尝试举办一些新颖有趣的比赛活动，例如混合联棋赛，网络赛的数量明显增加，让学生国际象棋爱好者的对弈交流更加便捷频繁。

以上仅为部分赛事，其他比赛名单略。

（二）大学生国际象棋比赛的组织实施

本书介绍的国内外大学生国际象棋赛事的主办方都是国际象棋智力运动领域的管理机构和专业组织，承办方一般也是大学中的相关专业部门。因此，赛事的组织实施工作通常比较规范。

相比来说，由大学生国际象棋社团独立策划和组织的赛事活动在专业性、规范性、标准化等方面可能有所欠缺，这与学生组织的自身特点和局限有关。不过，只要秉持公平竞技、公正执裁的准则，遵循赛事活动举办的基本流程，经过一定数量的实践探索和经验累积，大学生国际象棋社团自主办赛的能力和办赛效果也可以逐渐提升。规范化办赛将有利于大学生国际象棋运动的发展进步，也有助于同学们了解赛事活动项目的运行模式，获得相关社会经验，提升综合实践能力。

1. 赛事策划：设计方案与申报审批

下好一局棋，需要从开局阶段起做好谋划构思。办好一个比赛，同样需要做好赛前策划。科学合理地谋划和设计，需要遵循办赛的基本规律，依照办赛的规范流程和方式方法，制订一套获得参赛者普遍认可、可行性强的实施方案。实施方案的内容一般包括比赛规程的若干要素。

一是明确与赛事有关各组织的角色和职责定位。例如：明确比赛的指导单位、主办单位、执行单位、承办单位、协办和支持单位。其中，主办单位、承办单位是基本要素，其他层次的单位可视具体情况而定。

二是对举办比赛的日期、地点和基本方式进行计划和预判。例如：大学生国际象棋比赛的赛期要尽量避免在考试期间，赛程不宜太长，通常选在假期或周末，以便不影响同学们的正常学业。地点的选定则与预判的参赛人数相关，也受活动经费预算等方面制约，需要提早预订容量合适的比赛场地。比赛基本方式主要指传统的线下比赛方式、新兴的线上比赛方式等，可根据实际需要进行合理选择。

三是确定比赛分组与项目设置。例如：比赛分设等级组、棋士组；竞赛项目包括个人赛、团体赛等。

四是确定竞赛办法、录取名次与奖励办法。大学生国际象棋比赛的奖励办法除了可以参照社会上的国际象棋比赛以外，还可以根据大学生的需求特点进行针对性设计、多元化设置，尽量扩大奖励覆盖面，让更多的同学获得激励。

五是确定报名条件、参赛范围及报名方式等。

六是做好比赛预算，研判经费来源。可积极联络校内外有关方面寻求经费、人员、器材或其他形式的资源支持。

七是形成比较规范完整的比赛策划案后，可以报给校内负责国际象棋或智力运动项目的教师，请有经验的教师帮助把关和指导，对方案进行修改完善。然后，及时把方案报送本校或院系主管学生团体的教师进行审批和备案。

八是方案执行的重要性不亚于方案的设计，做好方案的执行需要组建可靠的赛事筹办团队，亦称组委会。待方案获得批准后，赛事组委会要在执行方案的过程中明确职责分工，做到各司其职、协同推进、落实到位。

2. 赛前准备：宣传动员与精心安排

大学生国际象棋赛事活动的类别和形式多种多样，不必以同样的标准评测活动的成功与否。不过，对于重在推广和普及性质的国际象棋赛事活动，参赛学生数量或是参赛队伍规模通常是一个重要的衡量指标。良好有效的赛前宣传动员工作有助于广泛吸引关注、积聚更旺人气。

在校园中，学生国际象棋社团既可以采取张贴赛事海报、发放活动传单等传统方式开展宣传，也应当把握移动互联网时代的大势，通过国际象棋主题微信公众号、微博等网络新媒体平台、在线群组等传播比赛信息是更高效且受欢迎的途径。近年来，平台直播、视频号传播等新兴技术的运用，带来了颇受青年学生喜爱的新的资讯信息获取方式和社交行为方式。大学生国际象棋赛事活动的传播也需要运用新技术、顺应新潮流、挖掘新潜能。

赛前的周密准备是一项系统工程，需要依靠团队力量，依照比赛规程和有关实施方案，做好细化分工和进度管理，开赛前的赛场布置、安全检查、嘉宾邀请等各环节各项准备工作需要逐一精细落实。

3. 赛中执裁：秩序维护与公平竞赛

对于国际象棋的竞赛规则与裁判执裁的基础知识已在前文讲解过，在这一部分不再展开叙述。传统线下的大学生国际象棋比赛的赛场秩序维护一般是有保障的，因为大学生的心智已经较为成熟，正常情况下不会发生少儿比赛中易发的一些混乱问题。

但是，适应时代发展而流行的网络国际象棋比赛的执裁模式目前还不完善，公平竞赛环境和反作弊机制有待健全。在2020年以来的国内外大学生国际象棋网络大赛中，个别参赛运动员出现了借助AI作弊或疑似作弊的情况。立德树人是大学的根本任务和人才培养的首要目标，大学生参加任何竞赛都应牢记诚信为本的原则。国际象棋赛既是人与人智力的比拼，也是一个人德行和风格的展现。人无德不立，大学生应当成为践行公平竞赛精神的模范群体，自觉加强自律，展现良好的精神风貌，拿道德的金牌、风格的金牌、干净的金牌。

4. 赛后事项：复盘总结

完整的大学生国际象棋比赛应当实现闭环管理，不能虎头蛇尾，比赛结束后草草收场既不利于激励参赛同学对国际象棋的参与热情，也不利于提升棋艺水平和办赛水准。因此，一方面，提倡赛后安排同学们在一起的复盘交流环节以及高手讲棋环节；另一方面，办赛团队要按照赛事活动的实施方案，进行全程“复盘”总结经验，特别是对存在的问题进行剖析，寻找问题根源和改进对策，为下一次办赛提供借鉴。

（三）大学生国际象棋文化传播与活动创新

大学生国际象棋活动并非唯有比赛才具吸引力，实际上，通过策划和举办富有棋文化内涵、体现国际象棋文化特色的系列活动，也可以调动同学们学习国际象棋的积极性，帮助同学们通过学习国际象棋，拥有更多思想文化方面的收获和眼界、格局上的拓展。

1. 国际象棋历史文化讲座

国际象棋不仅是一项智力游戏、竞技运动，而且是国际奥林匹克运动大家庭中的一员，是具有上千年历史积淀的世界共通的文化载体，也是全球化时代中国智慧展现在国际舞台的有益方式。大学生国际象棋文化传播类活动的举办具有重要的素质教育功能，旨在帮助同学们构建世界视野、提升文化素养、增强棋道思维，在领悟棋文化内涵的过程中更好地认识世界、启迪人生。

国内高校举办的国际象棋历史文化类活动相对较少，不过也有一些可以借鉴参考的探索案例。

案例：谢军在北大上的一堂国际象棋历史文化公开课

回顾和学习中国国际象棋的历史，是传承爱国精神、弘扬奋斗品格的一种特色方式，是高校落实立德树人根本任务的一种创新形式。历史不断绵延流淌，但是可贵的精神价值、智慧之光永不褪色。2021年10月29日晚，在中国国际象棋协会的大力支持下，北京大学体育教研部主办、北京大学学生国际象棋协会承办的“纪念中国棋手首夺国际象棋世界冠军30周年”特别活动在北京大学成功举行。谢军亲临活动现场，为百余名北大学子讲述了30年前在世界冠军赛的舞台上斗智斗勇、奋力拼搏、为国争光的难忘故事，也从多个视角深入浅出地诠释了国际象棋运动的文化魅力，鼓励更多的青年学子参与大学生国际象棋运动，收获智慧、快乐和友谊。

此次活动还采用直播方式，打造了一堂线上线下结合、校内外不同年龄层的广大棋友共同关注的国际象棋公开课。

2. 国际象棋实践学习和开放交流

高校国际象棋课堂是大学生学习国际象棋的重要途径和平台，可以帮助同学们比较系统地学习国际象棋知识。但是，如果想学好国际象棋，特别是丰富棋艺以外的知识和经验，还需要到社会大课堂中，参加国际象棋主题的竞赛体验、教学探索、比赛执裁、参观走访、文化宣讲、人物访谈、志愿服务、课题调研、辩论交流、图书编译、资讯传播、情境展现等实践实习类活动，从而在多元的实践活动中，向专业人士和机构学习国际象棋有关的教学、办赛、研究等方面知识，获得真实体验，深化对于国际象棋的理解和认知，加强与社会有关方面的互动交流，并发挥大学生群体对于少儿棋手的示范带动作用，践行一份社会责任。

3. 国际象棋主题的新媒体传播

伴随着移动互联网时代的到来，各种新媒体平台竞相涌现，形成了影响力巨大的新媒体平台传播矩阵，在一定程度上重塑了大众的社会交往方式和获取信息方式。特别是对更乐于追求新时尚新潮流的青年人，新媒体的应用更为普遍，已经嵌入大学生群体的日常学习生活之中。作为可以在互联网上开展的竞技运动，棋类迎来了推广和普及的新机遇。

国际象棋运动在高校的普及和发展需要搭上新媒体平台的快车道，以新兴的媒体传播技术赋能国际象棋推广事业。近年来，无论是高校的有关机构、学生国际象棋社团，还是一些热爱国际象棋的大学师生个人，都已经在构筑以国际象棋为主题的微信公众号、直播平台方面开启了创新实践。

可以预见，“国际象棋+新媒体传播”将成为大学生国际象棋运动发展演进的主流趋向，这将让大学生学习国际象棋的途径呈现多元化特征，线上线下的大学生国际象棋活动相互结合、相辅相成，有助于调动和保持同学们学习和参与国际象棋运动的兴趣，并在一定程度上促进大学师生和社会上的国际象棋爱好者的开放交流和互动传播，让国际象棋的普及发展早日呈现规模化、大众化态势，使国际象棋更好地融入人们的学习、生活和交往之中。

案例：以推广国际象棋运动为特色的“北大好棋”微信公众号

2014年4月，国内首个以国际象棋为特色的高校微信公众号——“北大好棋”孕育而生，经过多年建设，该微信公众号已经成为一个重点报道大学生国际象棋人物和活动、向大学生推广国际象棋运动、展示国际象棋魅力的知名新媒体平台。

课程作业

开放性题目

题目1：请搜索并订阅关注“中国大学生体育协会”“中国国际象棋协会”以及国内部分高校国际象棋主题微信公众号，查阅学习有关大学生国际象棋的图文或视频信息。

题目2：选择以下任意一题作答即可。

（1）请策划一次某高校内的大学生国际象棋社团招新活动，以“大学生国际象棋之夜”为主题，撰写策划方案并设计推广海报样式。

（2）请策划一场省（区、市）内的大学生国际象棋线下比赛，撰写赛事规程。

（3）请策划一次面向全国大学生的国际象棋在线直播活动，撰写策划方案。